**Données de catalogage avant publication (Canada)**
Hagstrom, Robert G., 1956 -
Les stratégies de Warren Buffett :
l'homme qui devint milliardaire à la bourse
Traduction de : The Warren Buffett Way
Comprend des références bibliographiques

ISBN 2-921960-01-X

1. Investissements - États-Unis.
2. Capitalistes et financiers - États-Unis - Biographies.
3. Buffett, Warren. I. Titre,

HG172.B84H 3414 1996     332.6'092     C96-940315-1

Dépôt légal Bibliothèque nationale du Québec, 1996
Dépôt légal Bibliothèque nationale du Canada, 1996

Graphisme et infographie : Pierre Fichaud

Photographie de Warren Buffett : John Abbott

© 1996, Publications financières internationales inc.
79, rue de Montmagny
Boucherville (Québec) J4B 4H9

ISBN 2-921960-01-X

ROBERT G. HAGSTROM

# LES STRATÉGIES DE WARREN BUFFETT

## L'homme qui devint milliardaire à la bourse

*Traduit de l'américain
par Bernard Mooney*

# Sommaire

# Avant-propos

Un soir de semaine, au début de 1989, j'étais à la maison lorsque le téléphone sonna. Ma fille Annie, alors âgée de onze ans, fut la première à décrocher l'appareil. Elle m'annonça que Warren Buffett était au téléphone. J'étais convaincu que ce devait être une farce. L'interlocuteur débuta la conversation en disant : «Ici Warren Buffett d'Omaha (comme si je pouvais le confondre avec un autre Warren Buffett). Je viens tout juste de terminer la lecture de votre ouvrage et je l'ai adoré. De plus, j'aimerais citer une de vos phrases dans le rapport annuel de Berkshire. J'ai toujours voulu écrire un livre, mais je ne me suis jamais mis à la tâche». Il parlait très rapidement avec beaucoup d'enthousiasme et il devait bien avoir prononcé 40 mots en 15 ou 20 secondes, incluant quelques éclats de rire et des gloussements. J'ai immédiatement acquiescé à sa requête et nous avons parlé pendant encore cinq à dix minutes. À la fin de sa conversation il me dit : «Si jamais vous venez à Omaha et que vous ne me rendez pas visite, votre nom sera traîné dans la boue au Nebraska».

Cette perspective ne m'enchantait guère et je pris donc au mot son invitation quelque six mois plus tard. Warren Buffett me fit personnellement faire le tour de son bureau. Ce qui fut très court, car l'ensemble de ses activités ne remplirait que la moitié d'un terrain de tennis. Je saluai chacun des onze employés. Je constatai qu'il n'y avait ni ordinateur ni machine à cotation boursière.

Une heure plus tard, nous sommes allés à un restaurant de la localité où j'ai mangé, selon ses conseils, un superbe steak et bu mon premier «Cherry Coke» en 30 ans. Nous avons parlé de nos emplois lorsque nous étions étudiants, de baseball, de bridge et nous avons échangé des histoires à propos de compagnies dans lesquelles nous avions investi dans le passé. Warren, en réponse à mes questions, m'entretint de chaque titre ou entreprise dans lesquels Berkshire avait une participation (il fut discret et n'attira jamais mon attention sur Berkshire Hathaway, sa compagnie).

Pourquoi Warren Buffett est-il le meilleur investisseur de l'histoire? Comment est-il en tant qu'individu, actionnaire, gestionnaire et comme propriétaire d'une compagnie? Qu'y a-t-il de tellement unique dans le rapport annuel de Berkshire? Pourquoi y consacre-t-il autant d'efforts et qu'est-ce que l'on peut y apprendre? Pour tenter de répondre à ces questions, je discutai avec lui et je relus ses cinq derniers rapports annuels et les anciens de 1971 et 1972 (ils n'avaient que deux pages de texte). De plus, j'eus l'occasion de m'entretenir avec des personnes activement impliquées, depuis plus de trente ans, avec Warren Buffett dans diverses relations basées sur la confiance. Chacune des neuf personnes pouvait apporter un point de vue différent et je rencontrais ainsi : Jack Byrne, Robert Denham, Don Keough, Carol Loomis, Tom Murphy, Charlie Munger, Carl Reichardt, Frank Rooney et Seth Schofield.

En parlant de ses qualités personnelles, les réponses furent cohérentes. Warren Buffett est, avant tout, un homme favorisé. Il aime tout ce qu'il fait, aussi bien conclure des affaires avec les gens, que lire des tonnes de rapports annuels et trimestriels ou de nombreux journaux et périodiques. Comme investisseur, il est discipliné, patient, flexible, courageux, confiant et possède l'esprit de décision. Il est toujours en quête de placements où les risques sont inexistants ou minimisés. En plus, il est doué pour calculer les probabilités. Je crois que ce talent lui vient de son amour pour les opérations mathématiques simples, de sa participation active au bridge, de sa longue expérience de la souscription tout en acceptant les hauts niveaux de risques qu'engendrent ses activités. Il est prêt à les prendre lorsque les chances d'échec sont minimes et que les possibilités de gagner sont appréciables. Il admet ses insuccès et ne s'en excuse pas. Il ne se prend jamais au sérieux et complimente toujours ses associés de façon objective.

Warren Buffett considère les affaires avec intérêt et il sait admirablement écouter. Il est capable de déterminer rapidement l'élément clé d'une compagnie ou la manière de régler un problème complexe avec une précision hors pair. Buffett peut décider en moins de deux minutes ou seulement après quelques jours de recherche de ne pas investir dans une compagnie. Il peut aussi conclure qu'il est temps d'effectuer un investissement très important. Il est toujours prêt, ainsi qu'il l'admettait dans un rapport annuel : «Noé n'a pas commencé à construire son arche lorsqu'il pleuvait».

Comme dirigeant, il téléphone rarement au chef d'une division ou au président d'une compagnie. Par contre, il prend plaisir, à n'importe quel moment de la journée, à leur répondre s'ils appellent pour lui rapporter quelque chose ou s'ils demandent conseil. Après avoir acheté des actions ou toute une compagnie, il devient un meneur et un conseiller. Il fait une analogie avec une entreprise et la gestion d'un club de baseball en disant : «Chez Berkshire, nous ne montrons pas comment tenir un bâton à un frappeur de 400 de moyenne».

Les deux exemples qui nous démontrent que Warren Buffett veut toujours apprendre et s'adapter sont la parole en public et l'utilisation d'un ordinateur. Dans les années 1950, Warren a investi 100 $ dans un cours d'art oratoire chez Dale Carnegie : «non pour empêcher mes genoux de claquer quand je parle en public, mais pour apprendre à parler même si mes genoux claquent». Lors d'une assemblée générale des actionnaires de Berkshire, devant plus de 2 000 personnes, il monta sur l'estrade en compagnie de Charlie Munger. Sans aucune note, il donna une conférence et répondit aux questions d'une manière qui aurait plu autant à Will Rogers, Ben Graham, au Roi Salomon qu'à Phil Fisher, David Letterman ou Billy Crystal. Warren a appris à se servir d'un ordinateur au début de 1994, pour pouvoir jouer plus souvent au bridge. Il peut ainsi accéder à un réseau et jouer à son jeu favori avec des partenaires répartis à travers tout le pays. Un jour, peut-être, commencera-t-il à utiliser les centaines de banques de données disponibles contenant des informations de toutes sortes sur les titres boursiers.

Warren Buffett insiste sur le fait que le facteur clé de l'investissement est de déterminer la valeur intrinsèque d'une compagnie et de l'acheter à un prix avantageux ou, à tout le moins, équitable. Les fluctuations du marché boursier, tant dans le passé que dans le futur, n'influencent aucunement ses décisions. Il a investi plus d'un milliard dans Coca-Cola en 1988 et 1989. C'était après que le titre fut multiplié par cinq au cours des six années précédentes et par plus de 500 fois dans les soixante dernières années. Depuis, il a quadruplé son investissement initial en trois ans et prévoit faire encore plus dans les cinq, dix et même vingt années à venir avec Coke. En 1976, il acheta une participation majeure dans GEICO, alors que le titre avait chuté de 61,00 à 2,00 $. Plusieurs croyaient même que le titre tomberait probablement à zéro.

Comment l'investisseur moyen peut-il tirer profit des méthodes de Warren Buffett? Ce dernier n'investit jamais dans des compagnies qu'il ne peut comprendre ou qui sont à l'extérieur de son champ de compétence. Tous les investisseurs, avec le temps, peuvent acquérir leur propre «champ de compétence» et l'élargir dans une industrie où ils sont professionnellement impliqués, ou alors dans un secteur d'affaires qui les intéresse particulièrement. On n'a pas besoin d'avoir raison plusieurs fois pendant une vie d'investisseur. Warren répète souvent que : «seulement douze décisions d'investissement dans ma carrière de quarante années ont fait toute la différence».

Un investisseur peut fortement réduire les risques qu'il encourt en se concentrant sur quelques titres, mais cela le force à être plus prudent et minutieux dans sa recherche. En temps normal, plus de 75% du portefeuille d'actions de Berkshire sont réunis dans seulement cinq titres différents. Un des principes démontrés explicitement et fréquemment dans cet ouvrage est d'acheter d'exceptionnelles compagnies lorsqu'elles éprouvent un problème momentané ou lorsque le marché boursier est en baisse. Ceci permet d'acquérir de remarquables «franchises» à des prix avantageux. On doit arrêter de prédire la direction que prendront le marché boursier, l'économie, les taux d'intérêt ou les élections. Il faut cesser aussi de gaspiller de l'argent avec des individus qui gagnent leur vie en faisant des prédictions sur ce qui arrivera à l'économie. Il vaut mieux étudier les faits et les conditions financières de la compagnie convoitée, évaluer ses perspectives et acheter des participations lorsque tout est en notre faveur. Plusieurs personnes investissent comme si elles jouaient au poker toute la nuit sans jamais regarder leurs cartes.

Très peu d'investisseurs auraient eu la sagesse et le courage d'acheter GEICO à deux dollars ou Wells Fargo et General Dynamics lorsque leurs cours étaient dépréciés. Plusieurs croyaient alors que ces compagnies étaient en sérieuse difficulté. Pourtant, Capital Cities/ABC, Gillette, Washington Post, Affiliated Publications, Freddie Mac ou Coca-Cola — elles ont produit pour Berkshire des bénéfices de plus de six milliards ou 60% des dix milliards de capital propre des actionnaires — sont des achats faits par Buffett. Elles étaient toutes des sociétés bien administrées avec une véritable rentabilité et où l'aspect économique de «franchise» dominait.

En plus de renseigner ses actionnaires, Warren Buffett utilise le rapport annuel de Berkshire pour aider le public à devenir de meilleurs investisseurs. Des deux côtés de sa famille, il a hérité du tempérament d'éditeurs de journaux et de professeur. Sa tante Alice, qui fut une enseignante pendant plus de trente ans, lui inculqua certainement l'amour du métier. Warren Buffett aime autant enseigner qu'écrire sur les affaires en général et le placement en particulier. Il enseigna bénévolement à l'université du Nebraska à Omaha à l'âge de 21 ans. En 1955, alors qu'il travaillait à New York, il donna un cours pour adultes sur le marché boursier à l'école secondaire de Scarsdale. Pendant 10 ans, à partir de la fin des années 1960, il a donné des cours libres à l'Université Creighton. En 1977, il fut membre du comité dirigé par Al Sommer Jr., lequel comité conseillait la Commission des Valeurs Mobilières des États-Unis (COB) * en matière de fraudes financières. Après cette implication, les rapports annuels de Berkshire prirent de l'ampleur, surtout avec celui rédigé dans les derniers mois de 1977 et au commencement de 1978. La présentation redevint semblable aux comptes rendus de ses sociétés privées qui avaient été écrits entre 1956 et 1969.

Depuis le début des années 1980, ces rapports annuels ont informé les actionnaires sur la performance de chaque participation et sur les nouveaux investissements de Berkshire. Ils ont mis à jour les conditions de l'industrie de l'assurance et de la réassurance, et (depuis 1982) ils ont inclus une liste de critères d'acquisitions pour les achats futurs de Berkshire. Ce rapport est généreusement agrémenté d'exemples, d'analogies, d'histoires et de métaphores contenant ce qu'il faut faire et ne pas faire lorsqu'on investit en bourse.

Warren Buffett s'est fixé un critère élevé quant à la performance future de Berkshire. Son objectif est de faire croître la valeur intrinsèque de la société à 15% annuellement et, ce, à long terme. C'est un exploit que peu de personnes, autre que Warren Buffett, ont pu accomplir entre 1956 et 1993. Il a mentionné que ce rendement serait difficile à maintenir, vu la taille beaucoup plus importante de la compagnie, mais qu'il y avait toujours des occasions à saisir. Berkshire garde, pour investir, beaucoup d'encaisse et celle-ci s'accroît chaque année. Cette confiance est soulignée par les derniers mots du rapport annuel de 1993 à la page 60 : «Berkshire n'a jamais déclaré de dividendes en espèces depuis 1967».

Warren Buffett a mentionné qu'il a toujours voulu écrire un livre sur le placement. Espérons que cela arrivera un jour. En attendant, ses rapports annuels ont rempli ce rôle d'une manière semblable aux périodiques dans lesquels certains auteurs, du dix-neuvième siècle, tels qu'Edgar Allen Poe, William Makepeace Thackery et Charles Dickens s'exprimaient. Les rapports annuels de Berkshire Hathaway de 1977 à 1993 seraient comme dix-sept chapitres d'une telle publication. En ce moment, nous avons le livre *Les stratégies de Warren Buffett*, dans lequel Robert Hagstrom décrit la carrière de Warren Buffett. Il propose des exemples qui nous montrent comment les techniques et les méthodes d'investissement de Buffett ont évolué avec les années. De plus, il explique l'influence que bon nombre de personnes ont eu dans ce processus. Cet ouvrage relate en détail les décisions clés de placement de Buffett qui ont permis sa performance unique. Finalement, il renferme les réflexions et la philosophie d'un investisseur qui a constamment gagné de l'argent en utilisant les outils mis à sa disposition. Toute personne, quelque soit son degré de richesse, peut en faire autant.


PETER S. LYNCH


* : Commission des opérations de bourse, COB (SEC aux États-Unis).

# Préface

Warren Buffett est un homme étonnant. Il est non seulement devenu l'autorité en matière d'investissement dans son pays, mais le record de ses performances qui datent de plus de quatre décennies est sans égal. Sa fortune personnelle est en ce moment évaluée à plus de 10 milliards de dollars : c'est le résultat direct de ses investissements judicieux. Son style personnel et son caractère n'indiquent pas ce à quoi on s'attend d'un milliardaire. La compagnie qu'il dirige, Berkshire Hathaway, a son siège social à Omaha au Nebraska et non à New York. Il conduit sa voiture et fait lui-même ses déclarations de revenus. Il est considéré comme un être courtois, gentil et honnête. Il est aussi très intelligent, allègre et intuitif. C'est un homme chaleureux et simple qui a séduit les médias comme les investisseurs de petite ou de grande échelle.

La première édition de cet ouvrage a connu un énorme succès. C'est certainement gratifiant pour son auteur. Je devine que ce succès est attribuable à Warren Buffett. En cette période où les marchés boursiers apparaissent plus énigmatiques que rationnels, il n'est pas surprenant que les investisseurs de partout dans le monde se soient enthousiasmés devant les idées et la logique de Buffett.

Sa stratégie de «acheter-et-conserver» qui est le centre de cette approche fait appel à l'intuition des gens. L'idée d'acheter des actions dans une bonne entreprise et de garder cet investissement pour plusieurs années est simple et honnête. Cela donne des rendements exceptionnels sur le plan financier. Les investisseurs peuvent facilement comprendre et apprécier le mécanisme de son raisonnement. La fascination que les gens éprouvent pour Warren Buffett est double. D'abord, il est le représentant tout désigné de l'approche acheter-et-conserver, et ensuite, il est devenu milliardaire en pratiquant ce style d'investissement.

Je crois que *Les stratégies de Warren Buffett* décrit une méthode simple. Il n'y a pas de programmes informatisés à apprendre, ni de manuels d'investissement bancaire épais de cinq centimètres à décoder. Que vous soyez capable financièrement d'acheter 10% d'une compagnie ou simplement cent actions, ce livre peut vous aider à réaliser des rendements intéressants sur vos placements. Surtout, ne vous jugez pas d'après Warren Buffett : il a développé pendant quarante ans un savoir-faire, des ressources, une intuition, une expérience en possédant et en investissant simultanément dans différentes entreprises. Il est peu concevable que vous puissiez faire de même dans l'immédiat. Comparez plutôt vos résultats à ceux de votre groupe, quels que soient vos investissements : fonds mutuels de croissance (SICAV), fonds indiciels ou marché en général.

Pour réussir, vous devez être disposé à étudier et à vous renseigner au sujet des entreprises dans lesquelles vous voulez investir. Vous devez avoir la force et l'audace de passer outre les changements à court terme du marché. Si vous avez constamment besoin qu'on confirme votre jugement, particulièrement concernant le marché boursier, la probabilité de profiter de cet ouvrage est amoindrie. Cependant, si vous pouvez penser par vous-mêmes, si vous pouvez appliquer des méthodes relativement simples et si vous avez le courage de vos convictions, la chance d'en profiter est sensiblement augmentée.

Dans l'année suivant la publication de la première édition de *Les stratégies de Warren Buffett*, plusieurs événements sont arrivés à Warren Buffett et à Berkshire Hathaway. C'est pourquoi cet ouvrage a été mis à jour pour refléter les derniers investissements.

Le plus remarquable, qui a occupé récemment tout le champ de la scène médiatique, est l'achat de Capital Cities/ABC par la Walt Disney Company. Cette dernière fusion, qui est la deuxième plus importante prise de contrôle de société jamais effectuée, fait de Buffett un des plus influents actionnaires de Walt Disney Company. Elle est expliquée et analysée au chapitre HUIT : *D'AUTRES BONS TITRES*. Ce chapitre est entièrement nouveau et il présente aussi quatre autres achats récents de Buffett comme Gannett Company, PNC Bank, Salomon Incorporated et American Express Company. La conclusion appelée *UN HOMME DÉRAISONNABLE* est devenue maintenant le chapitre NEUF.

Pour l'édition brochée, nous avons fait quelques révisions de la rédaction et mis à jour plusieurs tableaux. Nous avons aussi défini «k» dans le tableau comme étant le taux d'escompte, ce qui correspond souvent aux obligations de trente ans du gouvernement américain. Toutefois, comme vous le verrez, Buffett ajuste parfois le taux d'escompte plus haut que ce rendement obligataire, particulièrement pendant les périodes où les taux sont bas. Les principes détaillés dans le livre sont restés les mêmes. «C'est pourquoi on les appelle principes», plaisante Buffett.

Je suis obligé de révéler que je suis maintenant directeur d'un portefeuille d'un fonds mutuel (SICAV) appelé Focus Trust. Ce fonds est géré en suivant les mêmes principes décrits dans le livre. Comme tel, le fonds détient plusieurs actions énumérées dans cet ouvrage. Quatre en particulier, soit American Express, Capital Cities/ABC, Walt Disney Company et Gannett, sont des exemples de récents achats du Fonds et pourront être achetés par celui-ci peu de temps après la publication de cette nouvelle édition. Pour garantir un exposé complet et véridique, j'ai aussi mentionné ce fait en écrivant un post-scriptum (note en bas de page) au chapitre HUIT.

# Préface

## POURQUOI J'AI ÉCRIT CE LIVRE

En 1984, pendant mon entraînement pour devenir courtier en valeurs mobilières pour une firme du Mid-Atlantique, on m'a demandé de lire un rapport annuel de Berkshire Hathaway. Ce fut ma découverte de Warren Buffett. Comme la plupart des gens qui ont lu les rapports annuels de Berkshire, je fus immédiatement impressionné par la clarté des écrits de Buffett. En tant que jeune professionnel des années 1980, j'étais constamment décontenancé en essayant de suivre le marché boursier, l'économie, la vente et l'achat constants de titres. Pourtant, chaque fois que je lisais une histoire à son sujet ou un article écrit par lui, sa voix rationnelle et rassurante semblait s'élever au-dessus du chaos de la bourse. Son influence apaisante m'inspira pour écrire ce livre.

Je n'ai jamais rencontré Warren Buffett avant d'écrire cet ouvrage et je ne l'ai pas consulté lors de la rédaction, bien que cela eusse été sûrement un avantage supplémentaire. Ma chance est d'avoir eu la possibilité de puiser dans ses vastes écrits datant de plus de vingt ans sur l'investissement. Tout au long de mon travail, j'ai employé un grand nombre de citations tirées des rapports annuels de Berkshire, plus spécialement les lettres du président du conseil. Monsieur Buffett m'accorda l'autorisation d'employer ce matériel protégé par les droits d'auteur, seulement après avoir eu la possibilité de revoir le livre. Toutefois, cette approbation ne signifie d'aucunes manières que Buffett collabora ou qu'il m'ait livré des secrets ou des stratégies qui ne sont pas déjà disponibles dans ses écrits. Presque tout ce que Buffett fait est connu, mais cela est consigné, en général, de manière éparse. À mon avis, ce qui était nécessaire et utile aux investisseurs était un examen minutieux de ses pensées et de ses stratégies. Cette recherche devait être basée sur les achats que Berkshire effectua au fil des ans et être compilée en une seule source. Le principal défi auquel je fis face était de prouver ou de contredire l'aveu de Buffett : «Ce que je fais n'est pas au-delà de la compétence de chacun». Selon plusieurs critiques et malgré son succès, les particularités de Warren Buffett font en sorte que son approche de placement ne peut être généralement employée. Je ne suis pas d'accord, mais j'admets que Monsieur Buffett est obsédé; c'est la source de sa réussite. Je persiste cependant à dire que sa méthodologie, une fois comprise peut être appliquée à la fois par les investisseurs individuels et institutionnels. Mon but est d'aider les investisseurs à utiliser les stratégies de placement qui ont fait, je crois, le succès de Warren Buffett. Pour que les investisseurs adoptent l'approche de Buffett, il fut nécessaire, tout d'abord, de fournir les grandes lignes de ses principes ou théories. À cet égard, je considère que l'ouvrage est juste. Je veux insister sur le fait que, même si vous suivez tous les principes qui y sont exposés, il est peu probable que vous génériez un rendement moyen de 23% pendant les trente prochaines années. Buffett admet même qu'il serait providentiel que Berkshire puisse encore répéter cet exploit. Enfin, je crois réellement que si vous suivez ces principes, vous aurez la chance d'obtenir de meilleures performances que le marché.

## REMERCIEMENTS

J'ai été très chanceux que de nombreux amis et associés prennent le temps et l'énergie nécessaires pour m'aider à développer ce livre. D'abord, j'aimerais remercier mes deux partenaires, John Lloyd et Virginia Leith, qui ont supporté ce projet dès ses débuts. Je suis particulièrement reconnaissant envers Virginia qui a souffert la lecture du manuscrit au complet comme les nombreuses revisions et qui a fait d'innombrables commentaires. Merci également à Kelly Anne Kelly, Carol Greening et Cindy Yeager. Elles ont permis à notre société de continuer de fonctionner régulièrement.

Plusieurs personnes ont lu des parties du manuscrit et/ou ont fait des suggestions valables. J'aimerais remercier Burton J. Gray et Charles D. Ellis pour leurs mots d'encouragement dès le début. Merci également à Peter Gibbons-Neff et Jack Gregg. Louis DiSilvestro et Charles DeVinney, de Marshall and Stevens, ont été particulièrement utiles avec les questions d'évaluation. Merci à Robert Coleman, de la firme Combined Capital Management, qui a partagé son temps précieux dans de longues discussions au sujet de Warren Buffett. J'ai également une

# Préface

dette envers William H. Miller III, président de Legg Mason Fund Advisor, qui a été un ami et un entraîneur intellectuel pendant plusieurs années.

Je dois beaucoup à un ami précieux, Charles E. Haldeman, Jr., de Cooke & Bieler. Ed a pris le temps de lire le manuscrit au complet et a généreusement fait plusieurs suggestions qui ont grandement amélioré ce travail.

Stewart Davis et Mary Melaugh de Symmetrix Corporation, de Lexington (Massachusetts), ont réalisé des recherches exhaustives sur plusieurs sujets de ce livre. La minutie de leur recherche m'a rassuré à l'effet qu'il y avait peu de choses qui n'avaient pas été abordées.

Je suis particulièrement reconnaissant envers John Fitzgerald et Linda Penfold pour leur aide chez Compustat de Standard & Poor's. John et Linda ont fourni de précieux graphiques sans compter la recherche financière.

Ma relation avec John Wiley & Sons a été plaisante. Je veux remercier Myles Thomson, éditeur financier, qui a défendu ce livre dès la première proposition. Merci aussi à Michael Cohn qui a pris le temps de m'aider à faire mes premières armes d'écrivain.

Je veux exprimer ma profonde appréciation à Maggie Stuckey qui a travaillé sans relâche à parfaire le livre. Son attention et ses suggestions réfléchies ont amélioré sensiblement ce livre et je lui en serai toujours reconnaissant.

Merci également à Warren Buffett. Non seulement pour ses enseignements, mais également pour m'avoir permis d'utiliser son matériel protégé par les droits d'auteur. Il est pratiquement impossible d'améliorer ce que M. Buffett a déjà dit. Cet ouvrage est, sans doute, meilleur parce qu'on a pu se servir de ses mots écrits plutôt que d'imposer la lecture d'une paraphrase inférieure.

# Préface

Je n'aurais jamais commencé ce livre, encore moins été capable de le finir, sans l'amour et l'attention de ma famille. Mes parents, Bob et Ruth Hagstrom, ont toujours supporté mes entreprises. Leur patience m'a permis de trouver ma voie propre. Mes fils, Robert et John, ont été d'un «grand secours» en s'asseyant sur mes genoux, «m'aidant» à taper le manuscrit. Ma fille Kimmy m'a davantage assisté en surveillant ses frères pendant que je corrigeais mon manuscrit. Elle a fait du temps supplémentaire dans les derniers mois, je l'apprécie et l'aime encore plus pour cela. Enfin, et plus important, je veux remercier ma merveilleuse femme, Maggie. Le premier jour lorsque je lui ai dit que j'allais écrire ce livre, elle a souri et m'a convaincu que cela pouvait se faire. Pendant des mois, elle a dirigé notre famille pendant que j'avais le luxe du temps pour travailler. Maggie m'a donné l'amour et les encouragements illimités qui m'ont aidé à réussir l'achèvement de ce livre.

ROBERT G. HAGSTROM, JR.

Philadelphie, Pennsylvanie
Septembre 1995

# Note du traducteur

*Le traducteur Bernard Mooney s'intéresse au marché boursier depuis 1982. Il est présemtement directeur de la Section INVESTIR au journal «Les Affaires». Il est aussi commentateur boursier au réseau de télévision des informations RDI.*

Warren Buffett est une légende à la bourse. Sa réussite extraordinaire, son approche et sa personnalité en font un personnage aussi fascinant qu'enrichissant.

C'est pourquoi j'ai accepté avec plaisir et fierté de traduire en français *The Warren Buffett Way,* de Robert Hagstrom. Ainsi, pour la première fois, les lecteurs francophones apprendront à connaître et à apprécier Warren Buffett et ses stratégies pour faire de l'argent en bourse.

Le traducteur d'un livre boursier américain rencontre plusieurs difficultés, encore davantage quand il est question de M. Buffett. Ce dernier utilise un langage coloré, riche en expressions imagées. L'auteur conserve, avec raison, une bonne partie de ce langage. Toutefois, plusieurs expressions sont difficiles à traduire.

Un concept cher à Warren Buffett est celui de «franchise». Il ne s'agit pas ici de franchise dans le sens de «droit d'exploiter une marque, une raison sociale concédée par une entreprise à une autre» — définition de Larousse. Dans le dictionnaire de M. Buffett, la franchise est cette qualité d'une entreprise qui a un ou plusieurs avantages compétitifs significatifs.

**XIX**

# Note du traducteur

Un bon exemple de franchise, selon Warren Buffett, est la société Coca-Cola. La marque de commerce «Coke» connue dans le monde entier alliée au réseau international de distribution Coca-Cola confie à l'entreprise des avantages concurrentiels gigantesques.
«Ainsi, dira M. Buffett, même si vous me donniez un milliard de dollars (tous les montants d'argent dans le texte sont en dollars américains, à moins d'une mention contraire) en me disant de bâtir une nouvelle entreprise pour rivaliser et surpasser Coca-Cola, je vous remettrais votre argent en vous disant que c'est impossible».

Il oppose toujours le concept de «franchise» à celui de «commodity business». Ce dernier type d'entreprise n'a aucun avantage compétitif : par exemple, le producteur A de nickel, vend du nickel comme le producteur B. Dans ce cas, avec ce même milliard, vous pourriez commencer une exploitation de nickel. Ce genre d'entreprises ne se limite pas aux exploitants de matières premières. Ce concept inclut ainsi toutes les entreprises qui n'ont pas d'avantages compétitifs dominants. M. Buffett nous apprend que l'investisseur a avantage à favoriser les franchises.

Une autre expression fort difficile à traduire est le fameux «net-net» de Benjamin Graham, un des deux pères philosophiques de Warren Buffett. En langage financier, vous obtenez le «net-net» en soustrayant tout le passif de l'actif à court terme. Si le résultat obtenu est supérieur au cours en bourse, vous avez une aubaine, selon M. Graham. Nous l'avons traduit par «actif net à court terme» ou «fonds de roulement net».

Pour le lecteur qui ne connaît pas Warren Buffett, les appellations «propriétaire» et «actionnaire» peuvent porter à confusion. C'est que M. Buffett peut être les deux en même temps. Il se distingue en effet par la propriété à 100% de compagnies privées tout en investissant à la bourse. Dans ce dernier cas, il est actionnaire, se contentant d'une participation minoritaire.

Par contre, dans tous les cas, il se comporte toujours en propriétaire à long terme et non comme un spéculateur ou un boursicoteur. Il se concentre sur la performance économique de ses sociétés, qu'elles soient privées ou cotées en bourse.

On a longtemps dit, de Warren Buffett, qu'il était un «value investor» en opposition à «growth investor». Encore là, ces expressions sont difficiles à traduire succinctement. L'approche du «value investor» repose sur l'achat de titres qui se vendent à faibles ratios comme le ratio cours/bénéfices ou le ratio cours/valeur comptable. Ces investisseurs recherchent des aubaines : ils veulent en avoir pour leur argent. On les appellera les «chasseurs de valeurs» ou «chasseurs d'aubaines».

D'autres investisseurs se concentrent plutôt sur la croissance des entreprises : les «growth investors». Ils acceptent ainsi de payer des ratios plus élevés en misant sur la poursuite de la croissance des profits. On les appellera les «chasseurs de croissance».

Enfin, l'expression «cash flow» a été traduite par «marge brute d'autofinancement» ou «fonds autogénérés».

Bonne lecture,


BERNARD MOONEY

# - UN -

# Un événement
# Sigma-Cinq

PENDANT DES ANNÉES, les théoriciens et les professionnels du placement s'interrogèrent sur la validité d'une nouvelle méthode : «la théorie du marché efficace». Celle-ci par ailleurs controversée suggère que l'analyse des titres boursiers est une perte de temps, toute l'information disponible se reflétant déjà dans le cours actuel. Ceux qui adhèrent à cette théorie soutiennent, en plaisantant, que les gestionnaires professionnels pourraient tirer des fléchettes contre une page des cours boursiers. Ils choisiraient des gagnants avec autant de succès qu'un analyste financier chevronné qui passerait des heures à étudier les récents rapports annuels ou trimestriels.

Pourtant, le succès de quelques personnes qui battent les principaux indices (particulièrement Warren Buffett) indique que la théorie du marché efficace est défaillante. Les théoriciens du marché efficace répliquent que ce n'est pas la théorie qui fait défaut. C'est plutôt des individus comme Warren Buffett qui appartiennent à des événements sigma-cinq (à cinq écarts types de la moyenne)[1]. Il s'agit là d'un phénomène statistique si rare qu'il ne survient presque jamais.

À l'automne de 1993, le magazine *Forbes* compila une liste des Américains les plus riches. Plusieurs familles (du Pont, Mellon, Pew, Rockefeller, etc.), ainsi que 69 personnes, valaient un peu plus d'un milliard de dollars US. Le premier sur la liste était Warren Buffett, avec une valeur nette de 8,3 milliards de dollars. Des 69 individus, Buffett est le seul qui ait amassé sa fortune à la bourse. En 1956, il créa sa société privée de placement avec 100 $; après 13 années d'activités, il avait retiré 25 millions de dollars. Vingt-deux ans plus tard, il avait amassé la plus importante

1

fortune individuelle aux États-Unis. Toutefois, pour vraiment apprécier Buffett, vous devez aller au-delà des succès se rapportant aux dollars et à la performance.

## UNE HISTOIRE PERSONNELLE
## ET UN DÉBUT EN PLACEMENT

Warren Buffett est né le 30 août 1930, à Omaha (Nebraska). Il est le fils d'Howard et de Leila Buffett. Howard Buffett, résidant de longue date d'Omaha, était un courtier en valeurs mobilières de la région et un membre du Congrès Républicain. Enfant, Warren Buffett était fasciné par les chiffres. Il pouvait facilement faire du calcul mental. Buffett, à l'âge de huit ans, commença à lire les livres de son père sur le marché boursier. À onze ans, il notait les cours boursiers sur le tableau d'Harris Upham, où son père était courtier. Cette même année, il acheta son premier titre : des actions de Cities Service Preferred.

Lorsque Buffett vivait à Washington D.C., pendant que son père siégeait au Congrès, ses intérêts se tournèrent vers l'entreprise. À l'âge de treize ans, Buffett faisait la livraison à domicile de deux journaux, le *Washington Post* et le *Times Herald*, de Washington. Il acheta, avec ses épargnes, des billards électriques remis à neuf (flippers) pour 25 $ chacun et les plaça dans les salons de coiffure. En peu de temps, Buffett en possédait sept et empochait 50 $ par semaine. Plus tard, avec un ami du collège, Buffett acheta une Rolls Royce de 1934 pour 350 $. Ils la louèrent ensuite 35 $ par jour. Quand il obtint son diplôme, à l'âge de 16 ans, Buffett avait déjà épargné 6 000 $.

Pendant sa dernière année d'études à l'Université du Nebraska, Buffett lut le classique de Benjamin Graham *«The Intelligent Investor»* *(L'investisseur intelligent).* Ce traité sur le placement influença tellement Buffett, qu'après avoir reçu son diplôme universitaire, il quitta sa ville natale d'Omaha. Il s'installa à New York afin d'étudier avec Ben Graham au Columbia Graduate Business School. Graham prêchait alors l'importance de comprendre la valeur intrinsèque d'une entreprise. Il croyait que les investisseurs qui la calculaient avec précision et achetaient des actions à des prix inférieurs à cette valeur, amélioreraient leur condition d'investisseur. Cette approche mathématique cadrait bien avec la notion des chiffres de Buffett.

Après avoir reçu sa maîtrise en économie de l'Université de Columbia, Buffett retourna à Omaha pour faire un bref séjour à la firme de courtage de son père. Durant cette période, il demeura en contact avec son ancien professeur en lui écrivant à propos des différentes idées de placement. En 1954, à l'invitation de Graham, Buffett déménagea à New York et joignit la compagnie Graham-Newman Corporation. Buffett fut obnubilé par l'approche de placement du conseiller de Graham-Newman. En plus de Buffett, Graham embaucha également Walter Schloss, Tom Knapp et Bill Ruane. Schloss, par la suite, géra les fonds chez WSJ Ltd Partners pendant 28 ans. Knapp, diplômé en chimie de Princeton, fut un associé fondateur de Tweedy, Browne Partnerships et Ruane fonda le Sequoia Fund.

En 1956, la société Graham-Newman fut dissoute. Graham, alors âgé de 61 ans, décida de prendre sa retraite. Buffett retourna une fois de plus à Omaha. Fort de la connaissance acquise chez Graham et avec l'appui financier de sa famille et d'amis, Buffett fonda une société privée de placement. Il avait alors 25 ans.

La société commença avec sept partenaires qui, ensemble, ont investi 105 000 $. Buffett, le gestionnaire principal, débuta avec 100 $. Les partenaires recevaient un rendement de 6% par année sur leur investissement et 75% des profits au-dessus de cette limite. Buffett recevait l'autre 25%. Lors des treize années suivantes, Buffett réussit une plus-value (un gain sur le capital) annuelle de 29,5%.[2] Cela ne fut pas une mince tâche. La société Buffett ne connut jamais d'année négative malgré la baisse de l'indice industriel Dow Jones cinq fois pendant cette période.

Buffett avait promis à ses partenaires que «nos placements seront choisis selon leur valeur et non pas en fonction de leur popularité». De plus, la société «tentera de limiter les pertes permanentes de capitaux à un minimum, en dehors des pertes à court terme provenant des fluctuations des cotes».[3] Pendant la période où il géra sa société, Buffett acheta non seulement des participations minoritaires, mais également des participations de contrôle dans plusieurs sociétés anonymes et à responsabilité limitée. En 1961, il fit l'acquisition de Dempster Mill Manufacturing Company, fabricant d'équipement agricole. Il acheta, en 1962, des actions dans une entreprise de textile en difficulté : Berkshire Hathaway.

**3**

Comme la réputation de Buffett se répandait, de plus en plus de personnes lui demandèrent de gérer leur argent. Pratiquement pour chaque nouvel investisseur, une société de placement vit le jour. En 1962, Buffett décida de fusionner l'ensemble des sociétés. Cette même année, il déménagea ses bureaux, situés dans sa maison, pour s'installer dans l'édifice Kiewit Plaza à Omaha, là où sont encore ses activités aujourd'hui. En 1965, l'actif de la société atteignait déjà 26 millions de dollars.

En 1969, Buffett décida de mettre fin à sa société privée de placement. Il trouvait que le marché était extrêmement spéculatif et que les bons placements devenaient rares. À la fin des années 1960, le marché boursier était dominé par les titres de croissance qui se vendaient à des ratios financiers fort élevés. Les «nifty fifty» étaient sur les lèvres de tous les investisseurs. Des titres comme Avon, IBM, Polaroïd et Xerox se vendaient de 50 à 100 fois leurs profits. Buffett envoya une lettre à ses partenaires confessant qu'il était dépassé par ce climat boursier. Il écrivait : «Sur un point je suis formel, je n'abandonnerai pas une approche dont je comprends la logique, pour en soutenir une autre que je ne conçois pas tout à fait, que je n'ai pas utilisée et qui possiblement peut mener à des pertes permanentes et substantielles de capital. Même si je trouve cette approche difficile à appliquer et que cela pourrait vouloir dire qu'il faut abandonner des profits importants ou sans doute convenables.»[4]

À la création de sa société, l'objectif de Buffett était de surpasser l'indice Dow Jones par une moyenne de 10% chaque année. Entre 1957 et 1969, il réussit à battre le Dow Jones non par 10%, mais par 22%! (voir graphique 1.1) Lorsque la société fut dissoute, les investisseurs ne furent pas lésés. Certains d'entre eux furent dirigés vers les obligations municipales et les autres vers un gestionnaire de fonds. Buffett leur recommanda une seule personne : Bill Ruane, son camarade de classe à Columbia. Celui-ci accepta de gérer l'argent de quelques partenaires et c'est ainsi que naquit la société de placement Sequoia Fund. D'autres membres de la société, incluant Buffett, investirent proportionnellement leurs avoirs dans Berkshire Hathaway. La part de Buffett dans la société avait atteint 25 millions de dollars, ce qui lui en donna le contrôle. Pendant les deux décennies suivantes, la richesse à la fois de Berkshire et de Buffett grimpa en flèche.

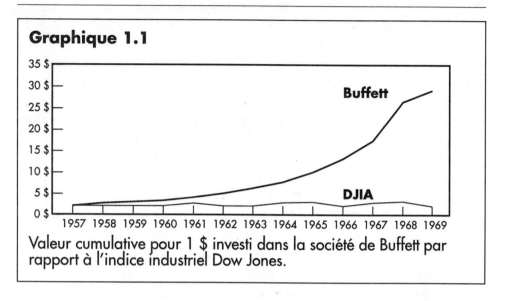

**Graphique 1.1**

Valeur cumulative pour 1 $ investi dans la société de Buffett par rapport à l'indice industriel Dow Jones.

## LES DÉBUTS DE BERKSHIRE HATHAWAY

Berkshire Cotton Manufacturing, la compagnie du début, fut incorporée en 1889. Quarante années plus tard, Berkshire a uni ses activités à celles de plusieurs autres fabricants de textile, devenant une des compagnies industrielles les plus importantes de la Nouvelle-Angleterre. Pendant cette période, Berkshire produisait environ 25% des besoins en coton du pays et utilisait 1% du pouvoir électrique de la Nouvelle-Angleterre. En 1955, Berkshire fusionna avec Hathaway Manufacturing. Ce fut la naissance de Berkshire Hathaway.

Malheureusement, les années suivant la fusion furent sombres. En moins de dix ans, l'avoir des actionnaires baissa de moitié et le déficit provenant des activités dépassa les 10 millions de dollars. Malgré ces résultats pitoyables, la société privée de Buffett prit le contrôle de Berkshire Hathaway en 1965. Pendant les vingt années suivantes, Buffett et Ken Chace, qui dirigeait le groupe, travaillèrent intensément pour relancer les installations du textile de la Nouvelle-Angleterre. Les résultats furent décevants et les rendements dépassèrent difficilement les 10%.

Vers la fin des années 1970, les actionnaires de Berkshire Hathaway commencèrent à se demander s'il était sage de conserver un investissement dans le secteur des textiles. Buffett ne fit aucune tentative pour cacher les difficultés, mais expliqua à plusieurs occasions sa ligne de pensée. D'après lui, les industries textiles fournissaient la principale source de travail de cette région, la main-d'oeuvre était âgée et possédait des compétences personnelles difficilement recyclables. De plus, les dirigeants avaient manifesté beaucoup d'enthousiasme et les organisations syndicales étaient raisonnables. Enfin, Buffett croyait sincèrement qu'il était possible de faire quelques profits dans le domaine du textile. Cependant, il mentionna clairement qu'il s'attendait à ce que le groupe des textiles réalise des rendements positifs avec des investissements en immobilisations modestes. «Je ne fermerai pas une société dont la rentabilité est inférieure à la normale uniquement pour ajouter une fraction de pourcentage à nos rendements corporatifs. Je crois également qu'il n'est pas approprié, même pour une entreprise exceptionnellement rentable, d'investir des fonds dans une activité qui semble avoir des perspectives de pertes sans fin. Adam Smith serait en désaccord avec moi pour ma première proposition et Karl Marx serait en désaccord avec ma deuxième; le juste milieu est la seule position avec laquelle je suis à l'aise», disait Buffett.[5]

Alors que Berkshire amorçait les années 1980, Buffett dut affronter certaines réalités. D'abord, la nature même du secteur du textile rendait improbable les rendements élevés de l'avoir. Les industries du textile sont des produits de «commodity» et ceux-ci, par définition, ont de la difficulté à différencier leurs produits de ceux de leurs compétiteurs. La concurrence étrangère employant une main-d'oeuvre moins coûteuse, réduisait les marges de profit. De plus, afin de demeurer compétitives, les filatures auraient besoin d'une modernisation considérable. Une perspective déjà inquiétante dans un environnement inflationniste et qui affaiblirait d'une façon désastreuse les rendements de l'entreprise.

Buffett était confronté à un choix difficile. S'il investissait des sommes importantes dans la division du textile de façon à demeurer compétitif, Berkshire Hathaway récolterait de maigres rendements sur ce qui deviendrait une énorme dépense de capital. S'il ne réinvestissait pas, les installations de textile de Berkshire seraient moins résistantes face aux autres fabricants américains. La compétition d'outre-mer continuerait d'avoir un avantage en utilisant une main-d'oeuvre moins onéreuse, que Berkshire fasse de nouveaux placements ou non.

En 1980, le rapport annuel révéla des présages de mauvais augure pour l'avenir de la division du textile. Cette année-là, le groupe perdit la prestigieuse position de tête dans la lettre du président du conseil. L'année suivante, les activités du textile ne firent pas partie du tout du message. Ensuite, arriva l'inévitable : en juillet 1985, Buffett ferma à regret les livres de la division des textiles, mettant ainsi un terme à une entreprise qui avait vu le jour quelque cent années auparavant.

Malgré les malheurs du domaine textile, l'expérience ne fut pas un échec total. Buffett reçut une leçon précieuse au sujet des revirements d'entreprises : ils réussissent rarement. Le groupe du textile généra assez de capitaux pendant ses premières années pour acheter une société d'assurance : ce qui allait s'avérer une histoire beaucoup plus heureuse.

## LES ACTIVITÉS D'ASSURANCES

En mars 1967, Berkshire Hathaway acheta pour 8,6 millions de dollars, les actions en circulation de deux sociétés d'assurance dont le siège social était à Omaha : National Indemnity Company et National Fire & Marine Insurance. Ce fut le début de la prodigieuse réussite de Berkshire Hathaway.

Pour apprécier le phénomène, il est important de reconnaître l'intérêt d'être propriétaire d'une compagnie d'assurance. Les compagnies d'assurance sont parfois de bons investissements, parfois non. Elles sont, cependant, toujours de superbes bases de placement. Les détenteurs de police, en payant des primes, fournissent un flot constant d'argent comptant. Les sociétés d'assurance investissent cet argent jusqu'à ce que des réclamations soient faites. En raison de l'incertitude du moment où des réclamations se produisent, les compagnies d'assurance choisissent d'investir dans des titres faciles à vendre, principalement des actions et des obligations. Ainsi, Warren Buffett acquit non seulement deux compagnies modérément saines, mais également un dispositif à toute épreuve pour gérer des placements.

En 1967, National Indemnity et National Fire & Marine Insurance avaient un portefeuille d'obligations valant plus de 24,7 millions de dollars et un portefeuille d'actions de 7,2 millions. En deux ans, la valeur combinée des portefeuilles d'actions et d'obligations des compagnies d'assurance approcha 42 millions de dollars. C'était un joli fonds pour un investisseur chevronné comme Buffett. Il avait déjà obtenu un succès mitigé en gérant un portefeuille de titres de la compagnie de textile. Lorsque Buffett prit le contrôle de Berkshire en 1965, la société avait 2,9 millions de dollars en titres négociables. À la fin de la première année, Buffett fit croître le portefeuille à 5,4 millions. Durant 1967, le rendement des placements était trois fois plus élevé que celui de toute la division du textile, dont l'avoir était dix fois supérieur.

On a prétendu que Buffett échangeait simplement une société sans trait économique distinctif pour une autre lorsqu'il entra dans le secteur de l'assurance et qu'il quitta les entreprises du textile. Les compagnies d'assurance, comme celles du textile, vendent un produit qui est impossible à différencier des autres. Les polices d'assurance sont normalisées et peuvent être copiées par n'importe qui. Il n'y a ni marque de commerce ni brevet, ni avantage selon la situation géographique, ni matériaux bruts qui distinguent les sociétés d'assurance. Il est assez facile d'obtenir des permis de courtier et les tarifs d'assurance sont connus. Souvent, la particularité qui distingue une compagnie d'assurance d'une autre est son personnel. Les efforts des chefs de file ont alors des impacts énormes sur la performance d'une société d'assurance.

À la fin des années 1960, l'assurance était un secteur rentable. National Indemnity recevait, vers la fin de l'année 1967, des bénéfices nets de 1,6 million de dollars à partir des primes touchées de 16,8 millions. En 1968, alors que le profit net avait augmenté à 2,2 millions, les primes touchées avaient grimpé à 20 millions de dollars. Les premiers succès de Buffett dans l'assurance le poussèrent à prendre de l'expansion de façon dynamique dans ce secteur. Pendant les années 1970, il acheta trois sociétés d'assurance et en mit cinq autres sur pied.

En dépit de cette période positive, vers la fin des années 1970, Buffett ressentit certaines inquiétudes. Bon nombre de facteurs hors de son contrôle immédiat commençaient à avoir un impact sur les coûts. Alors que l'indice des prix à la consommation augmentait de 3% par année, les coûts des réparations et les frais médicaux se multipliaient par trois, très rapidement. De plus, les indemnités que recevaient les plaignants lors de procès, indemnités que les compagnies d'assurance devaient payer, progressaient à un taux alarmant. Buffett évalua que les coûts totaux augmentaient d'environ 1% par mois. À moins que les taux d'assurance ne s'accroissent au même rythme, les marges bénéficiaires amorceraient une baisse.

Cependant, les taux ne grimpèrent pas; au contraire, ils chutèrent. Dans une entreprise sans trait distinctif, les bas prix sont utilisés pour gagner des parts de marché. Le problème, comme Buffett l'a appris, était que certaines compagnies acceptaient de vendre des polices d'assurance à des tarifs inférieurs aux frais d'exploitation plutôt que de risquer de perdre des parts de marché. Apparemment, elles faisaient le pari que les tarifs d'assurance augmenteraient de façon à leur permettre de retrouver des profits et de combler des pertes liées à la souscription. Le bon sens de Buffett l'empêcha de permettre aux activités d'assurance de Berkshire de s'aventurer dans des territoires peu lucratifs. Il crut que la plupart des assureurs ne cesseraient pas de souscrire des polices peu rentables, à moins qu'il y ait une gigantesque catastrophe, naturelle ou financière.

Ne voulant pas concurrencer sur la base des prix, Buffett chercha plutôt à différencier les compagnies d'assurance de Berkshire de deux autres façons. D'abord, il le fit par sa force financière. Aujourd'hui, la valeur nette de Berkshire se classe deuxième derrière State Farm dans le secteur de l'assurance générale. De plus, le portefeuille de placements de Berkshire (float) en comparaison avec son volume de primes est trois fois la moyenne de l'industrie.

Le deuxième moyen de distinction impliquait le détachement complet de Buffett quant au volume d'assurance souscrit par Berkshire. Dans n'importe quelle année donnée, il était d'accord pour souscrire cinq fois plus de primes que l'année précédente, ou au contraire un cinquième. Il espérait toujours inscrire des volumes énormes de primes, mais seulement à des tarifs sensés. Si ces tarifs étaient bas, il était fort satisfait de réaliser un petit chiffre d'affaires. Cette philosophie de souscription lui fut inculquée chez National Indemnity par le fondateur de la compagnie, Jack Ringwalt. Depuis ce temps, dit Buffett, Berkshire n'a jamais dévié de cette discipline de souscription.

Le changement dramatique du volume d'assurance ne s'explique pas par Berkshire, déclara Buffett, mais par le comportement insouciant des autres compagnies. Lorsque des sociétés d'assurance compétitrices se hâtèrent d'offrir des tarifs inférieurs aux coûts prévus, des clients quittèrent Berkshire. Cependant, au moment où des compagnies d'assurance disparurent du marché, effrayées par leurs pertes récentes, Berkshire, nota Buffett, était là, non seulement remplissant le rôle de fournisseur d'assurance crédible, mais à des tarifs raisonnables. L'approche de Buffett s'apparente à celle d'une action stabilisatrice pour l'industrie de l'assurance. «Nous ajoutons un immense volume, quand l'offre est restreinte et nous nous retirons lorsque le rendement est bas et moins compétitif. Évidemment, nous n'adoptons pas cette politique dans un but de stabilisation, nous la suivons parce que nous croyons que c'est la façon la plus sensée et la plus rentable de faire des affaires.»[6]

Dans les années 1990, la compétition féroce dans les prix, les pertes continuelles de souscription, les piètres résultats des placements se sont, semble-t-il, unis pour donner une image fragile de l'industrie de l'assurance dans son ensemble. Buffett prêcha continuellement que la solidité financière et la responsabilité fiscale font toute la différence pour Berkshire Hathaway. La supériorité financière de Berkshire dissocia ses activités dans l'assurance du reste de l'industrie. Dans un sens, l'intégrité financière que Buffett imposa aux sociétés d'assurance de Berkshire créa une «franchise» dans ce qui aurait été autrement une entreprise sans distinction (commodity business).

Il est certain que les compagnies d'assurance de Berkshire souffrirent durant les dix dernières années et que Buffett fit sa part d'erreurs en assurance. Cependant, son expertise en placement et son sens des affaires placèrent les actionnaires de Berkshire Hathaway dans une situation enviable.

## LES ENTREPRISES HORS DE L'ASSURANCE

La meilleure méthode pour comprendre Berkshire Hathaway est de l'étudier comme un conglomérat. En dehors des compagnies d'assurance, ses activités englobent également un journal, une fabrique de confiserie, un magasin de meubles, une bijouterie, une maison d'édition encyclopédique, une entreprise d'aspirateurs et enfin une compagnie qui confectionne et distribue des uniformes.

La façon dont Buffett a acquis ces sociétés diverses est une histoire intéressante en elle-même. Toutes nous apportent un aperçu précieux quant à la manière dont il considère les entreprises. Ce ne sera pas une surprise de constater qu'il utilise les mêmes critères pour évaluer les sociétés en vue d'éventuelles acquisitions que pour ajouter des titres au portefeuille boursier de Berkshire Hathaway. Nous le verrons plus tard, il y a un autre facteur : la possession de ces compagnies donne à Buffett une expérience directe et concrète. Celle-ci devient crucial dans les acquisitions futures de titres.

## Blue Chip Stamps

Peu de temps après l'achat de Berkshire Hathaway, Buffett commença à acheter des actions dans une société holding, appelée Diversified Retailing. Celle-ci possédait un magasin à rayons à Baltimore appelé Hochschild-Kohn et une chaîne de 75 boutiques de vêtements pour dames appelée Associated Retail Stores. Tout comme les installations de textiles, Buffett fut capable d'acheter la compagnie à un prix inférieur à sa valeur comptable. De plus, les gens qui dirigeaient l'affaire, étaient, à partir des propres mots de Buffett, «de première classe». Malheureusement, autant que les usines de textiles, un prix et une direction compétitifs n'empêchèrent pas Buffett d'hériter d'une affaire en difficulté. Trois ans après la fusion avec Diversified Retailing, Buffett vendit Hochschild-Kohn. En 1987, il liquida aussi Associated Stores. Les deux entreprises furent cédées parce que leurs caractéristiques économiques étaient chancelantes. Toutefois, tout comme les installations de textile offrirent à Buffett l'occasion de profiter des sociétés d'assurance, l'achat de Diversified Retailing permit à Berkshire de contrôler trois nouvelles entreprises.

En plus des magasins à rayons, Diversified Retailing possédait une compagnie appelée Blue Chip Stamps, qui fournissait aux supermarchés d'alimentation et aux postes d'essence des timbres-primes qu'ils donnaient à leurs clients. Ces timbres étaient collectionnés dans des livrets et échangés, en retour de marchandises. Pour acheter les stocks, les supermarchés et les postes d'essence établirent un fonds commun d'argent (pool), que Blue Chip Stamps gérait. À la fin des années 1960, Blue Chip

Stamps avait plus de 60 millions de dollars en timbres non échangés dans ce fonds. Celui-ci permit finalement à Buffett d'acheter différentes compagnies comme entre autres : une fabrique de friandises, un quotidien et une institution d'épargne et de crédit (Savings & Loan).

Berkshire Hathaway, par le biais de ses filiales, commença à acheter des actions de Blue Chip Stamps vers la fin des années 1960, tout comme Buffett lui-même. Après la fusion de Diversified et de Berkshire Hathaway, cette dernière devint la propriétaire majoritaire de Blue Chip Stamps. Finalement, en 1983, elle acquit le reste des actions de Blue Chip Stamps en fusionnant les deux entreprises.

### See's Candy Shops

En janvier 1972, Blue Chip Stamps acheta See's Candy Shops, situé sur la Côte-Ouest, un fabricant et vendeur au détail de chocolats, en boîte. Le prix demandé pour la compagnie était de 40 millions de dollars. See's avait 10 millions de dollars en caisse. Le prix net était en réalité de 30 millions. Buffett offrit 25 millions et les vendeurs acceptèrent.

La performance à long terme de See's était la responsabilité de Chuck Huggins. Il dirigeait See's depuis l'achat par Blue Chip Stamps. Aujourd'hui, Huggins gère 225 confiseries. Il supervise ainsi la production et la distribution de 27 millions de livres de friandises chaque année. En 1993, See's encaissa des recettes de 201 millions de dollars et retourna à Berkshire 24,3 millions en profit d'exploitation. C'est un excellent résultat, considérant que la consommation de chocolat aux États-Unis est stagnante. Le succès de See's repose sur deux ingrédients essentiels : la qualité du produit et le service à la clientèle.

En 1982, on offrit 125 millions de dollars à Buffett pour vendre See's : cinq fois le prix d'achat de 1972. Buffett décida de décliner l'offre. Ce fut une sage décision. Lors des onze dernières années, See's retourna en argent liquide à Berkshire, 212 millions de dollars de profits après impôts. Durant cette même période, See's eut besoin de 44 millions de dollars en dépenses d'investissement, soit environ l'équivalent de sa dépense de 39 millions en amortissement et dépréciation.

### Buffalo News

Comme See's, le *Buffalo News* fut ajouté au portefeuille de Berkshire par le biais de Blue Chip Stamps. En 1977, Blue Chip acheta le *Buffalo News* pour 33 millions de dollars. Il venait de la succession de Madame Edward H. Butler, Jr. Encore enfant, Buffett et un ami d'école publièrent un feuillet de tuyaux sur les paris de chevaux appelé *Stable Boy Selections*. À cette époque, il pouvait seulement rêver de posséder un quotidien qui serait publié dans une ville importante. Aujourd'hui, Buffett vante le succès du *Buffalo News* comme un père s'enorgueillit du succès de sa progéniture; il a de bonnes raisons d'en être fier.

Le taux de distribution et l'espace réservé aux informations sont deux statistiques qui aident à mesurer le succès d'un journal. Le pourcentage (taux de distribution) des foyers locaux qui achètent le journal chaque jour, place le *News* comme étant le numéro un des journaux métropolitains importants dans son domaine. En 1990, l'espace consacré au contenu rédactionnel plutôt qu'à la publicité atteignit 52,3%. Cela fait du *News* le journal le plus riche en informations du pays.

La relation entre l'espace rédactionnel et les profits est inexorablement liée. Un journal avec un espace rédactionnel élevé attirera un plus grand éventail de lecteurs, augmentant ainsi son taux de diffusion. Plus sa distribution est élevée, plus le journal devient un véhicule publicitaire valable pour les entreprises. De plus, ayant maintenu ses coûts peu élevés, le *News* peut se permettre de publier un journal avec la moitié de ses pages consacrée aux nouvelles.

Une grande partie du succès du *News* provient de la direction de Murray Light, rédacteur en chef et de Stan Lipsey, éditeur. Les deux sont au *News* depuis son achat par Blue Chip Stamps et de sa fusion subséquente avec Berkshire Hathaway. Stan Lipsey et Murray Light peuvent être félicités pour avoir fait du *Buffalo News* un pilier de l'industrie des journaux.

## LA RECHERCHE DE NOUVELLES ENTREPRISES

À partir de 1982, Buffett commença à insérer des publicités dans les rapports annuels de Berkshire Hathaway tentant de trouver des entreprises qui pourraient être en vente. Plus spécialement, il recherchait des compagnies avec des profits réguliers de 10 millions de dollars après impôts. De plus, il voulait des entreprises susceptibles de réaliser de bons rendements du capital sans avoir trop recours à la dette. L'entreprise se devait d'être simple et facile à comprendre. Si elle était impliquée dans la haute technologie, il admettait volontiers qu'il ne la comprendrait pas. Enfin, Buffett voulait des compagnies qui pouvaient fournir leur propre administration; il ne voulait pas être dans l'obligation de leur en procurer.

Dans le rapport annuel de 1990 de Berkshire, Buffett fit paraître une lettre envoyée à quelqu'un qui songeait à vendre son entreprise familiale. Elle est intéressante, car elle révèle la façon de penser de Buffett.

Dans la lettre, Buffett soulignait que Berkshire n'avait pas un service spécialisé dans les acquisitions ou un bureau de gestionnaires armés de maîtrise en administration. Buffett ne fournit pas la direction. Quand il l'achète, l'entreprise se retrouve donc avec la même direction familiale et une liberté de manoeuvre extraordinaire. En fait, Buffett trouve normal que les personnes, responsables du succès de l'entreprise, demeurent avec celle-ci. Pour des raisons fiscales, Berkshire achète une participation majoritaire dans la compagnie de manière à pouvoir consolider les profits. Les propriétaires précédents conservent souvent une participation minoritaire. Les seuls domaines que Buffett contrôle sont la répartition du capital et la rémunération des hauts dirigeants. En dehors de ces deux domaines, les dirigeants sont libres d'exploiter la société comme bon leur semble. Buffett remarqua également que certains dirigeants choisissent de discuter de la situation de la société avec lui et d'autres non. C'est une question de personnalité.

Buffett écrit au vendeur éventuel qu'après une vente, il ne sera pas plus riche qu'avant : il aura simplement un genre différent de richesse. Il échangera un pourcentage d'une entreprise privée contre beaucoup d'argent comptant. La seule différence est que l'argent liquide sera finalement investi dans des obligations et des actions — des placements que le vendeur comprendra moins bien que l'entreprise initiale.

Le genre de relation d'affaires que Berkshire offre est idéal, parce que les membres des familles ayant des sociétés privées ont souvent des exigences contradictoires concernant les actifs. Les propriétaires sont capables de redistribuer la richesse parmi les membres de la famille. Ces derniers, en même temps, conservent une portion de la société qu'ils ont longtemps chérie. Buffett obtient ainsi une excellente entreprise, une part proportionnelle de ses profits et une équipe de direction expérimentée.

À partir des propositions d'achat insérées dans les rapports annuels de Berkshire, une énorme quantité de compagnies furent acquises. En 1993, les ventes combinées des activités hors de l'assurance atteignirent deux milliards de dollars; la part de Berkshire en profits nets après impôts fut de 176 millions, donnant ainsi 37% des profits d'exploitation totaux de Berkshire pour cette même année.

### Nebraska Furniture Mart

Nebraska Furniture Mart (NFM), une entreprise ne possédant qu'un seul magasin à Omaha, est le plus important magasin de meubles dans la région. En 1983, Berkshire Hathaway acheta 90% de NFM, laissant 10% aux membres de la famille qui demeurèrent en place pour la diriger. Louie Blumkin resta président et ses trois fils, Ron, Irv et Steve contribuèrent au succès de la compagnie. À la tête et présidente du conseil d'administration trônait Rose Blumkin, la mère de Louie. Madame Blumkin, affectueusement nommée Madame B., avait fondé NFM en 1937 avec un capital de 500 $. Lorsque Buffett acheta NFM, Madame B. avait 90 ans et travaillait toujours sept jours par semaine.

Dès le premier jour, la stratégie de marketing de Madame B. était de «vendre bon marché et dire la vérité». Lorsque Buffett en devint propriétaire, l'entreprise générait des ventes de 100 millions de dollars par année en exploitant un magasin d'une superficie de 18 350 mètres carrés. Dix ans après l'acquisition, les ventes annuelles étaient montées à 209 millions et la part des profits de Berkshire, après impôts, avait augmenté à 78 millions de dollars.

Ce qui est intéressant, c'est que les ventes de NFM augmentèrent plus rapidement que la population d'Omaha. Buffett mentionna que lorsque les ventes de NFM étaient de 44 millions, on pouvait croire qu'elle monopolisait tout le commerce d'Omaha. Alors, comment NFM peut-elle poursuivre sa croissance? Elle le fit en développant son territoire de vente.

Il y a quelques années, une étude de consommation de Des Moines identifia NFM comme étant le troisième magasin favori de la ville parmi un groupe de vingt détaillants de meubles. Il est important de noter que NFM n'est pas située à Des Moines, elle est à quelque deux cent dix kilomètres d'Omaha.

## Borsheim's

Peu après l'immigration de Madame Blumkin de Russie, ses parents et cinq frères et soeurs suivirent. Une de ses soeurs, Rebecca, épousa Louis Friedman et, ensemble, ils achetèrent une petite bijouterie en 1948, à Omaha, Nebraska. Le fils de M. Friedman, Ike, se joignit à l'entreprise familiale en 1950. Il fut suivi par la suite par le fils de ce dernier et deux gendres.

La formule appliquée par les Blumkin dans le secteur du meuble a aussi réussi pour les Friedman dans le commerce des bijoux : vendre à bon marché et dire la vérité. Comme Furniture Mart, la bijouterie Borsheim n'a qu'une grande surface. Pour cette raison, la proportion des dépenses de Borsheim est de plusieurs points inférieure à celle de la plupart de ses concurrents. Borsheim génère un volume élevé de ventes et un fort pouvoir d'achat. La recette du succès des Friedman provient de la surveillance attentive de leurs dépenses et d'une clientèle atteignant souvent plus de 4 000 personnes en hautes périodes saisonnières.

Comme Nebraska Furniture Mart, Borsheim's a été capable d'élargir son marché au-delà du territoire géographique d'Omaha. Certains clients voyagent des centaines de kilomètres pour faire des achats chez Borsheim's. La compagnie a également des activités importantes de ventes par correspondance. Ceci aide à garder les frais d'exploitation à un bas niveau, soit 18% des ventes comparativement à 40% pour la plupart des compétiteurs. Wal-Mart a des coûts d'exploitation de 15% et, explique Buffett, ce qui peut réussir pour les couches jetables, peut aussi réussir avec les diamants. En réduisant les coûts d'exploitation au minimum, Borsheim's est capable de vendre à bon prix et d'augmenter ainsi sa part du marché. Selon Buffett, à l'exception de Tiffany's à New York, le magasin Borsheim's à Omaha a un chiffre d'affaires supérieur dans le commerce des bijoux à n'importe quel autre magasin du pays.

## Fechheimer Brothers Company

En janvier 1986, Bob Heldman, président du conseil de Fechheimer Brothers et actionnaire de longue date de Berkshire Hathaway, a écrit une lettre à Buffett. Il avait lu la publicité de Berkshire recherchant des sociétés. Il pensait que Fechheimer rencontrait les conditions requises d'acquisition de Buffett. Ce dernier et Heldman se rencontrèrent à Omaha. L'été suivant, Buffett avait ajouté une autre entreprise sous sa coupe. Fechheimer fabrique et distribue des uniformes. La compagnie a ses racines depuis 1842 et la famille Heldman y fut impliquée à partir de 1941. Comme les Blumkin et les Friedman, les Heldman viennent d'une famille qui travaille depuis plusieurs générations. Les frères Bob et George Heldman et leurs fils, Gary, Roger et Fred sont impliqués dans la société. La famille souhaitait vivement continuer à diriger l'entreprise, mais il y avait un grand besoin de réorganiser les ressources financières de la société. La réorganisation idéale pour eux était de recevoir de l'argent comptant de Berkshire tout en conservant une participation minoritaire dans la compagnie.

Buffett n'a pas visité le siège social de Fechheimer à Cincinnati et il n'a fait aucune tournée de ses installations. Les caractéristiques économiques de l'entreprise étaient solides et les Heldman fourniraient à la compagnie, la prochaine génération de dirigeants. Buffett paya 46 millions de dollars pour 84% des actions en 1986. Pendant les six années suivantes, les ventes passèrent de 75 millions à 122 millions de dollars et les dépenses en immobilisations atteignirent une moyenne annuelle de deux millions de dollars. Pendant cette période, Fechheimer rapporta 49 millions de dollars à Berkshire en profit après impôts. Elle a réalisé un rendement moyen de 14% sur les capitaux propres depuis le début de l'exercice.

## Scott & Fetzer Company

Scott & Fetzer Company (Scott Fetzer) possède plusieurs produits importants et connus. Nous retrouvons les aspirateurs Kirby, les encyclopédies World Book (incluant Child Craft et Early Learning), les brûleurs à fournaise, les pompes d'assèchement, d'évacuation et d'usage général de marque Wayne, les compresseurs à air, les outils et les systèmes de peinture à air comprimé de Campbell Hausfeld.

La compagnie a son siège social à Westlake, Ohio et est dirigé par Ralph Schey. Lorsque Berkshire acheta Scott Fetzer, la compagnie avait 17 entreprises en opération générant 700 millions de dollars en ventes annuelles. Buffett divisa la compagnie en trois secteurs : les aspirateurs Kirby, World Book et le groupe Scott Fetzer Manufacturing. Ils étaient tous dirigés par Ralph Schey.

Buffett, en janvier 1986, paya 315 millions de dollars en argent comptant pour les entreprises de Scott Fetzer. Ceci en faisait une des plus importantes acquisitions de Berkshire. Depuis ce temps, cet achat surpassa ses propres espérances. Aujourd'hui, les trois divisions de Scott Fetzer représentent environ 35% des profits d'exploitation des activités de Berkshire, hors de l'assurance.

En 1992, Scott Fetzer réalisa des profits record de 110 millions de dollars avant impôts. Ce qui est incroyable, fit observer Buffett, c'est que la compagnie obtint ces profits en utilisant 116 millions de capitaux et peu de levier financier. Buffett estima que le rendement de l'avoir placerait facilement Scott Fetzer en tête du 1% des compagnies du Fortune 500. Depuis les sept dernières années, la compagnie fut capable de réduire ses investissements autant en immobilisation qu'en stocks. Scott Fetzer a versé plus de 100% de ses profits à Berkshire Hathaway tout en augmentant les siens, en même temps. Berkshire Hathaway profita énormément de l'acquisition de Scott Fetzer et, selon Buffett, une des raisons principales est Ralph Schey.

## H. H. Brown

En juillet 1991, Berkshire acheta comptant H.H. Brown Shoe Company, qui fabrique, importe et commercialise des chaussures. En 1992, elle générait 25 millions de dollars en profit avant impôts.

Selon Buffett, le secteur de la chaussure est difficile. Pour réussir, une compagnie de chaussures doit compter sur les services de dirigeants remarquables. Heureusement pour Berkshire Hathaway, Frank Rooney était inclus dans une portion du prix d'achat de H.H. Brown.

En 1929, un entrepreneur nommé Ray Hefferman obtint H.H. Brown pour 10 000 $. Peu de temps après, Frank Rooney épousa la fille de Hefferman. Le jour du mariage, il se fit dire par son beau-père qu'il devrait abandonner toute idée de travailler chez H.H. Brown. Frank alla travailler pour Melville Shoe Company. Il devint le président et chef de la direction de la future société, Melville Corporation. Lorsque Ray Hefferman, à l'âge de 90 ans, tomba malade, il demanda finalement à Frank de diriger H.H. Brown. Après la mort de Ray Hefferman, la famille Hefferman décida de vendre l'entreprise de chaussures. C'est ici qu'intervient Berkshire Hathaway.

Buffett résolut, bien que le secteur de la chaussure fût difficile, d'acheter H.H. Brown en raison de trois facteurs. Premièrement, la compagnie était de toute évidence rentable. Deuxièmement, Frank Rooney s'engageait à la diriger. Troisièmement, H.H. Brown avait une méthode de rémunération très inhabituelle qui, selon Buffett, «lui faisait chaud au coeur». Chaque année, les dirigeants clés de H.H. Brown perçoivent un salaire de base de 7 800 $.On leur ajoute ensuite un pourcentage des profits qui sont calculés après les investissements en capital. Ceci, observa Buffett, rend la direction extrêmement consciente que le capital n'est pas gratuit. Trop souvent, dit-il, les dirigeants sont rémunérés, peu importe les profits, les pertes et les nouveaux investissements en capital. Chez

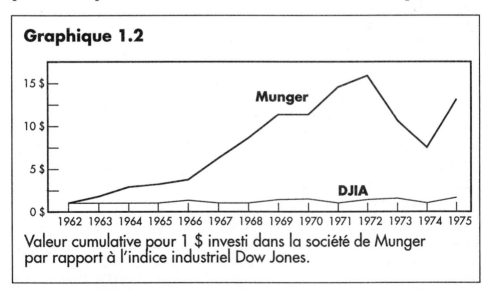

**Graphique 1.2**

Valeur cumulative pour 1 $ investi dans la société de Munger par rapport à l'indice industriel Dow Jones.

H.H.Brown, les dirigeants marchent vraiment dans les «mêmes souliers» que les propriétaires.

### Dexter Shoe

Buffett préfère acheter les compagnies en argent comptant. Cependant, à l'occasion, il émettra des actions de Berkshire Hathaway en échange de la possession d'une compagnie. Il le fera seulement lorsque Berkshire reçoit autant en valeur intrinsèque qu'elle en donne. À l'automne de 1993, Berkshire augmenta ses placements dans le secteur de la chaussure en acceptant d'acheter Dexter Shoe Company. Il échangea alors 25 221 actions de Berkshire Hathaway soit une valeur de 420 millions de dollars.

Dexter Shoe Company, située dans le Maine, est le plus important fabricant indépendant de chaussures du pays. En raison du succès de Berkshire avec H.H.Brown, Buffett connaissait déjà ce secteur. Il confia que Dexter Shoe était le genre de compagnie que Berkshire appréciait. Elle avait une longue feuille de route de profits. Ses souliers, affirma Buffett, représentaient une franchise unique. Les chaussures Dexter de la Nouvelle-Angleterre comprennent ses mocassins bien connus et ses souliers pour bateaux. Enfin, Buffett partageait la philosophie de la direction de se concentrer sur les buts à long terme de la compagnie. Buffett admit qu'il aurait acheté Dexter en argent comptant ou en échange d'actions. Ce sont les propriétaires de Dexter qui voulaient des actions de Berkshire.

## CHARLIE, L'AMI ET LE PARTENAIRE

Tout discours à propos de Warren Buffett et de Berkshire Hathaway serait incomplet si l'on ne mentionnait pas Charles T. Munger. Charles Munger, «Charlie» pour les lecteurs des rapports annuels de Berkshire Hathaway, est vice-président du conseil d'administration. Il est également, aux yeux de Buffett, le partenaire et codirigeant de Berkshire.

Leur amitié commença quelque trente ans auparavant. Charlie est né à Omaha. Contrairement à Buffett, il fit des études en droit et non en administration des affaires. Après avoir reçu son diplôme du Harvard Law

School, Charlie fonda son étude légale, appelée Munger Tolles & Olson à Los Angeles. Lors d'une visite à Omaha en 1960, Charlie et Buffett se rencontrèrent. La conversation se dirigea naturellement vers l'investissement. Buffett tenta de persuader Charlie que la voie vers la richesse était le placement et non le droit. Les arguments de Buffett furent convaincants parce que, peu de temps après, Charlie fonda sa société de placement privée semblable à celle de Buffett.

De 1962 à 1975, Charlie géra sa société de placement avec un succès éclatant. En dépit du marché à la baisse de 1973-1974, sa société réalisa un rendement annuel composé de 19,8%. C'était de beaucoup supérieur au rendement de 5,0% de l'indice industriel Dow Jones pendant la même période (voir graphique 1.2). Charlie rassemblait dans son portefeuille un nombre de titres plus restreint, mais plus important. Par conséquent, les résultats étaient plus variables. Néanmoins, son approche était similaire à celle de Buffett : ils tentaient tous les deux d'acheter avec un escompte par rapport à la valeur intrinsèque.

Un des placements de la société de Charlie était Blue Chip Stamps. Comme Buffett, Charlie commença à acheter des actions de Blue Chip Stamps à la fin des années 1960. Éventuellement, il en devint le président du conseil d'administration. Ses responsabilités comprenaient la gestion des titres du portefeuille de Blue Chip Stamps, qui étaient utilisés pour compenser les rachats de timbres.

De 1960 à 1970, Charlie et Buffett demeurèrent en contact. Leur relation devint formelle en 1978 lorsque Diversified Retailing fusionna avec Berkshire Hathaway. À ce moment, Charlie devint membre du conseil d'administration de Berkshire. Lorsque Berkshire et Blue Chip Stamps fusionnèrent, il accéda au poste de vice-président du conseil. Durant les meilleures années de profit de Blue Chip, Buffett et Charlie achetèrent non seulement See's Candy Shops et le *Buffalo News*, mais, également 80% de Wesco Financial Corporation en 1973.

## Wesco Financial Corporation

Lorsque Charlie était président du conseil de Blue Chip Stamps, Louis Vincenti était président et chef de la direction de Wesco Financial.

Après la fusion de Blue Chip Stamps et Berkshire Hathaway, Vincenti, alors âgé de 77 ans, se retira et Charlie accéda au poste de président du conseil et chef de la direction de Wesco. La compagnie a trois principales filiales : Precision Steel, Wesco-Financial Insurance Company et Mutual Savings and Loan.

Precision Steel, située à Franklin Park, Illinois, fut achetée par Wesco Financial en 1979 pour 15 millions de dollars. À première vue, Precision Steel ressemble à une autre de ces compagnies sans trait distinctif par rapport à la compétition. Toutefois, cette compagnie s'est bâtie une solide réputation de fournisseur de bandes d'acier de calibres particuliers. Leurs prix sont raisonnables et le service technique est excellent. Lors des périodes de pénurie de stocks, Precision Steel garda sa renommée nationale de fournisseur crédible. Depuis 1980, Precision Steel ne perdit jamais d'argent. En 1993, elle rapporta deux millions de dollars en profit net d'exploitation, représentant 10% des profits totaux de Wesco.

En 1985, Wesco investit, avec Berkshire Hathaway, 45 millions de dollars dans une coentreprise appelée Wesco Financial Insurance Company (Wes-FIC). Au début, Wes-FIC fut organisée pour réassurer une portion du volume d'assurance du Fireman's Fund. En 1988, Wes-FIC commença à souscrire de l'assurance IARD (incendies, accidents, risques divers). Elle possède maintenant des permis au Nebraska, Utah et Iowa. Charlie partage la vieille habitude de Buffett d'éviter le commerce d'assurance jugé non rentable. Actuellement, Wes-FIC, comme Berkshire Hathaway, a un surplus de capital et un manque de primes d'assurance à souscrire. Néanmoins, en 1993, les profits d'exploitation de Wes-FIC furent de 12,4 millions de dollars, représentant 60% des profits totaux de Wesco.

Charlie fait toujours ses commentaires dans le rapport annuel de Wesco à ses actionnaires, année après année. Cependant le chapitre de l'assurance est davantage la passion de Buffett. Celle de Charlie reste le secteur des institutions d'épargne et de crédit. Leurs forces se complètent avec harmonie.

L'engagement de Charlie avec la Mutual Savings and Loan remonte à vingt ans. Pendant cette période, il résista à une industrie insouciante sabotée par des gens sans jugement. À quelques reprises, il dut faire face à des gestes criminels. Il se défendit aussi contre une industrie supervisée par des organismes de réglementation manquant d'argent et de personnel. L'expérience ressemble affreusement à la rencontre de Buffett avec l'industrie de l'assurance.

Lorsque le désastre des institutions d'épargne et de crédit commença à paraître, peu de gens étaient d'accord ou étaient capables d'agir de façon à parer les dangers financiers évidents. Charlie Munger eut le courage de changer de trajectoire et de conduire Mutual Savings vers une nouvelle orientation. Entre 1979 et 1985, en raison des coûts élevés de l'épargne et de l'incertitude des taux d'intérêt futurs, Mutual Savings ne fit aucun nouveau prêt. En 1980, Charlie céda quinze succursales, conservant uniquement le siège social et une seule succursale dans un centre commercial de l'autre côté de la rue. Il vendit également 307 millions de dollars en comptes d'épargne et une quantité égale d'hypothèques à rendement élevé. Il ne restait que les hypothèques aux taux les plus bas avec les échéances les plus courtes.

Bref, après avoir vu les signes de danger, Charlie réduisit sa cargaison, ferma les écoutilles et se prépara à naviguer dans un ouragan. En 1981, malgré des profits d'exploitation inférieurs, Mutual Savings eut le ratio le plus élevé d'avoir des actionnaires par rapport au passif-dépôt de toutes les institutions d'épargne et de crédit. Mutual Savings avait une portion plus élevée de son actif investie dans les titres équivalents d'encaisse à court terme, dans des obligations non imposables à échéance moyenne et dans des actions privilégiées de services publics. Ce qui générait un rendement équivalent après impôts de deux fois celui du portefeuille type d'hypothèques d'une institution d'épargne et de crédit.

### «Bartles et Jaymes»

Pendant les trente dernières années, l'amitié entre Charles et Buffett s'est épanouie. En parlant d'eux-mêmes dans Berkshire, Buffett fait référence à «Bartles et Jaymes»*. À l'assemblée annuelle de Berkshire, ils s'assoient sur des chaises à dossier droit sur la scène du Orpheum Theater pour répondre aux questions des actionnaires. Il y a quelques

---

* : *Bartles et Jaymes est un couple d'amis rendu célèbre dans des réclames télévisées américaines*

années, Buffett annonça, l'air penaud et au grand désespoir de Charlie, qu'il avait acheté un jet corporatif. Charlie trouvait que l'idée d'avoir un jet corporatif était si extravagante qu'il voulait appeler l'avion *The Aberration* (L'Aberration). Buffett blaguant mentionna que pour Charlie, un voyage de luxe se faisait dans un autocar avec air climatisé. La vérité est que Charlie voyage en avion : il fait ses réservations dans la classe économique. Incapable d'en arriver à un compromis au sujet de l'utilisation d'un jet corporatif, Charlie et Buffett décidèrent de nommer l'avion : *The Indefensible* (L'Injustifiable).

La modération de Charlie ne finit pas avec ses préférences de voyage. Chaque année, il écrit le rapport annuel de Wesco. Charlie n'utilise pas de tableaux ou de graphiques en couleurs et bien entendu il ne veut pas embaucher des spécialistes de relations publiques. Souvent, il se sert des mêmes descriptions dans ses rapports année après année, modifiant seulement les chiffres. Contrairement à Buffett, Charlie inclut dans le rapport annuel une photographie (en noir et blanc) du siège social de Wesco. Il a eu recours à la même depuis plusieurs années. Un jour les actionnaires le taquinèrent en lui disant qu'il employait une photo si vieille, qu'elle montrait des automobiles des années 1960. Charlie céda et finalement commanda une nouvelle photo, toujours en noir et blanc, du siège social de Wesco. La seule différence qu'il pouvait voir, commentait doucement Charlie, c'est que les arbres, devant l'édifice, avaient grandi. Heureusement pour les actionnaires de Wesco, leur investissement avait également crû au fil des ans. Lorsque Berkshire acquit Wesco en 1973, le cours du titre de Wesco était de 6 $. À la fin de 1993, il avait atteint 129 $. Sans compter le paiement d'un modeste dividende, le rendement annuel du titre de Wesco est de 16,6% depuis 1973.

En 1991, Ken Chace prit sa retraite et, Susan, l'épouse de Buffett, fut nommée pour siéger au conseil d'administration de Berkshire Hathway. Madame Buffett est le deuxième plus important actionnaire de Berkshire Hathaway. Si elle survit à son époux, elle héritera de ses actions de Berkshire. Advenant la mort de Buffett, les actionnaires de Berkshire peuvent se consoler de deux façons. D'abord, aucune des actions de Buffett n'aura à être vendue. De plus, Madame Buffett a reçu la directive de ne vendre aucune des filiales de Berkshire même à un prix avantageux.

Ensuite et plus important, Buffett demanda à Charlie d'accepter la respon-sabilité entière de la gestion de Berkshire Hathaway. À ses actionnaires, Buffett expliqua avec humour : «à ma mort, les profits de Berkshire aug-menteront immédiatement d'un million de dollars, car Charlie vendra le jet de la société dès le lendemain, ignorant mon souhait d'être enterré avec l'*Injustifiable*».

Munger et Buffett possèdent une attitude équilibrée et sans com-promis pour des principes d'affaires. D'une part, Buffett a supporté les conséquences des rendements médiocres dans l'industrie de l'assurance et pendant un certain temps s'est interdit de souscrire des polices. D'autre part, Charlie a refusé de prêter de l'argent ayant à faire face à une industrie d'épargne et de crédit indisciplinée. Les deux affichent les aptitudes requi-ses pour diriger des sociétés de grande valeur. Les actionnaires de Berkshire Hathaway sont chanceux d'avoir des partenaires dirigeants qui s'occupent de leurs intérêts et les aident à faire de l'argent sous toutes les conjonctures économiques. Buffett ne croyant pas à la retraite obligatoire, les actionnaires de Berkshire continueront, d'après lui, de profiter longtemps dans l'avenir non pas d'une tête, mais de deux.

## L'HOMME ET SON ENTREPRISE

Warren Buffett n'est pas facile à dépeindre. Son physique est ordi-naire, on le décrit comme ressemblant à un grand-père. Intellectuellement, il est considéré comme un génie, pourtant sa relation terre à terre avec les gens n'est vraiment pas compliquée. C'est un homme simple, direct, franc et honnête. Il montre une combinaison attachante de pince-sans-rire et d'un sens de l'humour populiste. Il a un profond respect pour des choses logiques et un sale dédain pour l'imbécillité. Il préfère la simplicité et évite si possible les complications.

En lisant ses rapports annuels, on est frappé par la facilité de Buffett de citer la Bible, et autant John Maynard Keynes que Mae West. Bien sûr, le mot clé est : lire. Chaque rapport compte de 60 à 70 pages de ren-seignements : pas de photos, pas de graphiques en couleurs, pas de tableaux. Ceux qui sont assez disciplinés pour commencer à la page un et continuer sans interruption sont récompensés par une saine dose de sagesse financière, d'humour populaire et d'honnêteté inébranlable. Buffett fait preuve d'une grande sincérité dans ses rapports. Il accentue à la fois les côtés positifs et négatifs des entreprises de Berkshire. Il croit que les gens possédant des actions de Berkshire Hathaway sont les propriétaires de la compagnie et il leur en dit autant qu'il aimerait en entendre s'il était dans «leurs souliers».

Berkshire Hathaway, dirigée par Buffett, est l'incarnation de sa personnalité, de sa philosophie des affaires et de son style unique. En regardant Berkshire, on peut distinguer les principes fondamentaux de Buffett en action. Toutes les qualités que Buffett recherche dans des sociétés (qualités qui seront dévoilées dans les chapitres suivants) sont manifestes dans sa compagnie. Également, on voit que la façon de faire de Buffett se reflète de plusieurs façons inhabituelles et originales dans ses sociétés. Nous mentionnons deux exemples : le programme de désignation des dons de charité et le programme de rémunération.

La rémunération des dirigeants est devenue un sujet de débats animés entre les actionnaires et la direction. Les salaires annuels des cadres supérieurs peuvent facilement dépasser un million de dollars. En plus de ces généreux salaires, les dirigeants des sociétés ouvertes reçoivent de façon traditionnelle des options pour acheter des actions à prix fixe. C'est souvent relié aux profits de la compagnie, mais très rarement à la performance réelle du travail du dirigeant.

Lorsque des options d'achat d'actions sont votées, dit Buffett, les dirigeants, dont la performance est inférieure à la moyenne, sont récompensés aussi bien que ceux qui ont eu une performance excellente, sans discrimination. Dans l'esprit de Buffett, même si votre équipe gagne le championnat, vous ne payez pas, au baseball, le même salaire pour un frappeur au bâton ayant une moyenne de 350 que pour un autre ayant une moyenne de 150.

Chez Berkshire, Buffett utilise un système de rémunération qui rétribue les dirigeants pour leur performance. La prime n'est pas reliée à la dimension de la société, à l'âge de la personne ou aux profits globaux de Berkshire. En autant que Buffett est concerné, la réussite d'un groupe de travail devrait être gratifiée peu importe si le cours du titre de Berkshire grimpe ou chute. À la place, les dirigeants sont rémunérés sur la base de leur succès, surtout s'ils atteignent les objectifs de performance stratégiques rattachés à leur responsabilité. Certains dirigeants sont récompensés pour la hausse des ventes, d'autres pour la réduction des dépenses ou pour des investissements restreints en immobilisation. En fin d'année, Buffett ne donne pas d'option d'achat d'actions : il signe des chèques. Certains sont très élevés. Les dirigeants peuvent faire ce qu'ils veulent avec l'argent. Plusieurs achètent des actions de Berkshire assumant, en définitive, les mêmes risques que les propriétaires.

Buffett accorde des récompenses importantes aux dirigeants. Mike Goldberg, qui dirige les activités d'assurance fut payé 2,6 millions de dollars en 1992. Cependant, lorsque le secteur de l'assurance vécut des temps difficiles, il n'empocha que son salaire de base de 100 000 $. Le salaire personnel de Buffett, en plus de son boni, est de 100 000 $ par année. De toute évidence, il est le chef d'entreprise parmi le Fortune 500 le moins bien payé du pays. Bien entendu, il possède 475 000 actions, mais Berkshire ne paie pas de dividendes. Jusqu'à ce jour, il est le seul milliardaire qui fait lui-même sa déclaration de revenu.

La méthode qui illustre le mieux Buffett est celle qu'il emploie pour la distribution des dons de charité de Berkshire. Elle est appelée le programme de désignation de l'actionnaire. Celui-ci, sur la base proportionnelle du nombre d'actions qu'il possède, peut désigner les bénéficiaires des dons de charité de Berkshire. Chez la plupart des compagnies, ce sont les hauts dirigeants et les membres du conseil qui choisissent les oeuvres caritatives qui profiteront des largesses de la compagnie. Souvent, ils sélectionnent leurs organismes préférés et les actionnaires n'ont rien à dire dans cette distribution de l'argent. Cela va à l'encontre de la nature de Buffett. «Lorsque A prend l'argent de B pour le donner à C, dit-il, et que A est un législateur, le processus s'appelle les impôts. Quand A est un cadre ou un administrateur d'une société ce geste s'appelle de la philanthropie.»[7]

Chez Berkshire, l'actionnaire nomme l'oeuvre caritative et Berkshire signe le chèque. En 1981, à la première année de ce programme, Berkshire donna 1,7 million de dollars à 675 oeuvres humanitaires. Lors des douze années suivantes, Berkshire contribua pour 60 millions à des milliers d'oeuvres de bienfaisance. En 1993, les actionnaires de Berkshire Hathaway firent don de 9,4 millions à 3 110 organismes.

Voici un petit indice du succès financier phénoménal de Berkshire. Lorsque Buffett prit le contrôle de Berkshire, la valeur nette de la compagnie était de 22 millions de dollars. Vingt-neuf années plus tard, elle avait progressé à 10,4 milliards de dollars. Le but de Buffett est d'augmenter la valeur comptable de Berkshire Hathaway à un taux annuel de 15%, bien au-delà du rendement réalisé par la compagnie américaine moyenne. Depuis 1964, la valeur comptable par action de Berkshire est passée de 19 $ à 8 854 $. Sur une base annuelle, les rendements de Berkshire furent parfois variables. Les fluctuations du marché boursier, et par le fait même les titres que Berkshire possède, créent des variations dans les actions (voir tableau 1.1). Toutefois, le taux annuel composé est de 23,3%, surpassant l'objectif de 15% de Buffett et dépassant de loin la progression de l'indice du Standard & Poor's 500. Ce succès relatif est encore plus impressionnant lorsque vous considérez que Berkshire est pénalisée à la fois par les impôts sur le revenu ainsi que sur les gains en capital et que les rendements du Standard & Poor's 500 sont avant impôts.

Berkshire Hathaway Inc. est complexe mais pas compliquée. Elle possède plusieurs entreprises, des sociétés d'assurance et d'autres compagnies décrites dans ce chapitre, en plus de filiales moins importantes non évoquées en raison des limites d'espace. Utilisant le flot d'argent des primes d'assurance, elle achète également des actions de sociétés anonymes (ouvertes). À travers tout cela, on retrouve l'approche terre à terre de Warren Buffett. Il prend le temps d'analyser une affaire : que ce soit pour l'achat au comptant comme pour l'évaluation d'une société en vue d'en acquérir les actions ou que cela concerne la direction de sa propre compagnie. Ceux qui ambitionneraient une portion du succès de Buffett pourraient s'en inspirer en adoptant sa philosophie.

## Tableau 1.1
### Performance de Berkshire par rapport au S&P 500
### Variation annuelle (%)

| Année | Valeur comptable par action de Berkshire (1) | S&P 500 incluant les dividendes (2) | Performance relative (1) - (2) |
|---|---|---|---|
| 1965 | 23,8 | 10,0 | 13,8 |
| 1966 | 20,3 | -11,7 | 32,0 |
| 1967 | 11,0 | 30,9 | -19,9 |
| 1968 | 19,0 | 11,0 | 8,0 |
| 1969 | 16,2 | -8,4 | 24,6 |
| 1970 | 12,0 | 3,9 | 8,1 |
| 1971 | 16,4 | 14,6 | 1,8 |
| 1972 | 21,7 | 18,9 | 2,8 |
| 1973 | 4,7 | -14,8 | 19,5 |
| 1974 | 5,5 | -26,4 | 31,9 |
| 1975 | 21,9 | 37,2 | -15,3 |
| 1976 | 59,3 | 23,6 | 35,7 |
| 1977 | 31,9 | -7,4 | 39,3 |
| 1978 | 24,3 | 6,4 | 17,6 |
| 1979 | 35,7 | 18,2 | 17,5 |
| 1980 | 19,3 | 32,3 | -13,0 |
| 1981 | 31,4 | -5,0 | 36,4 |
| 1982 | 40,0 | 21,4 | 18,6 |
| 1983 | 32,3 | 22,4 | 9,9 |
| 1984 | 13,6 | 6,1 | 7,5 |
| 1985 | 48,2 | 31,6 | 16,6 |
| 1986 | 26,1 | 18,6 | 7,5 |
| 1987 | 19,5 | 5,1 | 14,4 |
| 1988 | 20,1 | 16,6 | 3,5 |
| 1989 | 44,4 | 31,7 | 12,7 |
| 1990 | 7,4 | -3,1 | 10,5 |
| 1991 | 39,6 | 30,5 | 9,1 |
| 1992 | 20,3 | 7,6 | 12,7 |
| 1993 | 14,3 | 10,1 | 4,2 |
| 1994 | 13,9 | 1,3 | 12,6 |

Source : Berkshire Hathaway, rapport annuel, 1993
Notes : les résultats sont pour les exercices se terminant le 31/12; sauf 1965 et 1966 se terminant le 30/9; 1967 exercice de 15 mois se terminant le 31/12.
À partir de 1979, les normes comptables exigeaient que les compagnies d'assurance évaluent les titres qu'elles détenaient à la valeur du marché plutôt qu'à la valeur la plus basse entre le coût et la valeur au marché, ce qui était la norme précédente. Dans ce tableau, les résultats de Berkshire jusqu'à 1978 ont été reformulés pour être conformes aux nouvelles normes.

# – DEUX –

# Deux hommes sages

WARREN BUFFETT peut être considéré comme la synthèse de deux personnages légendaires : Benjamin Graham et Philip Fisher. Chacune de leurs philosophies a permis à Warren Buffett d'acquérir une formation en placement. «Je suis 15% Fisher et 85% Benjamin Graham», avoue Buffett.[1] Il n'est pas surprenant que l'influence de Graham sur Buffett soit immense. Buffett fut d'abord un lecteur intéressé de Graham, puis un étudiant, un employé, ensuite un collaborateur et enfin, son égal. Graham forma l'esprit profane de Buffett. Cependant, ceux qui croient que Buffett est le produit unique des enseignements de Graham, ignorent sans doute l'influence d'un autre esprit financier dominant, celui de Philip Fisher.

Après la lecture du livre de Fisher, *Common Stocks and Uncommon Profits* (Harper & Brothers, 1958), Buffett chercha à rencontrer son auteur. «Lorsque je fis sa connaissance, je fus autant impressionné par l'homme que par ses idées. Tout comme Ben Graham, Fisher était un être sans prétention, généreux d'esprit et un professeur extraordinaire.» Bien que les théories sur le placement de Graham et de Fisher diffèrent, elles sont parallèles dans le monde de l'investissement, observa Buffett.[2]

## BENJAMIN GRAHAM

Graham est considéré comme le doyen de l'analyse financière. On créa pour lui, avec justesse, le titre d'analyste financier, profession qui n'existait pas à ce jour.[3] Ses deux oeuvres sont écrites en collaboration avec David Dodd. *Security Analysis* fut publiée pour la première fois en 1934.

C'était peu de temps après le krach de 1929, au plus profond de la pire dépression du pays. Le deuxième titre *The Intelligent Investor*, fut connu originalement en 1949 (*L'investisseur intelligent*, 1992). Alors que d'autres théoriciens cherchaient à expliquer ce phénomène économique, Graham aida les gens à retomber sur leurs pieds sur le plan financier et à établir une stratégie d'action rentable.

Graham est né à Londres le 9 mai 1894. Ses parents déménagèrent à New York lorsqu'il était tout jeune enfant. Il fréquenta, comme première école, le Boy's High à Brooklyn. À l'âge de vingt ans, il reçut un diplôme de bachelier ès sciences de l'Université Columbia et fit partie plus tard du Phi Beta Kappa (association d'anciens étudiants très brillants). Graham parlait couramment le grec et le latin et s'intéressait à la fois à la philosophie et aux mathématiques. Nonobstant son éducation excluant l'administration, il amorça une carrière à Wall Street. Il débuta comme messager à la firme de courtage Newburger, Henderson & Loeb. Il écrivait alors les cours des actions et des obligations sur un tableau noir pour 12 $ par semaine. D'abord messager, il gravit les échelons. Il rédigea les rapports de recherche et, peu de temps après, devint associé dans la firme. À 25 ans, en 1919, il gagnait déjà un salaire annuel de 600 000 $. En 1926, Graham organisa une société privée de placement avec Jerome Newman. C'est elle qui a embauché Buffett quelque trente années plus tard. Graham-Newman, avant sa dissolution en 1956, avait survécu au krach de 1929, à la dépression, à la Deuxième Guerre mondiale et à la guerre de Corée.

Peu de gens savent que Graham fut ruiné financièrement par le krach de 1929. Pour la deuxième fois de sa vie, (la première étant à la mort de son père), Graham se prépara à rebâtir sa fortune. Donc de 1928 à 1956, pendant qu'il travaillait pour la firme Graham-Newman, Graham donnait des cours du soir en finance à Columbia. Le monde universitaire lui donna une occasion de réflexion et de réévaluation. Avec l'appui de David Dodd, également professeur à Columbia, Graham produisit une dissertation complète sur la façon prudente d'investir.

C'est ainsi que parut d'abord en 1934 *Security Analysis*. Tous les deux, Graham et Dodd avaient plus de 15 années d'expérience en placement. Il leur fallut quatre ans pour terminer le livre. Lorsque *Security Analysis* fut publié pour la première fois, Louis Rich du *New York Times* avait écrit : «Cet ouvrage est une recherche érudite et perspicace, pleinement mature, minutieuse et tout à fait louable. Si son influence devait se manifester sur l'investisseur, il faudrait souhaiter que l'esprit de ce dernier s'attarde alors sur les titres plutôt que sur le marché».[4]

Dans la première édition, Graham et Dodd accordèrent une attention importante aux abus des sociétés. Avant les lois de 1933 et 1934 régissant les valeurs mobilières, l'information donnée par les sociétés était trompeuse et tout à fait inadéquate. La plupart des sociétés industrielles refusaient de divulguer leurs ventes et l'évaluation de leurs actifs était souvent douteuse. Ces fausses informations étaient utilisées pour manipuler les cours des titres, lors de premiers appels publics à l'épargne et à la fois dans le marché secondaire. Après les lois sur les valeurs mobilières, les réformes concernant les sociétés furent lentes, mais circonspectes. Pour la troisième édition de leur ouvrage en 1951, les références aux abus des compagnies étaient éliminées. À la place, Graham et Dodd traitaient de problèmes des actionnaires et des dirigeants, de la compétence de la direction ainsi que de la politique de dividende.

On pourrait résumer *Security Analysis* en une phrase : un portefeuille diversifié d'actions ordinaires bien choisies et achetées à des prix raisonnables, peut être un solide investissement. Étape par étape, prudemment, Graham aida l'investisseur à voir la logique de son approche.

L'absence d'une définition universelle et unique de ce qu'est un placement fut la première difficulté que Graham eut à débattre. Citant le juge Brandeis, il souligna que «placement est un mot qui a plusieurs significations». La confusion ne se situe pas à savoir si c'est une action (alors spéculative par définition) ou une obligation (ainsi un placement). L'achat d'une obligation avec une garantie médiocre peut être considéré comme un placement uniquement parce que c'est une obligation. Également, un titre dont le prix par action est inférieur à son actif net à court terme ne peut pas être considéré comme une spéculation parce que c'est une action. La décision d'acheter un titre avec de l'argent emprunté dans l'espoir de faire un profit rapide est de la spéculation, peu importe si c'est une obligation ou une action. Sur ce point, dit Graham, l'intention, plus que le caractère, déterminera si le titre est un placement ou une spéculation.

Considérant les complexités de la question, Graham proposa sa propre définition. «Une activité de placement, après analyse, promet la sécurité du capital et un rendement satisfaisant. Les activités ne rencontrant pas ces exigences sont spéculatives.»[5] Graham préférait parler de placement, seulement si l'activité excluait l'achat d'un seul titre. Très tôt, il recommanda de diversifier ceux-ci pour diminuer les risques.

«L'analyse en profondeur», sur laquelle il insistait, fut expliquée comme étant «l'étude minutieuse des faits disponibles avec la tentative d'en arriver à une conclusion qui repose ainsi sur des principes établis et une logique solide».[6] Graham alla plus loin en décrivant l'analyse comme une tâche en trois étapes : la description, la critique et la sélection.

À la phase de la description, l'analyste rassemble tous les faits disponibles et les présente d'une manière intelligente. À l'étape de la critique, il s'attarde aux mérites des normes utilisées pour communiquer l'information. L'analyste est intéressé par une représentation équitable des faits. Lors du stade de la sélection, il passe un jugement quant à l'attrait ou non du titre en question.

Pour qu'un titre soit considéré comme un placement, disait Graham, il doit y avoir un certain degré de sécurité du capital et un taux de rendement satisfaisant. Graham expliquait que la sécurité du capital n'est pas absolue. Le placement devrait être considéré par rapport à la perte dans des conditions raisonnables. Graham admettait qu'un événement très inhabituel ou improbable peut pousser une obligation sûre à faire défaut. Un rendement satisfaisant comprend non seulement le revenu, mais l'appréciation du titre. Graham a observé plusieurs fois que «satisfaisant» est un terme subjectif. Il dit bien que le *rendement* peut être à n'importe quel taux, même minime, en autant que l'investisseur agisse de façon intelligente et adopte la définition complète de placement. Un investisseur, au contraire d'un spéculateur, est celui dont l'analyse financière repose sur une bonne logique et un rendement raisonnable sans compromettre la protection du capital.

C'est la performance médiocre du marché obligataire qui permit à la définition de Graham de ne pas passer inaperçue. Toutefois, lorsque, entre 1929 et 1932, l'indice obligataire Dow Jones a chuté de 97,70 à 65,78 $, les obligations ne pouvaient pas être considérées aveuglément comme de purs placements. Les obligations autant que les actions ont non seulement perdu une valeur considérable, mais plusieurs émetteurs ont fait faillite. Cela nécessitait ainsi un processus pouvant distinguer les caractéristiques d'investissement des actions et des obligations de leurs contreparties spéculatives.

Constamment, Graham fut impliqué par les résultats des placements et par la spéculation. Vers la fin de sa vie, il fut stupéfait de voir des investisseurs institutionnels (les zinzins) qui achetaient des actions nettement spéculatives. Peu après le marché baissier de 1973-1974, Graham fut invité à assister à une conférence de gestionnaires de portefeuille patronnée par la firme Donaldson, Lufkin and Jenrette. Graham fut choqué par les propos de ses pairs professionnels alors qu'il discutait avec eux. «Je ne pouvais comprendre, expliqua-t-il, comment la gestion de l'argent par des institutions avait dégénéré du placement sensé à cette course endiablée ayant pour but de réaliser le rendement le plus élevé possible et dans les plus brefs délais.»[7]

La deuxième contribution de Graham (après avoir fait la différence entre le placement et la spéculation) fut une méthodologie par laquelle l'achat d'actions ordinaires se qualifierait comme un placement. En effet, peu de choses avaient été accomplies en utilisant une approche quantitative pour choisir des actions avant la publication de *Security Analysis*. Antérieurement à 1929, les actions ordinaires inscrites en bourse étaient surtout celles des chemins de fer. Les sociétés industrielles et les services publics n'étaient qu'une infime portion de cette liste d'actions. Les banques et les compagnies d'assurance, favorites des riches spéculateurs, n'étaient pas inscrites. Ces sociétés, principalement les chemins de fer, avaient de toute évidence une valeur de placement et se vendaient à des prix près de leur valeur au pair. Elles reposaient sur une stabilité de la valeur du capital.

Pendant le marché haussier des années 1920, la perception générale par rapport aux actions, incluant les actions industrielles, commença à s'améliorer. La prospérité attira de nouveaux investissements, plus particulièrement dans l'immobilier. En 1925, l'immobilier connut en Floride un essor de courte durée. En dépit de son effondrement (en 1926), les banques commerciales et les sociétés de placement continuèrent à le recommander.

L'immobilier incita à l'investissement et finalement permit l'activité commerciale. Tout ceci continua à attiser les flammes de l'euphorie. L'optimisme incontrôlé peut mener à une situation spéculative, comme Graham l'observa. Une des caractéristiques principales de celle-ci est son incapacité à se rappeler les leçons de l'histoire.

Évoquant l'expérience passée, Graham identifia trois formes d'influence qu'il croyait responsables des krachs. D'abord, il y eut la manipulation des titres par les bourses et les firmes de placement. Chaque jour, les courtiers se faisaient dicter les émissions «à faire bouger» et les choses à dire pour produire du mouvement dans ces titres. Ensuite, des banques optèrent pour la politique d'avancer de l'argent pour acheter des actions. Elles prêtaient aux spéculateurs, qui de leur côté, attendaient anxieusement le plus récent tuyau de Wall Street. Les emprunts bancaires pour l'achat de titres sont passés d'un milliard de dollars en 1921 à 8,5 milliards en 1929. Comme ceux-ci se négociaient par rapport à la valeur des actions, tout s'effondra, lors du krach, tel un château de cartes. Heureusement des lois régissant les valeurs mobilières existent aujourd'hui pour protéger les individus de la fraude occasionnée par des firmes de courtage. La pratique d'acheter des actions sur marge est grandement restreinte par rapport aux années 1920. Toutefois, un domaine qui ne pouvait être réglementé, et qui pourtant dans l'esprit de Graham était tout aussi responsable du krach, était l'optimisme immodéré : le troisième pouvoir.

En 1929, le danger résidait dans le fait que le placement se faisait passer pour de la spéculation. Graham observa que l'euphorie du passé était omniprésente. Encouragés par l'histoire ancienne, les investisseurs s'imaginaient une époque de prospérité et de croissance continuelles. Les acheteurs d'actions commencèrent à perdre tout sens de proportion des prix. Graham souligna que les gens payaient des titres sans se soucier des conséquences probables. Les titres étaient évalués au prix que le marché optimiste cotait, disait-il. C'est au sommet de cette ineptie que la démarcation séparant la spéculation du placement se manifesta.

Lorsque tout l'impact du krach se fit ressentir, les actions ordinaires furent de nouveau désignées des opérations spéculatives. Au moment où la dépression commença, tout le bon sens du placement dans les actions, devint un anathème. Cependant, observa Graham, les philosophies de placement changent avec les états d'âme. Après la Deuxième Guerre mondiale, la confiance dans les actions ordinaires augmenta encore une fois. Quand Graham écrivit la troisième édition de *Security Analysis* entre 1949 et 1951, il reconnut que les actions ordinaires étaient devenues une partie importante du portefeuille de l'investisseur.

Après le krach, de nombreuses études théoriques apparurent analysant les différentes démarches concernant l'investissement dans les actions ordinaires. Graham lui-même décrit trois approches : l'échantillonnage, la prévision et la marge de sécurité.

L'approche de l'échantillonnage représentatif serait l'équivalent aujourd'hui du placement selon les indices. Comme Graham l'observa, le choix fit place à la diversification. Un investisseur pourrait acheter les trente meilleurs titres de l'indice industriel Dow Jones et en profiter autant que ces sociétés elles-mêmes. Graham souligna qu'il n'y avait aucune assurance que Wall Street puisse obtenir des résultats supérieurs à ceux de cet indice.

La démarche de la prévision est subdivisée entre les approches de la sélectivité à court terme et celle des titres de croissance. La sélectivité à court terme est une démarche où les individus cherchent à profiter des compagnies qui ont les meilleures perspectives à court terme (habituellement de six mois à un an). Wall Street dépense beaucoup d'énergie à prédire les perspectives économiques (les ventes, les coûts et les profits) qu'une compagnie peut réaliser. L'erreur de cette approche, selon Graham, c'est que les ventes et les profits sont souvent variables et que la prévision de ces perspectives à court terme peut être facilement actualisée dans le cours du titre. Enfin, et principalement, Graham soutenait que la valeur d'un placement n'est ni ce qu'il gagnera ce mois-ci ou le mois prochain ni ce que seront les ventes du prochain trimestre. Il faut s'attarder plutôt au rendement qu'on peut espérer de ce placement sur une longue période. Les décisions basées sur des informations à court terme sont trop souvent superficielles et temporaires. L'approche de la sélectivité à court terme est celle qui prédomine à Wall Street. Ce qui n'est pas surprenant, car elle met l'accent sur le changement et les transactions.

Les titres de croissance, définis de façon élémentaire, découlent des compagnies dont les revenus et les profits croissent à des taux supérieurs comparés à ceux de l'entreprise moyenne. Graham utilisa la définition de National Investors Corporation, qui identifiait les sociétés de croissance comme étant des compagnies dont les profits augmentent à chaque cycle. Les difficultés de réussir avec les titres de croissance, expliqua Graham, étaient basées sur la capacité de l'investisseur d'identifier les compagnies en expansion et par la suite d'évaluer le prix actuel du titre en tenant compte du potentiel de croissance de la compagnie.

Les profits de chaque compagnie suivent ce qu'on appelle un *cycle de vie*. Au début, au stade de développement, les revenus d'une société augmentent et les profits commencent à se matérialiser. Lors de la phase d'expansion rapide, ces revenus continuent de grandir, les marges bénéficiaires croissent et il y a une élévation substantielle des profits. Lorsque la compagnie amorce l'étape de la croissance mature, les revenus commencent à ralentir de même que les profits. Au dernier stade, arrive un mélange de déclin et de stabilité, les revenus diminuent et naturellement les marges bénéficiaires et les profits baissent aussi.

Les investisseurs privilégiant les titres de croissance, selon Graham, font face à un dilemme. S'ils choisissent une compagnie dans une phase d'expansion rapide, ils peuvent constater que le succès de celle-ci est temporaire. Ses profits peuvent vite disparaître, car elle ne possède probablement pas plusieurs années d'expérience. Par ailleurs, une compagnie arrivée au stade de maturité peut être à une étape plus avancée. Cependant, elle peut aussi amorcer une période de stabilité et de déclin au moment où les profits commencent à baisser. L'aptitude à situer exactement une compagnie par rapport à sa durée a, depuis des décennies, embarrassé la plupart des analystes financiers.

Si on tient pour acquis que l'investisseur a identifié avec précision un titre de croissance, quel prix celui-ci doit-il payer? De toute évidence, quand une compagnie est dans une période de prospérité, le cours de son action est relativement élevé. Graham demanda : «Comment ferons-nous pour savoir si oui ou non le prix est trop élevé?» La réponse est difficile à déterminer et, de plus, même si cela pouvait être fait avec précision, l'investisseur ferait face à un nouveau risque. Il pourrait constater que la compagnie croît à un rythme plus lent que prévu. Cela arrivant, l'investisseur aurait à payer trop cher et le marché donnerait probablement au titre un prix inférieur.

L'analyste, selon les mots de Graham, pourrait être optimiste quant à la croissance future de la compagnie et croire que celle-ci serait une addition appropriée au portefeuille. Il dispose de deux techniques pour l'acquisition de titres. Il peut acheter des actions de la compagnie lorsque le marché, dans son ensemble, se transige à bas prix (ceci survient généralement lorsqu'il y a une quelconque correction, habituellement un marché baissier). D'autre part, il peut acheter le titre lorsqu'il se vend sous sa valeur intrinsèque, même si le marché en général n'est pas réellement une occasion. Dans une technique ou dans l'autre, selon Graham, un «coussin (ou marge) de sécurité» est présent dans le prix d'achat.

Acheter des titres seulement lors des creux du marché peut apporter certaines difficultés. D'abord, cela pousse l'investisseur à développer une formule qui lui indique à quel point le marché est surévalué ou déprécié. L'investisseur, expliqua Graham, devient dépendant de sa capacité de prédire les revirements du marché, un processus qui est loin d'être certain. Par la suite, lorsque le marché est bien évalué, les investisseurs sont incapables d'acheter des actions ordinaires avec profit. Il peut devenir fatiguant pour eux et, à la fin, futile d'attendre un repli du marché avant d'acheter des actions.

Graham a suggéré que les énergies d'un investisseur seraient mieux utilisées à identifier les titres sous-évalués, peu importe le niveau du marché dans son ensemble. Pour réussir cette stratégie de façon systématique, il a admis que les investisseurs ont besoin d'une méthode ou d'une technique pour identifier des actions sous-évaluées. Le but de l'analyste est de développer l'habileté à recommander des actions qui se vendent sous leur valeur calculée. L'idée d'acheter des titres sous-évalués, sans se soucier des marchés, était une nouvelle idée dans les années 1930 et 1940. C'était le but de Graham d'ébaucher une telle stratégie.

Graham résuma le concept de bien investir à une devise qu'il a appelée la «marge de sécurité». Celle-ci cherchait à réunir tous les titres, actions et obligations à l'intérieur d'une démarche singulière de placement. Graham l'expliquait ainsi : par exemple, un investisseur a analysé les antécédents d'exploitation d'une entreprise. Il a découvert qu'en moyenne, lors des cinq dernières années, elle fut capable de réaliser des profits cinq fois supérieurs à ses frais fixes. Il peut conclure alors que les obligations de la compagnie possédaient une marge de sécurité. Graham ne s'attendait pas à ce que l'investisseur détermine avec précision les profits futurs de l'entreprise. À la place, il estima que si la marge entre les profits et les frais fixes était suffisamment grande, l'investisseur serait protégé d'une baisse inattendue des profits.

Établir une idée de marge de sécurité pour les obligations ne fut pas trop difficile. Le vrai test fut la capacité de Graham d'adapter cette conception aux actions ordinaires. Il pensait qu'une marge de sécurité existait pour des actions ordinaires si le prix du titre était inférieur à sa valeur intrinsèque. De toute évidence, pour permettre au concept de fonctionner, les analystes avaient besoin d'une technique pour déterminer la valeur intrinsèque d'une compagnie. La définition de Graham de valeur intrinsèque, telle que décrite dans *Security Analysis*, était «cette valeur qui est déterminée par les faits». Ces faits comprenaient les actifs de la compagnie, ses profits et dividendes et toute la définition de ses perspectives futures. Graham admit que le facteur unique le plus important pour déterminer la valeur d'une compagnie était sa possibilité de faire des profits futurs. La valeur intrinsèque pourrait simplement être trouvée en estimant les profits de la compagnie et en les multipliant par un facteur approprié de capitalisation. Ce facteur, ou multiplicateur, serait influencé par la stabilité des profits, les actifs, la politique de dividende ou la santé financière de l'entreprise.

En utilisant l'approche de la valeur intrinsèque, disait Graham, on était limité par une analyse imprécise de l'évaluation des aspects économiques futurs d'une société. Il était préoccupé par le fait que l'étude des projections pourrait être facilement annulée par une foule de facteurs possibles. Le volume de ventes, les prix et les dépenses sont difficiles à prédire, rendant alors l'utilisation d'un multiplicateur encore plus complexe. Dans un but dissuasif, Graham suggéra que la marge de sécurité puisse fonctionner avec succès dans trois domaines. D'abord, elle allait bien avec les titres stables comme les obligations et les actions privilégiées. Ensuite, elle pourrait être utilisée dans l'analyse comparative. Enfin, il estima que si l'écart entre le prix d'une compagnie et sa valeur intrinsèque était suffisamment grand, le concept de la marge de sécurité pourrait être appliqué pour choisir des actions.

Graham demanda à ses lecteurs d'accepter l'idée que la valeur intrinsèque est une notion difficile à saisir. Elle est distincte du prix coté par le marché. À l'origine, on croyait que la valeur intrinsèque était la même que la valeur comptable d'une compagnie (la somme de ses actifs moins ses dettes). Cette conception mena à la croyance ancienne que la valeur intrinsèque était déterminée. Cependant, les analystes réalisèrent que la valeur d'une compagnie reposait non seulement dans ses actifs réels nets, mais en plus, dans la valeur des profits que ces actifs produisaient. Graham proposa qu'il n'était pas essentiel de déterminer la valeur intrinsèque exacte d'une compagnie, mais plutôt d'accepter une mesure approximative ou une fourchette de valeur. Pour établir une marge de sécurité, l'analyste a simplement besoin d'une valeur voisine de beaucoup supérieure ou inférieure à son prix du marché.

L'analyse financière n'est pas une science exacte, disait Graham. Il y a un certain nombre de facteurs quantitatifs, comprenant les bilans, l'état des revenus, les profits et dividendes, les actifs et les passifs, qui se prêtent à une analyse en profondeur. Il y a également des facteurs qualitatifs qui sont difficiles à analyser, mais qui sont néanmoins des éléments essentiels à la valeur intrinsèque d'une entreprise. Les deux facteurs qualitatifs qui retiennent habituellement l'attention sont «la capacité de la direction» et «la nature de la société».

Généralement, Graham avait des doutes au sujet de l'importance que l'on donnait aux facteurs qualitatifs. Les idées sur le management et la nature de l'entreprise ne sont pas facilement mesurables, et, ce qui est difficile à estimer, peut être mal évalué. Graham ne croyait pas que ces facteurs qualitatifs eussent une valeur certaine. Il pensait que la possibilité de déception augmentait lorsque les investisseurs accordent trop d'importance à ces concepts. L'optimisme face aux facteurs qualitatifs se répercutait souvent dans un multiplicateur (ou ratio) plus élevé. Son expérience l'incita à croire que plus les investisseurs s'éloignaient des actifs tangibles vers des intangibles — les capacités de la direction et la nature de l'entreprise — plus ils ouvraient la porte à une façon dangereuse de penser.

Graham disait : «Assurez-vous d'avoir de solides assises. Commencez par des valeurs de l'actif net comme point de départ fondamental. Si vous achetez des actifs, votre risque de perte serait limité à la valeur liquidative de ces actifs. Personne ne peut vous sauver lorsque vos projections optimistes de croissance ne se réalisent pas.» Une compagnie étant perçue comme une affaire alléchante, ayant une direction remarquable et qui prévoit des profits futurs élevés, attirerait sans aucun doute un nombre croissant d'investisseurs. «Alors, ils l'achèteront, soulignait Graham, et ce faisant, ils feront monter son cours et, par conséquent, son ratio cours-bénéfices. Comme de plus en plus d'investisseurs s'emballent pour des rendements prometteurs, le cours s'éloigne de la valeur intrinsèque et flotte librement créant une bulle qui prend joliment de l'expansion jusqu'à ce que finalement elle éclate.»[8]

La plus grande partie de la valeur intrinsèque d'une compagnie se mesurant par la qualité de la direction, la nature de l'entreprise et les perspectives de croissance optimistes, la marge de sécurité est alors mince, disait Graham. Il estimait, par ailleurs, que le risque de perte pour l'investisseur est plus limité quand une importante partie de la valeur intrinsèque d'une compagnie est la somme de facteurs quantitatifs mesurables. Les actifs immobilisés comme les dividendes sont évaluables tout comme les profits actuels et passés peuvent l'être. Chacun de ces éléments peut être démontré par des chiffres et devenir une source logique se référant à l'expérience actuelle.

Graham ajoutait que le fait d'avoir une bonne mémoire était son seul fardeau. C'était le souvenir d'avoir été pauvre deux fois dans sa vie qui l'avait mené à opter pour une approche de placement qui s'attarde à la protection du capital plutôt qu'aux possibilités de gain. Il y a deux règles en placement, disait-il. La première est : «ne perdez pas votre argent», la seconde : «n'oubliez pas la première». Cette philosophie de «ne pas perdre» conduisit Graham vers deux démarches pour choisir des titres qui tenaient compte de la marge de sécurité. La première était d'acheter une compagnie pour moins que les deux tiers de la valeur de son actif net à court terme («net-net»). La deuxième se concentrait sur les titres avec des ratios cours-bénéfices peu élevés.

Acheter un titre à un prix inférieur aux deux tiers de la valeur de son actif net s'insérait très bien dans le concret de Graham et satisfaisait sa passion des prévisions mathématiques. Il n'accordait aucune valeur aux installations et aux biens d'une compagnie. De plus, il soustrayait tout le passif à court et à long termes de la compagnie. Il ne restait que l'actif net à court terme. Si le cours du titre était inférieur à cette valeur par action, Graham pensait qu'il y avait une marge de sécurité. Ainsi, l'achat était justifié. Il considérait cette approche comme une méthode d'investissement infaillible. Il traduisait très bien le fait que les résultats s'appuient sur les performances probables d'un groupe de titres (diversification) et non pas sur la base de déductions individuelles. De tels titres étaient abondants lors des creux des marchés baissiers et plus rares pendant les marchés haussiers.

Reconnaissant qu'attendre une correction du marché avant d'investir peut ne pas être raisonnable, Graham conçut une deuxième approche pour acheter des titres. Il se concentra sur ceux qui étaient dépréciés et qui se vendaient à des ratios cours/bénéfices peu élevés. De plus, la compagnie devait avoir un minimum de valeur nette de l'actif, c'est-à-dire posséder une dette inférieure à sa valeur nette. Pendant sa carrière, Graham travailla avec plusieurs variantes de cette approche. Peu de temps avant sa mort, Graham avait révisé la cinquième édition de *Security Analysis* avec Sidney Cottle. À cette époque, il analysait les résultats financiers des titres qui étaient achetés à un ratio cours/bénéfices peu élevé à la lumière d'un historique de dix ans. Le prix du titre était égal à la moitié du sommet précédent et en plus à la valeur de l'actif net. Graham expérimenta avec des titres remontant à 1961 et il trouva les résultats très prometteurs.

Les deux approches (acheter un titre à moins des deux tiers de la valeur de l'actif net et acheter des titres avec des ratios cours-bénéfices peu élevés) avaient un point commun. Les titres que Graham choisissait, basés sur ces méthodes, étaient très impopulaires sur le marché boursier. N'importe quel événement macroéconomique ou microéconomique faisait en sorte que le marché accordait à ces titres un prix inférieur à leur valeur. Graham fut persuadé que ces titres, à des prix «indiscutablement bas» étaient des acquisitions alléchantes.

La conviction de Graham reposait sur certaines hypothèses. D'abord, il croyait que fréquemment la bourse évaluait mal les titres. Cette mauvaise évaluation était le plus souvent provoquée par les émotions humaines de peur et d'avidité. Au sommet de l'optimisme, la voracité poussait les titres au-dessus de leur valeur intrinsèque, créant un marché surévalué. D'autre fois, la crainte poussait les cours sous la valeur intrinsèque, créant un marché sous-évalué. Une seconde supposition était basée sur le phénomène statistique de la «régression vers la moyenne», bien que Graham n'a pas utilisé ces termes. De façon plus éloquente, il citait Horace qui disait : «Beaucoup renaîtront qui ont disparu, beaucoup tomberont qui sont actuellement en honneur...». Peu importe la façon de l'exprimer, Graham croyait qu'un investisseur pouvait profiter des forces correctrices d'un marché inefficace.

## PHILIP FISHER

Au moment où Graham écrivait *Security Analysis*, Philip Fisher débutait sa carrière comme conseiller en placement. Après avoir fréquenté la Stanford University Graduate School of Business Administration, Fisher commença à travailler comme analyste pour la société Anglo London & Paris National Bank, à San Francisco. En moins de deux ans, il fut promu chef du département des statistiques de la banque. C'est de ce perchoir qu'il fut témoin du krach en 1929. Ensuite, après une brève carrière pour une maison de courtage, Fisher a décidé de fonder sa propre firme de conseillers en placement. Le premier mars 1931, la Fisher & Company commençait à solliciter sa première clientèle.

Fonder une firme de conseils en placement au début des années 1930 pouvait paraître imprudent. Cependant, Fisher découvrit, à sa grande surprise, qu'il avait deux avantages. D'abord, tout investisseur ayant encore de l'argent après le krach, était probablement insatisfait de son courtier actuel. Ensuite, au milieu de la Dépression, les gens d'affaires avaient beaucoup de temps libre pour s'asseoir et parler avec Fisher. À l'Université Stanford, un cours exigeait que Fisher accompagnât son professeur pour des visites périodiques dans des compagnies de la région de San Francisco. Le professeur poussait les dirigeants à discuter de leurs sociétés. Sur le chemin du retour, Fisher et son professeur parlaient sans arrêt des dirigeants rencontrés et des compagnies qu'ils avaient visitées. «Ces visites chaque semaine, expliquait Fisher, furent la pratique la plus utile de toute ma vie de conseiller.»[9] Ce sont ces expériences qui l'ont poussé à croire que des profits importants pouvaient être faits, en investissant dans des compagnies au potentiel supérieur à la moyenne et en s'appuyant sur les dirigeants les plus compétents. Pour distinguer ces compagnies exceptionnelles, Fisher développa un «système de pointage» qui permettait de qualifier une compagnie selon les caractéristiques de ses activités et de sa direction.

La caractéristique qui impressionna le plus Fisher était la capacité qu'une société pouvait avoir à faire croître ses ventes et ses profits au cours des années à des taux supérieurs à ceux de la moyenne de l'industrie.[10] Pour réaliser cela, Fisher crut qu'une compagnie devait posséder «des produits ou des services ayant assez de capacités pour arriver à une augmentation sensible des ventes sur une période de plusieurs années».[11] Fisher ne s'intéressait pas tellement aux augmentations régulières et annuelles dans les ventes. Il jugeait plutôt du succès d'une compagnie sur plusieurs années, conscient que les changements du cycle économique avaient un impact sur les ventes et les profits. Cependant, Fisher identifia des compagnies qui, décennie après décennie, démontraient des promesses de croissance au-dessus de la moyenne. Selon lui, les deux genres d'entreprises qui pouvaient espérer réaliser une croissance supérieure étaient celles «chanceuses et capables» et «chanceuses parce qu'elles étaient capables».

Aluminium Company of America (Alcoa) était un exemple, disait Fisher, d'une compagnie qui était «chanceuse et capable». Cette compagnie était «capable» parce que ses fondateurs possédaient un grand talent. La direction d'Alcoa avait prévu les utilisations commerciales de leur produit et travaillait sans ménagement pour tirer avantage du marché de l'aluminium de façon à augmenter les ventes. La compagnie était également «chanceuse», selon Fisher, parce que des événements hors du contrôle immédiat de la direction avaient un impact positif sur la compagnie et son marché. L'essor du transport par avion faisait augmenter en flèche les ventes d'aluminium. L'industrie, dans ce domaine, se développa et Alcoa en profita beaucoup plus que la direction ne l'avait imaginé.

Du Pont était, selon Fisher, une société qui était «chanceuse parce qu'elle était capable». Si celle-ci était restée avec son produit premier, à savoir la poudre à explosif, la compagnie aurait fait aussi bien qu'une compagnie minière type. La direction ayant misé sur la connaissance qu'elle avait acquise dans sa fabrication de la poudre à fusil, fut capable de lancer de nouveaux produits, tel que le nylon, la cellophane et la Lucite. Ces produits ont créé leurs propres marchés, ce qui se traduisit par des milliards de dollars de ventes pour Du Pont.

Les efforts de recherche et de développement d'une compagnie, observa Fisher, contribuent vigoureusement à la poursuite de la croissance des ventes au-dessus de la moyenne. De toute évidence, expliqua Fisher, ni Du Pont ni Alcoa n'aurait réussi à long terme sans un investissement significatif en recherche et en développement. Qui plus est, les entreprises non techniques, observa-t-il, ont besoin d'un effort consciencieux en recherche pour offrir de meilleurs produits et des services plus efficaces.

En plus de la recherche et du développement, Fisher examina également l'organisation des ventes d'une compagnie. Selon lui, une compagnie pouvait développer des produits et services remarquables, mais les efforts de recherche et de développement ne se traduiraient jamais en revenus à moins qu'ils ne soient «commercialisés de façon experte». La responsabilité de l'organisation des ventes est d'aider les clients à comprendre les avantages des produits et des services d'une compagnie. Cette structure, expliqua Fisher, devrait également suivre de près les habitudes d'achat de ses clients et être capable de repérer les changements dans les besoins de ceux-ci. Fisher estimait qu'elle devenait le lien précieux entre le marché et le service de la recherche ou du développement.

Toutefois, le marché potentiel seul, est insuffisant. Une compagnie, pensait Fisher, pouvant générer une croissance des ventes au-dessus de la moyenne, n'était pas un bon placement, si elle était incapable de réaliser des profits pour ses actionnaires. «Toute la croissance des ventes mondiales ne créera pas le bon placement si, avec les années, les profits n'augmentent pas de façon significative», disait Fisher.[12] En conséquence, il examina les marges bénéficiaires d'une compagnie. Il se consacra aussi à l'étude du maintien et de l'amélioration des marges de profits et, finalement, à l'analyse des coûts et des contrôles comptables.

Fisher croyait que des rendements supérieurs de placement n'étaient jamais obtenus en investissant dans des compagnies marginales. Celles-ci produisent souvent des profits adéquats en période d'expansion, mais elles chutent rapidement pendant des périodes économiquement difficiles. Pour cette raison, Fisher rechercha des sociétés fournissant non seulement des produits ou des services à coûts minima, mais qui étaient également destinées à le demeurer. Une compagnie dont le seuil de rentabilité est bas ou ayant une marge de profit proportionnellement élevée, est plus en mesure de résister à des conditions économiques pénibles. En fin de compte, elle peut éliminer de plus faibles compétiteurs, renforçant ainsi sa propre position dans le marché. Aucune compagnie, dit Fisher, ne sera capable de maintenir sa rentabilité à moins d'abaisser les coûts d'exploitation et de comprendre, en même temps, le coût de chaque étape du processus de fabrication. Afin de réaliser cela, une compagnie doit instaurer des contrôles comptables suffisants et une analyse des coûts. Cette analyse, observa Fisher, permet à une compagnie de diriger ses ressources vers des produits ou des services ayant un fort potentiel économique. De plus, les contrôles comptables aideront à identifier les faiblesses dans ses activités. Ces déficiences ou ces incapacités agissent comme des réseaux de préalerte visant à protéger la rentabilité de toute la compagnie.

Pour Fisher, une société capable de croître sans besoin de financement par capitaux propres était certainement rentable. Lorsqu'une compagnie se développe uniquement en émettant des actions, disait-il, son plus grand nombre d'actions en circulation annulera tout avantage dont les actionnaires pourraient bénéficier. Si ses marges bénéficiaires sont élevées, elle sera plus capable de générer des fonds par elle-même. Ces fonds peuvent être utilisés pour soutenir sa croissance sans affaiblir la participation des actionnaires actuels, une situation qui arrive lorsqu'il y a financement par émission d'actions. De plus, une compagnie, pouvant maintenir des contrôles de coûts adéquats sur ses actifs immobilisés et sur ses exigences en fonds de roulement, est plus apte à gérer son besoin d'argent et peut éviter les émissions d'actions.

Fisher était conscient que les compagnies, avec des rendements supérieurs, possèdent des caractéristiques économiques au-dessus de la moyenne. Il jugeait particulièrement important que des personnes à sa direction aient d'excellentes capacités de gestion. Ces dirigeants, dit-il, sont décidés à développer de nouveaux produits et services qui continueront à générer de la croissance longtemps après que les produits ou services actuels seront complètement épuisés. Plusieurs compagnies, observa Fisher, ont des perspectives de croissance intéressantes basées sur leurs produits et leurs services existants qui les soutiendront pendant plusieurs années. Cependant, peu d'entre elles ont des politiques en place pour leur assurer un développement régulier pendant dix ou vingt ans. «La direction doit avoir une politique viable pour atteindre ces buts et avoir la volonté de subordonner tous les profits immédiats afin d'obtenir des gains plus importants à long terme, comme ce concept l'exige.»[13] Cette subordination des profits, expliqua-t-il, ne devrait pas être confondue avec le sacrifice des profits immédiats. Le dirigeant de qualité supérieure a la possibilité d'exécuter les plans à long terme tout en se concentrant sur les activités quotidiennes de la compagnie.

En plus de cette capacité, Fisher demandait : l'entreprise a-t-elle une direction intègre et est-elle d'une honnêteté inattaquable? Les dirigeants se comportent-ils comme les fiduciaires des actionnaires ou semblent-ils seulement préoccupés par leur propre bien-être? Fisher confia qu'une méthode de déterminer les objectifs de la direction est d'observer sa façon de communiquer avec les actionnaires. Toutes les sociétés, bonnes et mauvaises, vivront des périodes de difficultés inattendues. Le plus souvent, lorsque les affaires vont bien, la direction parle facilement. Il faut se demander si elle explique ouvertement les problèmes ou si elle se referme lorsque les affaires déclinent? Sa manière de répondre lors des difficultés, remarqua Fisher, en dit long à son sujet.

Pour qu'une entreprise soit prospère, arguait-il, la direction doit développer de bonnes relations de travail avec tous ses employés. Ceux-ci, expliqua-t-il, devraient sentir de façon tangible que leur compagnie est un bon endroit pour y travailler. Les cols bleus devraient avoir le sentiment d'être traités avec respect et dignité. Les cadres devraient percevoir que l'avancement repose sur leurs capacités et non sur le favoritisme. Fisher se demandait également quelle est la perspicacité de la direction? Le président-directeur général possède-t-il une équipe talentueuse? Est-il capable de déléguer son autorité à des personnes dynamiques et responsables pour diriger différents secteurs de la société?

Enfin, Fisher examinait les traits distinctifs d'une compagnie, à savoir la façon dont elle se compare à d'autres entreprises du même genre. Dans cette recherche, Fisher essayait de découvrir des indices qui pourraient le mener à comprendre la supériorité d'une compagnie en fonction de ses compétiteurs. Il ne suffit pas de lire uniquement les rapports financiers pour justifier un placement. Découvrir autant de renseignements que possible, venant de personnes qui connaissent bien la société, est une étape essentielle dans le placement prudent. Fisher admettait qu'il essayait toujours de faire une enquête fourre-tout. Il apparentait cette recherche aléatoire au mécanisme de la rumeur. Aujourd'hui, on pourrait l'appeler le «téléphone arabe» du monde des affaires. Fisher affirmait que l'utilisation adéquate de l'enquête fournissait des indices substantiels permettant à l'investisseur d'identifier des placements remarquables.

Les sondages sur les sociétés ont poussé Fisher à interroger des clients et des fournisseurs. Il s'adressa à d'anciens employés de même qu'à des consultants qui travaillèrent pour des compagnies. Il contacta des chercheurs scientifiques dans les universités, des employés gouvernementaux et des dirigeants d'associations industrielles. Il interviewa également des concurrents. Fisher nota que les dirigeants hésitent quelquefois à révéler trop d'informations au sujet de leur propre compagnie, mais qu'ils étaient souvent loquaces au sujet de leurs compétiteurs. «C'est renversant de savoir comme il est facile d'obtenir par ceux qui sont concernés d'une manière ou d'une autre, les points forts et les faiblesses d'une compagnie particulière, en utilisant un échantillonnage représentatif.»[14]

La plupart des investisseurs sont peu disposés à mettre le temps et l'énergie que Fisher prenait pour comprendre une compagnie. Il est épuisant d'organiser des entrevues, de développer un réseau et une méthode d'enquête pour chacune. Fisher diminua sa charge de travail en réduisant le nombre de compagnies dans lesquelles il investissait. D'après lui, il était préférable de posséder des actions dans quelques entreprises dominantes qu'un plus grand nombre dans des entreprises ordinaires. Ses portefeuilles comprenaient généralement moins de dix compagnies et souvent trois ou quatre représentaient 75% de son portefeuille d'actions.

Fisher pensait que pour réussir, les investisseurs ont besoin d'exceller dans très peu de choses. Cela incluait l'investissement dans des compagnies qui étaient dans leur champ de compétence. Il mentionna que ses premières erreurs furent de : «Projeter mon savoir-faire au-delà des limites de l'expérience. J'ai commencé à investir à l'extérieur d'entreprises que je croyais comprendre profondément et dans des sphères d'activités complètement différentes. C'était une erreur. Il s'agissait de situations où je ne possédais pas un bagage suffisant de connaissances».[15]

## LA COMPARAISON ENTRE GRAHAM ET FISHER

Les différences entre Graham et Fisher sont évidentes. Graham, l'analyste quantitatif, faisait ressortir uniquement les facteurs qui pouvaient être mesurés soit les actifs immobilisés, les profits actuels et les dividendes. La recherche de Graham comprenait seulement les rapports annuels et les documents d'informations des sociétés. Contrairement à Fisher, Graham ne faisait aucune entrevue de clients, de compétiteurs ou de dirigeants. Il s'intéressait seulement à développer une approche de placement qui pouvait être facile et sûre pour l'investisseur moyen. De façon à limiter les risques, Graham conseillait aux investisseurs de bien diversifier leur portefeuille.

L'approche de placement de Fisher peut être perçue comme l'antithèse de Graham. Fisher, l'analyste qualitatif, mit l'accent sur les facteurs, qui selon lui, augmentaient la valeur d'une compagnie : les perspectives et la capacité de la direction. Alors que Graham s'intéressait seulement à acheter des titres dépréciés (des aubaines), Fisher aimait acheter des compagnies qui avaient la possibilité d'augmenter leur valeur intrinsèque à long terme. Contrairement à Graham, Fisher pouvait aller dans les détails, comme des entrevues approfondies, pour découvrir des parcelles d'informations qui pourraient améliorer sa sélection. Finalement, Fisher préférait concentrer son portefeuille et inclure seulement quelques titres, au contraire de Graham.

Warren Buffett croit que ces deux doctrines distinctes «sont parallèles dans le monde du placement». Sa philosophie de l'investissement fut de réunir la compréhension qualitative de la compagnie et de sa direction, enseignement donné par Fisher, avec celle quantitative du prix et de la valeur, enseignement donné par Graham.

## LA SYNTHÈSE

Peu de temps après la mort de Graham en 1976, Buffett devint le représentant officiel de la philosophie de Graham. En effet, le nom de Buffett devint synonyme de «chasseur de valeurs».[16] Cette désignation sembla logique. Buffett fut l'étudiant le plus célèbre parmi ceux dévoués à Graham. Il ne manqua jamais une occasion de reconnaître sa dette intellectuelle envers lui. Aujourd'hui, il considère encore Graham comme la seule personne, après son père, ayant eu le plus d'influence sur sa vie d'investisseur.[17] Comment, alors, Buffett peut-il concilier sa dette intellectuelle envers Graham avec des achats de titres comme American Express (1964), Washington Post Company (1973), GEICO (1978), Capital Cities/ABC (1986), Coca-Cola Company (1988) et Wells Fargo & Company (1990)? Aucune de ces compagnies ne passait le rigoureux test financier de Graham relatif à l'achat; pourtant, Buffett fit des investissements importants dans tous ces titres.

Dans ses premiers placements, Buffett fit preuve d'une admiration absolue envers l'approche de Graham. Cherchant des compagnies qui se vendaient à des prix inférieurs à leur fonds de roulement net, Buffett acheta une compagnie exploitant de l'anthracite, une autre fabricant des tramways et une troisième des moulins à vent. Rapidement, il commença à réaliser que les quelques titres achetés selon les critères quantitatifs rigides de Graham devenaient des investissements non rentables. Alors qu'il travaillait chez Graham-Newman, la recherche de Buffett le mena à approfondir les rapports financiers dans l'espoir de comprendre ce qui freinait le prix des actions des compagnies. Buffett découvrit que plusieurs compagnies achetées à prix dépréciés (rencontrant ainsi les critères d'achat de Graham) étaient bon marché parce que leurs affaires souffraient.

Dès 1965, Buffett prit conscience que la stratégie de Graham d'acheter des titres dévalorisés n'était pas idéale.[18] Graham pensait qu'acheter un titre à si bas prix permettrait aux investisseurs de vendre leurs actions à des cours plus élevés, si les affaires de la compagnie attrapaient le «hoquet». Buffett appelait cette approche de placement la stratégie du «bout de cigare». Déambulant sur la rue, un investisseur voit un bout de cigare sur le sol et le ramasse pour une dernière bouffée. Même si cette façon de fumer est moche, son prix peu élevé rend la bouffée encore plus valable. Pour que la stratégie de Graham réussisse régulièrement, soutint Buffett, quelqu'un doit jouer le rôle de liquidateur. Sans lui, un autre investisseur peut vouloir acheter des actions de votre compagnie, poussant le cours du titre à la hausse.

Comme Buffett l'expliqua, si vous avez payé huit millions de dollars pour des actions d'une compagnie dont les actifs valent dix millions, vous ferez un joli profit si ces actifs sont vendus au moment opportun. Cependant, si les caractéristiques économiques de l'entreprise sont minables et qu'il faut dix ans pour vendre les actions, votre rendement total sera probablement inférieur à la moyenne. Buffett apprit que : «le temps est l'ami de l'entreprise exceptionnelle et l'ennemi de la médiocre.»[19] S'il ne liquide pas ses compagnies peu compétitives afin de profiter de la différence entre leur prix d'achat et la valeur au marché de leurs actifs, sa performance reproduirait les pauvres caractéristiques économiques de l'entreprise.

À partir de ses premières erreurs d'investissement, Buffett commença à s'éloigner des enseignements stricts de Graham. «Je changeai, admit-il, mais je ne suis pas passé du singe à l'humain ou de l'humain au singe de façon uniforme et subtile.»[20] Il commença à apprécier les qualités de certaines compagnies et à les comparer aux aspects quantitatifs des autres. Il continua cependant à chercher des aubaines. «Ma punition, confessa-t-il, fut une formation basée sur les aspects financiers des fabricants d'équipements pour la ferme (Dempster Mill Manufacturing), les magasins à rayons de troisième catégorie (Hochschild-Kohn) et les fabricants de textile de la Nouvelle-Angleterre (Berkshire Hathaway).»[21] Buffett, citant Keynes, tenta d'expliquer son dilemme : «La difficulté d'évoluer réside, non pas dans les nouvelles idées, mais comment s'échapper des anciennes». L'évolution de Buffett fut remise à plus tard, reconnut-il, parce que l'enseignement de Graham lui était si précieux.

Aujourd'hui, Buffett continue de suivre l'idée première de Graham : «la théorie de la marge de sécurité». «Quarante-deux années après avoir lu cela, je crois toujours que ce sont les bons mots.»[22] Buffett apprit de Graham que l'investissement intelligent impliquait d'acheter des actions lorsque leur prix au marché était à un écart significatif par rapport à leur valeur intrinsèque.

En 1984, parlant devant des étudiants de l'Université Columbia pour commémorer le cinquantième anniversaire de *Security Analysis*, Buffett expliqua qu'il y a un groupe d'investisseurs prospères qui reconnaissent Ben Graham comme étant leur père intellectuel commun.[23] Graham a fourni la théorie mais chaque étudiant, observa Buffett, développa différentes façons d'appliquer le principe de la marge de sécurité pour déterminer la valeur d'une compagnie. Toutefois, leur objectif commun, c'est qu'ils cherchent tous un écart, un fossé entre la valeur et le prix des actions d'une entreprise. Les individus qui sont déconcertés par les récents achats de Buffett n'arrivent pas à séparer la théorie de la méthodologie. Buffett épouse nettement la théorie de la marge de sécurité de Graham, mais il a résolument pris ses distances de cette approche. La dernière fois qu'il profita facilement de cette méthodologie, était en 1973-1974.

Dès 1969, Buffett étudia les écrits de Fisher. C'est Charlie Munger qui contribua au changement dans la façon de penser de Buffett en le dirigeant vers la philosophie de Fisher. Charlie, dans un sens, était l'incarnation des théories qualitatives de Fisher. Il était rapide à apprécier ce qu'était la valeur de la meilleure compagnie. See's Candy Shops et Buffalo News furent des exemples tangibles de bonnes sociétés disponibles à des prix raisonnables. Il enseigna à Buffett la sagesse de payer un peu plus pour obtenir une valeur supérieure.

Ben Graham, le théoricien de la Côte Est, représente une approche d'investissement quantitative peu risquée. Fisher, l'entrepreneur de la Côte Ouest, incarne l'approche de placement plus risquée. Un fait à noter : Buffett, qui réunit les attributs quantitatifs de Graham et les attributs qualitatifs de Fisher, est établi au Nebraska, à mi-chemin entre les deux côtes.

Buffett a appris avec Fisher que le genre de société, dans laquelle on investit, était très important. Il a découvert également que les qualités de la direction pouvaient avoir un impact sur la valeur de l'entreprise et que, par conséquent, elles devaient être également analysées. Afin d'être mieux informé sur une société, Fisher conseillait qu'un investisseur examine tous les aspects d'une compagnie ainsi que de ses concurrentes. Au cours des ans, Buffett a développé un vaste réseau de contacts qui l'ont aidé à évaluer différentes entreprises.

Enfin, Fisher enseigna à Buffett à ne pas accorder trop d'importance à la diversification. Selon lui, les investisseurs furent induits en erreur, en croyant que mettre leurs oeufs dans plusieurs paniers réduit les risques. L'inconvénient d'acquérir une grande quantité d'actions, c'est qu'il devient impossible de surveiller tous les oeufs dans les différents paniers. Les investisseurs courent le risque d'acheter trop peu de titres d'une compagnie réputée et beaucoup dans une autre qu'ils connaissent moins. D'après Fisher, acheter des actions d'une société, sans une compréhension perspicace de cette dernière, présente plus d'inconvénients qu'une diversification limitée.

Graham, quant à lui, ne réfléchissait pas en terme de société. Il ne se questionnait pas non plus au sujet des capacités de la direction. Il limitait sa recherche aux rapports annuels et aux publications corporatives financières. S'il y avait une probabilité de faire de l'argent parce que le cours du titre était inférieur à la valeur de l'actif de la compagnie, Graham achetait la compagnie peu importe ses activités ou sa direction. Afin d'augmenter ses chances de réussite, il choisissait d'acheter autant que possible en se basant sur les statistiques. Cette pensée est aux antipodes de celle de Fisher. Si les enseignements de Graham se limitaient à ces principes, Buffett aurait peu d'estime pour lui. Toutefois, la théorie de la marge de sécurité soutenue par Graham est si importante pour Buffett qu'on peut fermer les yeux sur toutes les autres faiblesses de sa méthodologie.

En plus de la théorie de la marge de sécurité, qui devint la base intellectuelle de la philosophie de Buffett, Graham l'aida à éviter la folie de suivre les fluctuations du marché boursier. Il lui enseigna aussi à reconnaître que les actions ont une caractéristique d'investissement et une autre de spéculation. La marge de sécurité aide à expliquer les particularités d'un titre. Le caractère spéculatif d'une action est une conséquence de la crainte et de l'avidité des gens. Ces émotions, présentes chez la plupart des investisseurs, font pirouetter le cours des titres bien au-dessus et en deçà de la valeur intrinsèque d'une compagnie. Graham a enseigné à Buffett qu'il aurait la chance d'exploiter le comportement irrationnel des autres investisseurs, s'il pouvait se protéger des tumultes émotifs du marché boursier. Ces derniers achetaient souvent des titres sur le coup de l'émotion et non sur une base logique. Buffett a appris de Graham comment penser de façon autonome. Si vous arrivez à une conclusion logique reposant sur un bon jugement, conseillait Graham à Buffett, ne changez pas d'idée uniquement parce que les autres sont en désaccord. «Vous n'avez ni raison ni tort parce que la foule est en contradiction avec vous. Vous avez raison parce que vos données et votre raisonnement sont corrects», écrivait Graham.[24]

La vénération de Buffett envers Graham et Fisher est compréhensible. Graham a transmis à Buffett la base intellectuelle pour investir. Avec lui, il a approfondi la théorie de la marge de sécurité et il a découvert la maîtrise de ses émotions afin de profiter des fluctuations de la bourse. Fisher a donné à Buffett une méthode actualisée et facile qui lui a permis d'identifier les bons placements à long terme. La confusion fréquente entourant les décisions d'investissement de Buffett est facilement compréhensible lorsque les gens reconnaissent que Buffett est la synthèse à la fois de la philosophie de Graham et de celle de Fisher.

«Ce n'est pas assez d'avoir l'esprit bon, écrit Descartes, mais le principal est de l'appliquer bien.» C'est la mise en application qui distingue Buffett des autres gestionnaires de placement. Un grand nombre de ses semblables sont très intelligents, disciplinés et consciencieux. Cependant, Buffett les dépasse tous en raison de sa formidable capacité à mettre en application ses stratégies.

# – TROIS –

## Monsieur Marché
## et les lemmings

LORSQUE WARREN BUFFETT débuta son fonds de placement privé en 1956, son père lui conseilla d'attendre avant de commencer à faire des achats d'actions. L'indice industriel Dow Jones, à 200, était trop élevé selon lui. Buffett, qui a démarré avec 100 $, réalise que, s'il avait écouté son père, c'est tout l'argent qu'il aurait aujourd'hui. Malgré le niveau du marché, il commença à investir les fonds de sa société. Même à son jeune âge, il saisit rapidement la différence entre acheter des titres individuels et spéculer sur l'orientation du marché en général. Acquérir des compagnies requiert certaines aptitudes comptables et mathématiques, alors que profiter des fluctuations du marché demande aux investisseurs de maîtriser leur enthousiasme. Au cours de sa carrière d'investisseur, Buffett fut capable de se dégager des forces émotionnelles du marché.

### LE MARCHÉ BOURSIER

En règle générale, ce sont encore les personnes qui déterminent le marché des valeurs, malgré les programmes informatiques et les boîtes noires (règle dont l'activité détaillée n'est pas connue). Les émotions étant plus fortes que la raison, la peur et l'avidité font bouger les prix des actions au-dessus et sous la valeur intrinsèque d'une compagnie. L'opinion d'un investisseur a un impact plus prononcé sur les prix des actions que les caractéristiques fondamentales d'une compagnie. Buffett affirme que lorsque les gens sont avides et craintifs, ils achèteront ou vendront des actions à des prix ridicules. Il reconnut rapidement que la valeur à long terme de ses placements était déterminée par les progrès économiques d'une compagnie

57

et non par les cotations quotidiennes de ses actions. Il ajoute aussi qu'à long terme, le prix des actions est en correspondance étroite avec la valeur de la compagnie. À mesure que la valeur économique d'une compagnie augmente, le prix des actions de cette compagnie fera de même. D'un autre côté, si celle-ci chancelle, le prix de ses actions le reflétera. Bien sûr, lors de périodes plus courtes, Buffett apprit que le prix des actions sera au-dessus ou sous leur valeur, plus pour des raisons émotives qu'éco-nomiques.

### Le tempérament d'un investisseur

Ben Graham enseigna à Buffett que la différence première entre des investisseurs et des spéculateurs est liée à leur attitude envers le cours des actions. Le spéculateur, nota Graham, tente d'anticiper et de profiter des variations de prix. Au contraire, l'investisseur cherche seulement à acquérir des compagnies à un prix raisonnable. Graham avait dit à Buffett que l'in-vestisseur qui réussit est souvent l'individu qui possède un certain tem-pérament. Il croyait que le pire ennemi d'un investisseur n'était pas le marché boursier, mais lui-même. Malgré leurs talents en mathématiques, en finance et en comptabilité, les individus qui ne peuvent contrôler leur emportement sont mal adaptés pour profiter du processus d'investissement. Graham aida ses étudiants à reconnaître la folie des fluctuations du marché boursier à l'aide d'une métaphore qu'il intitulait : «Monsieur Marché». Buffett, dans le rapport annuel de 1987 de Berkshire, raconta à ses action-naires cette histoire imaginée par Graham.

Pour comprendre l'irrationalité des cours boursiers, imaginez que, Monsieur Marché et vous, êtes partenaires dans une entreprise privée. Chaque jour, sans faute, M. Marché vous indique un prix qu'il est prêt à payer pour vos actions ou celui auquel il veut vous vendre les siennes. L'entreprise dont vous détenez des actions a la chance d'avoir des carac-téristiques économiques stables, mais les propositions de M. Marché sont tout le contraire. Constatez-le, M. Marché ne domine pas ses sentiments. Certaines périodes, il est de bonne humeur et ne peut voir que de beaux jours à venir. Ces journées-là, il indique des prix très élevés pour les actions que vous détenez dans votre entreprise. À d'autres moments, M. Marché est découragé et, ne voyant que des problèmes à l'horizon, il détermine un prix très bas pour ces mêmes actions.

M. Marché a un autre signe distinctif attachant, disait Graham. Cela ne lui fait rien d'essuyer une rebuffade. Si les cotations de M. Marché sont ignorées, il sera de retour le lendemain avec d'autres. Graham a averti ses étudiants que c'est l'agenda de M. Marché et non sa sagesse qui lui est utile. Si celui-ci se comporte de façon irrationnelle, on est libre de l'ignorer ou de se servir de lui, mais ce serait désastreux de tomber sous son influence.

Buffett faisait remarquer à ses actionnaires que pour réussir, il faut un bon jugement sur les entreprises et une aptitude à se protéger contre l'agitation émotive que génère M. Marché. Buffett avoua que pour se prémunir des folies du marché, il gardera toujours en mémoire cette métaphore de Graham.

## Les prédictions

Graham a dit : «Plus on s'éloigne de Wall Street, plus on est sceptique quant à la prétention de prédire les marchés».[1] Rien d'étonnant que Buffett n'accorde aucune croyance aux prévisions du marché boursier, puisqu'Omaha se trouve à une bonne distance de New York. Il ne peut prédire les fluctuations des marchés à court terme et croit que personne ne le peut. «Depuis longtemps, la seule utilité des prévisionnistes du marché est, d'après lui, de faire bien paraître les diseurs de bonne aventure.»[2]

En 1992, Buffett, de l'aveu général, montra son tempérament et prédit que pour la décennie, il était peu probable que l'indice S&P 500 procure un rendement similaire à celui des années 1980. Cette prédiction n'avait pourtant rien à voir avec l'anticipation. Pendant ces années, les rendements de l'avoir des actionnaires avaient augmenté légèrement au-dessus de la tendance historique. Cette hausse s'expliquait davantage par des baisses des impôts des sociétés et un accroissement marqué de la dette. Ni les marges brutes d'exploitation ni les ratios de roulement d'actif (réel indicateur de valeur intrinsèque) ne changèrent vraiment durant cette période. Évidemment, le marché boursier peut endurer de longues périodes de surévaluation ou de sous-évaluation, comme dans les années 1980, mais la performance des actions ne peut pas continuer indéfiniment à être supérieure à celle des entreprises elles-mêmes.

L'humeur des marchés boursiers n'empêche pas Buffett de faire des achats. Même si les hauts prix des actions sur le marché pouvaient diminuer le nombre d'aubaines alléchantes, cela ne l'arrête pas. Il achètera toujours des actions d'une compagnie qu'il trouve intéressante. Toutefois, lorsque les prix des actions sont à la baisse et que le pessimisme est à la hausse, le nombre de titres se transigeant à prix compétitifs augmente. En 1979, Buffett a écrit un article intitulé : «Vous payez un prix élevé pour un ciel sans nuage».[3] À cette époque, l'indice Dow Jones se transigeait juste sous sa valeur comptable et les actions avaient un rendement de l'avoir de 13%. Les taux d'intérêt des obligations fluctuaient entre 9 et 10%. Malgré cela, la plupart des gestionnaires de fonds de pension préféraient les obligations aux actions. Il faudrait comparer cette situation à l'attitude des investisseurs en 1972. Les actions avaient alors un rendement de 11% de l'avoir et l'indice Dow Jones se transigeait à 168% de sa valeur comptable. Durant cette période, signala Buffett, les gestionnaires de fonds de pension se positionnaient fortement en faveur des actions, vendant des obligations pour acheter des actions.

Quelle fut la différence entre 1972 et 1979? Buffett expliqua qu'en 1979, les gestionnaires de portefeuille croyaient qu'aussi longtemps que les perspectives étaient ombrageuses, il valait mieux éviter les placements en actions. Selon Buffett, avec une telle mentalité on doit reconnaître ceci : d'abord, «le futur n'est jamais certain» et ensuite «vous payez très cher pour un ciel sans nuage».[4]

Buffett n'a pas anticipé les périodes dans lesquelles le marché boursier serait probablement à la hausse ou à la baisse. Au contraire, ses buts étaient modestes. «Nous tentons simplement, expliqua-t-il, d'être craintifs lorsque les autres sont avides et d'être avides lorsque les autres sont craintifs.»[5] Évidemment, comme il l'indiqua, le sondage ne remplace pas la réflexion. Pour obtenir des bénéfices supérieurs, les individus doivent évaluer attentivement les caractéristiques économiques fondamentales des compagnies. Adopter les derniers styles ou modes d'investissement ne garantit pas automatiquement le succès.

## Assurance de portefeuille

Durant les années 1980, les gestionnaires de portefeuille institutionnels furent séduits par une stratégie de placement appelée : «assurance de portefeuille». Pour contrôler que la valeur du portefeuille ne baisse pas sous un niveau préalablement choisi, l'assurance de portefeuille maintient un constant équilibre entre des actifs risqués et non risqués. À mesure que la valeur du portefeuille baisse, la pondération passe d'actifs risqués (actions) aux actifs non risqués (obligations ou encaisse). Dès que la valeur du portefeuille augmente, de la même façon, la pondération passe des actifs non risqués aux actifs plus risqués. Les gestionnaires se tournent plutôt vers des options indicielles sur les actions comme moyen d'assurer leur portefeuille, parce qu'il est difficile de déplacer des millions de dollars avec des actions individuelles.

Buffett craignait que des investisseurs naïfs soient séduits par l'achat de contrats d'options en vue de récolter de larges gains. Il ajoutait que les faibles exigences de marge associées aux contrats des marchés à terme inviteraient aussi les parieurs à rechercher des gains rapides. Une pareille mentalité est la raison pour laquelle les promoteurs de valeurs à deux sous, de paris de casino et de billets de loterie ne manquent jamais de clients. Buffett croit que pour la santé des marchés des capitaux, il est nécessaire d'avoir des investisseurs qui voient loin, qui recherchent des occasions à long terme et qui investissent de cette façon.

Pour juger de l'absurdité des stratégies d'assurance de portefeuille, Buffett demande à ses lecteurs de considérer le raisonnement d'un fermier. Celui-ci, après avoir acheté une ferme, demande à son agent immobilier de vendre des parties de sa propriété à l'instant où une ferme voisine est vendue à un prix plus bas. Autrement dit, une grande caisse de retraite, ayant des actions de General Electric ou de Ford Motor, trouve logique soit de vendre des portions de ses placements simplement parce que la dernière transaction s'est effectuée à un prix plus bas, soit d'acheter des actions parce que le prix a monté d'un cran.

Des commentaires récents ont suggéré que les individus sont désavantagés lorsqu'ils sont forcés d'entrer en compétition avec des comptes importants d'acheteurs institutionnels. Buffett dit qu'une telle conclusion est erronée. Les individus peuvent facilement en profiter en autant qu'ils se concentrent sur les aspects fondamentaux des compagnies, puisque les investisseurs institutionnels (les zinzins) agissent de façon erratique et illogique. Selon lui, les individus sont défavorisés seulement s'ils sont forcés de vendre durant une période défavorable. Il avoue que les investisseurs doivent être préparés financièrement et psychologiquement à faire face à la fluctuation des marchés. Ils doivent s'attendre à ce que la valeur de leurs actions varie. Buffett croit que si vous ne pouvez pas voir vos titres baisser de 50% sans paniquer, alors vous ne devriez pas investir à la bourse.

### À contre-courant

Buffett a hérité d'une réputation d'investisseur rusé. Il peut faire l'acquisition d'une bonne compagnie, alors que la plupart des investisseurs de Wall Street détestent le titre ou y sont indifférents. Lorsqu'il acheta des actions de General Foods et de Coca-Cola, dans les années 1980, la plupart des investisseurs de Wall Street ne trouvaient rien de passionnant dans ces achats. General Foods était considérée, dans le secteur alimentaire, comme une compagnie sans imagination et Coca-Cola avait la réputation d'être un titre institutionnel sans risque, il est vrai, mais conservateur et aussi sans attrait. Après que Buffett eut acheté des actions de General Foods, les bénéfices explosèrent. Le coût des produits baissait pendant que les dépenses à la consommation augmentaient. En 1985, au moment de l'acquisition de General Foods par Philip Morris, le placement initial de Buffett avait triplé. Depuis que Berkshire a fait l'achat de Coca-Cola en 1988-1989, le titre a quadruplé.

En outre, Buffett a montré qu'il n'avait pas peur de faire des achats de titres importants même durant des périodes de panique financière. Il a acheté des parts de Washington Post Company au plus creux du marché baissier de 1973-1974. Il a acquis des actions de GEICO Corporation alors que la compagnie était au bord de la faillite. Il a investi massivement dans des obligations de Washington Public Power Supply System, après que celle-ci eut manqué à ses engagements financiers. Buffett a pris aussi une forte position dans les obligations hautement spéculatives (junk bonds) de RJR Nabisco en 1989, quand le marché des obligations de pacotille était en chute libre. «La raison la plus fréquente des baisses de prix, ajoute-t-il, est le pessimisme, soit généralisé, soit spécifique à une compagnie ou à une industrie. Nous voulons faire des affaires dans un tel environnement, non parce que nous aimons le pessimisme, mais parce que nous aimons les prix qu'il génère. C'est l'optimisme qui est l'ennemi de l'investisseur rationnel.»[6]

## La vraie valeur du marché

Buffett trouve étrange que les investisseurs n'aiment pas les marchés qui leur sont favorables. Ils préfèrent les marchés qui les placent continuellement en situation défavorable. Inconsciemment, les investisseurs détestent obtenir des actions lorsque les prix sont à la baisse. Ils s'enthousiasment davantage pour celles dont le prix augmente sans arrêt. Évidemment, vendre à des prix plus bas et acheter à des prix plus hauts n'est pas lucratif. Lorsque Buffet a acheté des actions de Wells Fargo à des prix plus élevés, il accueillit la diminution du prix de l'action comme une occasion d'en acheter d'autres à un prix inférieur. Selon lui, si vous espérez acheter des actions toute votre vie, vous devriez accepter favorablement les baisses. C'est une manière d'ajouter des actions à votre portefeuille à un meilleur prix. Logiquement, un investisseur serait mieux servi s'il y a une baisse majeure du marché pendant ses achats et s'il vend pendant le marché haussier. Buffett souligne que les investisseurs ne sont pas déconcertés par rapport aux fluctuations de prix des aliments. Ils auront toujours besoin d'en acheter, même s'ils adorent les bas prix et méprisent les hausses de prix. D'après lui, aussi longtemps que vous vous sentez à l'aise dans les compagnies où vous investissez, vous devriez accueillir les baisses de prix comme autant d'occasions d'augmenter vos participations.

Buffett est convaincu que même si le marché peut ignorer temporairement les caractéristiques fondamentales économiques d'une compagnie, il reconnaîtra éventuellement sa prospérité. Une telle notion est ennuyeuse pour les investisseurs qui ne font pas leurs devoirs et qui dépendent du marché boursier comme étant l'arbitre final. C'est la raison pour laquelle l'ensemble des gens a de la difficulté à faire de l'argent dans le marché boursier. Buffett peut éliminer la contrariété engendrée par le prix de l'action et sa valeur, car il n'accepte pas la notion que le marché boursier soit le négociateur ultime. «En ce qui me concerne, dit-il, la bourse n'existe pas. Elle est là seulement comme référence, pour voir si quelqu'un s'apprête à faire une bêtise.»[7] Buffett reconnaît qu'il n'est pas plus riche ou plus pauvre selon les fluctuations du marché à court terme, puisqu'il conserve ses actions à long terme. La plupart des individus ne peuvent supporter le malaise associé aux baisses du prix des actions. Pour sa part, il ne s'impatiente pas, car il pense qu'il peut mieux ainsi évaluer une compagnie que le marché. Il suppute que si vous ne pouvez le faire, vous ne devriez pas jouer à ce jeu. C'est comme le poker, explique-t-il, si vous misez depuis quelque temps et que vous ne savez pas qui est le pigeon, alors, c'est vous qui l'êtes.

Buffett a réalisé depuis longtemps que les principes de Graham au sujet du marché boursier étaient justes. Le marché boursier n'est pas un guide, mais il existe simplement pour vous servir à acheter ou à vendre vos actions. Buffett est propriétaire depuis des années de Borsheims, See's Candy Shops et du *Buffalo News* sans être subordonné aux cotes boursières quotidiennes. Ces compagnies ont très bien fonctionné, indépendamment du marché boursier. Pourquoi en serait-il différemment pour Coca-Cola Company, Washington Post Company, GEICO et Capital Cities/ABC? Ne vous trompez pas, Buffett est très au fait des opérations de ses titres, comme il est au fait des activités de ses compagnies privées. Il se concentre sur les ventes, les bénéfices, les marges bénéficiaires et les besoins en réinvestissement de capital de ces sociétés. Les cotations boursières qui sont publiées sont sans importance. Comme il le dit si bien, il ne serait pas affecté si le marché boursier était fermé pendant dix ans; il ferme bien chaque samedi et dimanche et cela ne l'a pas encore dérangé.

## LES CARACTÉRISTIQUES ÉCONOMIQUES

Tout comme Buffett n'accorde pas sa confiance aux prédictions du marché, il n'engage aucune ressource pour évaluer les cycles économiques. «Si le président de la Federal Reserve Board (la Fed), Alan Greenspan me chuchotait ce que sera sa politique monétaire des deux prochaines années, dit Buffett, cela ne changerait rien dans ce que je fais.»[8] Buffett comme

Charlie Munger avouent qu'ils ne consacrent pas leur temps à contempler les statistiques du chômage, les taux d'intérêt ou les taux de change. Ni l'un ni l'autre ne laisse la politique s'ingérer dans leur processus décisionnel de placement. Selon Buffett, si les résultats des élections étaient connus d'avance, cela ne changerait d'aucune façon son approche de placement. Il estime que l'économie, comme un cheval à l'hippodrome, avancera rapidement certains jours et lentement d'autres jours. Buffett et Munger sont plus intéressés à concentrer leurs énergies sur les principes de base des affaires, de la gestion et des prix. Par contre, Buffett s'accorde beaucoup de temps à réfléchir sur l'inflation, particulièrement à la façon dont celle-ci affecte le rendement des entreprises.

### L'inflation

Buffett soutient que l'inflation est un phénomène politique et non économique. Le fait d'imprimer constamment de l'argent fera augmenter le taux d'inflation, les dépenses gouvernementales étant illimitées. Buffett admet qu'il ne sait pas quand une forte inflation sera de retour, mais il pressent que les déficits rendent celle-ci inévitable. Chose étonnante, il a moins peur du déficit budgétaire que de celui de la balance commerciale. Grâce au puissant système économique des États-Unis, Buffett croit que le pays peut contrôler son déficit budgétaire. Par contre, le déficit de la balance commerciale l'inquiète, surtout, si celui-ci fait partie intégrante de sa propension à une forte inflation.

Durant les années 1980, les Américains ont consommé plus de 100% de leur production. En d'autres mots, ils n'ont pas consommé seulement les biens produits aux États-Unis, mais leur appétit les a fait aussi engloutir des biens étrangers. En échange de ces derniers, ils ont émis différents titres de créance, incluant des obligations du gouvernement et des corporations ainsi que des dépôts bancaires du pays. Ces titres de créance, donnés aux étrangers, croissent à un taux phénoménal. Le déficit de la balance commerciale est passé inaperçu pour quelque temps parce que le pays est riche; éventuellement, ces titres de créance seront échangés contre des actifs (terrains de golf et hôtels) et des biens manufacturés.

Buffett reconnaît que la manière la plus facile pour un pays de contrôler son déficit est de baisser les dettes pendant une période de forte inflation. Il avance donc que les investisseurs étrangers ont mis une trop grande confiance dans la capacité des États-Unis à payer leurs dettes futures. Lorsque des étrangers détiennent des titres de créance à un niveau maximal, la tentation d'avoir recours à l'inflation devient irrésistible. Buffett affirme que pour un pays endetté, la hausse des prix est l'équivalent économique d'une bombe à hydrogène. C'est pour cela que peu de pays endettés peuvent exporter leurs titres de créance dans leur propre monnaie. Les étrangers ont accepté d'acheter les dettes des États-Unis à cause de leur solidité économique. Évidemment, conclut Buffett, si nous utilisons l'inflation pour effacer la dette, ce ne sera pas seulement les détenteurs étrangers qui vont souffrir.

Buffett avance que les facteurs externes (les déficits budgétaires et commerciaux) en fonction de leurs effets sur l'inflation, «seront les plus importants pour déterminer si votre investissement dans Berkshire Hathaway sera réellement rentable».[9] Une forte flambée des prix est un fardeau pour les compagnies qui veulent créer un rendement réel pour leurs actionnaires. Afin que les investisseurs obtiennent ce rendement, les compagnies doivent réaliser avec l'avoir des actionnaires des taux de rendement supérieurs à leur seuil d'enrichissement (pour les investisseurs). Ce seuil est obtenu en faisant la somme des impôts (impôts sur les dividendes et sur les gains en capital des bénéfices non répartis) et de l'inflation.

Les impôts, dit Buffett, ne peuvent jamais transformer un rendement positif en rendement négatif pour les actionnaires. Le taux d'imposition grimpant à 90%, il y aurait un rendement réel pour les actionnaires si le taux de l'inflation est nul. Par contre, comme Buffett l'a observé, durant la fin des années 1970, lorsque les prix ont augmenté rapidement, les entreprises devaient offrir un plus haut taux de rendement pour les actionnaires. Une compagnie qui réalise un rendement de 20% du capital, ce qui est rare, ne laisse que peu de rendement réel à ses actionnaires dans un moment où l'inflation est de 12%. En période où le taux d'imposition est de 50%, une compagnie, donnant des rendements de 20% de l'avoir et distribuant tous ses profits à ses actionnaires, rapporterait une plus-value de 10%. Au taux d'inflation de 12%, les actionnaires auraient réalisé seulement 98% de leur pouvoir d'achat du début de l'année. Avec un palier d'imposition de 32% et un taux d'inflation de 8%, les compagnies obtenant un rendement de l'avoir de 12% n'offrent aucun rendement réel à leurs actionnaires.

Depuis des années, la sagesse traditionnelle a supposé que les actions étaient la protection parfaite contre l'inflation. Les investisseurs croyaient que leurs compagnies pouvaient passer facilement les coûts de l'inflation à leurs clients, préservant ainsi la valeur de leur placement. Buffett est en désaccord. Il indique que la hausse des prix ne garantit pas aux compagnies un meilleur rendement de l'avoir. Il explique qu'il y a seulement cinq moyens pour les compagnies d'augmenter leur rendement de l'avoir :[10]

1. Augmentation de la rotation de l'actif
   (ratio entre les ventes et les actifs).
2. Élargissement des marges d'exploitation.
3. Baisse des impôts.
4. Augmentation du ratio d'endettement.
5. Utilisation d'un financement moins coûteux.

Dans le premier cas, trois types d'actifs sont analysés : les comptes à recevoir, les stocks et les immobilisations (les installations et la machinerie). Comme l'indique Buffett, les comptes à recevoir augmenteront proportionnellement aux ventes, que ce soit à cause d'une augmentation de volume ou de l'inflation. Vu sous cet angle, nous ne pouvons améliorer le rendement du capital. Les stocks ne sont pas aussi simples à analyser. Il note qu'une augmentation des ventes fait croître les ratios de rotation des stocks. Sur de plus courtes périodes, les niveaux d'approvisionnements peuvent être inconstants à cause de plusieurs facteurs tels que les ruptures de stocks et les changements de coûts. Les compagnies qui utilisent la méthode DEPS (dernier entré, premier sorti) pour évaluer le coût des stocks peuvent améliorer leurs rendements de l'avoir durant des périodes inflationnistes. Buffett explique que, pendant la décennie 1965 à 1975, l'inflation étant en hausse, les ratios des compagnies du Fortune 500 n'ont augmenté que de 1,18/1 à 1,29/1. Au début, l'inflation aura tendance à augmenter la rotation de l'actif comparé aux capitaux fixes. Des ratios plus élevés sont à envisager, parce que les ventes augmenteront plus rapidement que l'amortissement des immobilisations. Par contre, à mesure que ces actifs immobilisés sont remplacés, les ratios du chiffre d'affaires ralentiront jusqu'à ce que la hausse du taux d'inflation soit équivalente à celle des ventes et des immobilisations.

La plupart des administrateurs croient qu'il y a toujours un moyen d'augmenter les marges d'exploitation. De grandes marges augmenteront le rendement de l'avoir. Buffett reconnaît que l'inflation ne peut pas vraiment aider les administrateurs à contrôler leurs dépenses. Outre les impôts et les frais d'intérêt, les charges majeures que les compagnies affrontent sont les coûts des matières premières, de l'énergie et de la main-d'oeuvre. Durant des périodes inflationnistes, ces coûts sont habituellement à la hausse. Statistiques à l'appui, Buffett indique que les rapports de la commission fédérale chargée de la libre concurrence (Federal Trade Commission) ont identifié, durant les années 1960, un univers de compagnies manufacturières qui avaient atteint des marges bénéficiaires avant impôts de 8,6%. En 1975, durant une période d'inflation croissante, ces mêmes compagnies réalisèrent des marges de 8% avant impôts. Malgré la hausse de l'inflation, les marges avaient décliné.

Quant aux baisses de taxes et d'impôts, Buffett demande à ses lecteurs d'imaginer que les investisseurs des sociétés à responsabilité limitée possèdent des actions de classe D. Chacun des gouvernements, (fédéral, local et de l'État) possède des actions de classes A, B et C, lesquelles constituent leur droit respectif d'imposer des taxes. Les propriétaires d'actions, de classes A, B et C, n'ayant aucun droit sur les actifs de la compagnie, obtiennent cependant une part importante des bénéfices. Comme Buffett l'explique, ces actionnaires peuvent voter pour augmenter leurs participations dans les bénéfices de la compagnie. Évidemment, lorsque les actionnaires, de classe A, B et C, agissent ainsi, les bénéfices des actionnaires de classe D baissent. En conséquence, le rendement de l'avoir baisse. Buffett nous pose ensuite la question : peut-on espérer que les actionnaires de classe, A, B et C voteront pour réduire leur part des bénéfices de la compagnie, durant des périodes d'inflation accrue?

Une compagnie peut accroître les rendements de l'avoir en augmentant le ratio d'endettement ou en utilisant des taux d'intérêt plus bas. Pourtant, Buffett affirme que l'inflation ne fera pas réduire les taux d'emprunts. Au contraire, à mesure que l'inflation augmente, les besoins en capitaux grandissent, poussant la demande de prêts à la hausse. De plus, quand il y a hausse des prix, les bailleurs de fonds, se méfiant de l'avenir, demandent une prime pour prêter leur capital. Buffett explique que remplacer une dette échue, ayant un taux d'intérêt inférieur, par une autre, à un taux légèrement supérieur, peut apporter des frais pour les corporations, même si cette hausse des taux est minime.

Une ironie du monde des affaires est que les compagnies qui peuvent davantage supporter une dette n'en ont habituellement pas besoin. Celles qui se débattent pour survivre sont toujours assises devant la fenêtre du banquier. Malgré cela, les compagnies anticipant des besoins supérieurs en capital à cause de l'inflation ont tendance au surendettement. Lorsque les affaires ralentissent et les besoins en capitaux augmentent, les compagnies peuvent continuer leurs activités sans émettre d'actions ou, dans les cas plus graves, couper leurs dividendes. Bien gérée, l'augmentation du ratio d'endettement peut accroître le rendement du capital. Comme l'explique Buffett, les bénéfices d'un plus grand effet de levier sont annulés par la hausse des taux d'intérêt durant des périodes d'inflation croissante.

Après avoir examiné les rendements des capitaux de l'après-guerre, Buffett conclut qu'avec le temps, ils fluctuaient très peu. Dans des intervalles de dix ans suivant la Deuxième Guerre mondiale, il nota que ces rendements de l'avoir des titres de l'indice Dow Jones étaient à la fin de leur période respective de 12,8% (1955), 10,1% (1965) et 10,9 % (1975). Analysant le Fortune 500, Buffett fit remarquer que les rendements pour les dix ans se terminant en 1965 furent de 11,2% et pour ceux finissant en 1975 de 11,8%. Sur une période de 30 ans, la rentabilité des fonds investis dans la plupart des entreprises américaines fut en moyenne de 10 à 12%. Il faut souligner que ces rendements ne montrent aucune corrélation avec une inflation en hausse ou en baisse. Ainsi, Buffett a raison d'affirmer qu'un fort taux d'inflation n'aide pas les compagnies à obtenir des rendements plus élevés sur leurs capitaux.

Sachant qu'il ne bénéficiera pas de l'inflation, Buffett cherche plutôt à éviter les compagnies qui seront affectées par celle-ci. Selon lui, les compagnies nécessitant peu d'immobilisations sont aussi affectées par une hausse des prix, mais dans une moindre mesure. Les moins affectées sont celles ayant un achalandage économique important.

## L'achalandage économique

L'achalandage économique (economic goodwill) n'est pas la même chose que l'achalandage comptable bien connu. Ce dernier (qui fait partie de l'actif incorporel) est un élément du bilan; c'est une partie de la valeur comptable. L'achalandage économique (survaleur) est un élément plus important, mais moins bien défini qui contribue à la valeur intrinsèque d'une compagnie.[11]

La première leçon d'achalandage économique, soulignée par Buffett, est que les compagnies générant des rendements supérieurs à la moyenne du capital valent beaucoup plus que la somme de leurs actifs identifiables. Par exemple, en 1972, Blue Chips Stamps a acheté les magasins See's Candy pour 25 millions de dollars. À l'époque, See's avait huit millions de dollars en actifs identifiables. Avec ce montant en actif et aucune dette, See's pouvait générer des bénéfices de deux millions de dollars après impôts ou 25% du capital. Ce n'était pas la valeur marchande des usines, de la machinerie et des stocks de See's qui produisait ce rendement extraordinaire. Buffett expliqua que c'était plutôt la réputation de See's comme fournisseur de bonbons de qualité et de son service hors pair. Grâce à cette réputation, See's avait la possibilité de vendre ses bonbons à des prix beaucoup plus élevés que leurs coûts de production. C'est la nature de l'achalandage économique. Tant que la réputation reste intacte, des prix élevés continueront à produire des rendements élevés et la compagnie gardera sa valeur ou même augmentera.

L'achalandage comptable, au contraire, ne restera pas stable. Lorsqu'une compagnie est achetée à un prix supérieur à la valeur nette (l'actif moins le passif), la différence est comptabilisée dans l'actif et est désignée comme l'achalandage, à cause des pratiques comptables généralement reconnues (PCGR). Comme les autres actifs, cet achalandage est ensuite amorti sur une période de 40 ans. Chaque année, les profits sont amputés d'un quarantième de la valeur de l'achalandage. Puisque Blue Chips Stamps acheta See's pour 17 millions de dollars de plus que son actif tangible, un élément de l'achalandage comptable fut établi du côté de l'actif du bilan de Blue Chips. Chaque année, un quarantième de cet achalandage, ou 425 000 $, est réduit du bilan et amputé des bénéfices. Ainsi, avec les années, l'achalandage de See's a été réduit, mais la valeur économique continuera à croître tant que la réputation de See's sera prospère.

L'achalandage économique ou survaleur ne fait pas que produire des rendements supérieurs à la moyenne du capital, mais sa valeur tend à augmenter avec l'inflation. Reconnaître cet aspect est fondamental pour comprendre la stratégie de placement en actions de Buffett. Pour illustrer ce concept, Buffet compare les activités financières de See's avec une compagnie fictive que l'on appellera Bee's. See's, on s'en souvient, réalisa des bénéfices de deux millions de dollars avec un actif de huit millions. Buffett supposera que Bee's obtient aussi deux millions, mais avec un actif de 18 millions de dollars. Bee's ne réalise qu'un rendement de 11% du capital et ne possède probablement que peu ou pas d'achalandage. Bee's se vendrait probablement pour 18 millions, soit la valeur de son actif, puisqu'elle n'est capable de générer qu'un rendement moyen. Les compagnies qui peuvent réaliser des rendements du capital au-dessus de la moyenne sont souvent achetées à un prix supérieur à leur actif net. Buffett a payé 25 millions de dollars pour See's, sept millions de plus que la valeur de Bee's, même si les bénéfices des deux compagnies sont identiques et See's a la moitié des actifs identifiables. Buffett nous demande de considérer si See's, avec moins d'actifs, vaut vraiment plus cher que Bee's. La réponse est «oui», tant que nous croyons que nous vivons dans un monde d'inflation continuelle.

Pour apprécier l'effet de cette inflation sur ces deux entreprises, imaginez ce qui arriverait si celle-ci doublait les coûts. Afin de maintenir le même niveau de rentabilité, chaque compagnie devrait augmenter ses bénéfices à quatre millions de dollars. Ce n'est pas difficile, même si le volume de vente est stable et les marges inchangées. Vous pouvez doubler vos profits si vous doublez vos prix. La différence fondamentale entre See's et Bee's est l'effet de l'inflation sur l'actif. Cette dernière permet aux deux compagnies d'augmenter leurs prix, mais elle demande aussi des dépenses additionnelles en capital. Buffett calcule que si les ventes doublent, plus d'argent devra être investi dans les stocks pour soutenir les ventes. Les immobilisations, confrontées à la hausse des prix, peuvent être plus lentes à subir l'impact, mais éventuellement, les usines et la machinerie seront remplacées par des équipements plus onéreux.

La compagnie See's devait investir un autre huit millions de dollars pour pouvoir atteindre quatre millions de profits. Elle avait seulement un actif de huit millions de dollars produisant des bénéfices de deux millions. Par contre, Bee's avait besoin de 18 millions en capital pour générer des bénéfices additionnels de deux millions de dollars. Elle génère maintenant des bénéfices de quatre millions de dollars avec un actif de 36 millions. La compagnie se vendrait aujourd'hui 36 millions, puisqu'elle génère toujours un rendement du capital de 11%. Ainsi, les propriétaires de Bee's ont créé un dollar de valeur marchande pour chaque dollar de capital investi. See's, qui génère quatre millions de dollars avec 16 millions de capitaux, vaudrait logiquement 50 millions de dollars. Buffett souligne que See's a gagné 25 millions en valeur marchande en n'investissant que huit millions en capital, soit plus de trois dollars pour chaque dollar investi.

Des compagnies avec un ratio élevé des actifs par rapport aux ventes génèrent habituellement de faibles taux de rendement. Ces entreprises, par définition, nécessitent des réinvestissements importants en capital uniquement pour maintenir leurs activités. Durant des périodes de forte inflation, ces entreprises avec un actif important peuvent à peine générer assez d'argent pour satisfaire leurs besoins en capital. Ces compagnies peuvent rarement se permettre de racheter leurs actions ou d'augmenter les dividendes des actionnaires. En général, celles qui nécessitent de fortes dépenses en capital, utilisent de l'argent plutôt qu'elles en génèrent.

Buffett maintient que durant les périodes inflationnistes, un nombre colossal d'entreprises ont pu amasser de grandes fortunes parce qu'elles pouvaient combiner leurs intangibles (l'achalandage économique) avec de faibles besoins d'investissement de capital additionnel. Avec l'accroissement des bénéfices sans limite, la direction de ces entreprises a pu augmenter les dividendes et racheter ses actions. Buffett prétend que «durant l'inflation, l'achalandage est un cadeau qui continue toujours de donner».[12] Il a souffert des caractéristiques économiques d'entreprises de mauvaise qualité. Il hésite donc à acheter ou à réinvestir dans une compagnie qui réalise des rendements médiocres. C'est le fait de posséder See's qui lui enseigna la valeur de l'achalandage économique. Buffett ajoute : «Nous avons fait beaucoup d'argent dans certains titres grâce aux leçons que nous avons apprises chez See's.»[13]

## LA GESTION DE PORTEFEUILLE

Buffett ne pratique pas la gestion de portefeuille, du moins pas dans le sens traditionnel du terme. Les gestionnaires contemporains de portefeuilles connaissent la pondération de leurs actions, la diversification de leur secteur d'activités et leur performance par rapport aux indices majeurs. La plupart des gestionnaires tentent d'équilibrer le montant en argent de chacun de leurs titres. Ils savent combien ils ont investi dans diverses industries, comme les matériaux de base, les biens en capital, les produits de consommation cycliques, les biens durables, les services financiers, la technologie, l'énergie, les services publics et le transport. Peu de gestionnaires de portefeuilles, s'il en existe, ignorent la performance de leurs portefeuilles d'actions comparés à l'indice S&P 500 et/ou à l'indice Dow Jones. Buffett connaît aussi toutes ces statistiques, mais il ne perd pas beaucoup d'énergie à s'en inquiéter.

Dans le rapport annuel de 1991 de Berkshire, Buffett a expliqué sa philosophie de la gestion de portefeuille. Il admet que s'il était limité à sélectionner des compagnies situées à Omaha, il évaluerait d'abord les caractéristiques à long terme de leurs différentes activités. En second lieu, il jugerait de la qualité de la haute direction. Finalement, il tenterait d'investir dans quelques-unes des meilleures entreprises et à un coût raisonnable. Il ne serait pas intéressé à acheter des actions de chaque entreprise de la ville. Même si l'univers des compagnies dans lesquelles il peut investir va bien au-delà d'Omaha, pourquoi agirait-il différemment?

En 1971, les gestionnaires des caisses de retraite vendaient des obligations pour acheter des actions. Buffett admet qu'il y avait plusieurs titres intéressants de compagnies à vendre, mais peu l'étaient à un prix qu'il considérait raisonnable. Le portefeuille d'actions de Berkshire valait 11,7 millions de dollars en 1971. Trois années plus tard, durant le marché baissier de 1974, les mêmes gestionnaires de caisses de retraite n'investissaient que 21% de leur capital en actions, à des prix dramatiquement plus bas. Buffett, d'autre part, augmentait l'engagement d'actions ordinaires du portefeuille de Berkshire. En 1975, ces actions de Berkshire valaient 39 millions de dollars. À la fin de 1978, le portefeuille d'actions ordinaires de Berkshire avait une valeur marchande de 220 millions avec un gain en capital non réalisé de 87 millions. Pendant ces trois ans, Berkshire a obtenu avec ses titres boursiers des gains de 112 millions de dollars, certains réalisés d'autres non, alors que l'indice Dow Jones baissait de 852 à 805 points.

Le premier placement majeur en actions de Berkshire fut Washington Post Company. En 1973, Buffett a investi 10 millions de dollars dans la compagnie et quatre années plus tard son placement avait triplé. Washington Post Company fut la première des nombreuses sociétés d'édition que Berkshire a achetée. Buffett a investi aussi dans des agences de publicité et des médias. Durant des années, Berkshire posséda des actions d'Interpublic Group et d'Ogilvy & Mather International. À la fin des années 1970, Buffett était propriétaire d'actions de Capital Cities et American Broadcasting Companies (ABC). Au cours de l'année 1986, Berkshire allait devenir l'intermédiaire qui a permis des acquisitions dans American Broadcasting Companies par Capital Cities.

En 1978, Buffett fit son plus important placement jusqu'alors, en investissant 23,8 millions de dollars dans SAFECO Corporation. Selon Buffett, c'était la compagnie d'assurance générale la mieux gérée du pays, mieux même que les compagnies d'assurances de Berkshire. SAFECO, combiné avec le placement de Berkshire dans GEICO (Government Employees Insurance Company), figurait pour 29% du portefeuille d'actions de Berkshire. La publicité, les médias et l'édition comptaient pour leur part 37% du portefeuille de Berkshire. Plus des deux tiers du portefeuille de Berkshire était investi dans seulement deux secteurs : les services financiers et les produits de consommation cycliques.

En 1980, Berkshire était détenteur d'actions de 18 compagnies qui avaient chacune une valeur marchande de plus de cinq millions de dollars. En plus de la publicité, des médias, de l'assurance et de l'édition, Buffett possédait aussi une banque (National Detroit), une compagnie alimentaire (General Foods), des compagnies minières (Aluminium Company of America, Kaiser Aluminium & Chemical et Cleveland-Cliffs Iron Company), une chaîne de magasins (F.W. Woolworth), une compagnie de service (Pinkerton's) et une compagnie de tabac (R.J. Reynolds). Buffett avait donc un portefeuille très diversifié. Il était représenté dans tous les secteurs sauf dans les biens d'équipement, l'énergie, la technologie et les services publics.

À ce jour, Buffett n'a jamais investi dans des compagnie de technologie. Il admet qu'il serait incapable de bien les comprendre et prendre une décision informée. Il ne détenait non plus aucun titre de compagnies de services publics. Il ne fut jamais attiré par une industrie où les profits sont réglementés. Buffett a investi temporairement dans le pétrole : Amerada Hess en 1979 et Exxon en 1984. Au cours des ans, il a acheté certains titres pour des opérations d'arbitrage (voir chapitre 6); Arcata Corporation (1981), Beatrice Companies (1985) et Lear Siegler (1986) étaient des opérations d'arbitrage. Même si le potentiel de profit était minime, Buffett utilisa l'arbitrage de manière à augmenter les rendements obtenus par son encaisse.

En 1986, Berkshire a investi dans cinq titres boursiers différents : Capital Cities/ABC, GEICO Corporation, Washington Post Company, Handy & Harman et Lear Siegler. Comme il est mentionné ci-dessus, Lear Siegler était une opération d'arbitrage. Handy & Harman, fournisseur de produits à base d'or et d'argent, représentait seulement 2,4% du portefeuille de 1,9 milliard de dollars de Berkshire. Les trois participations majeures de Buffett (Capital Cities/ABC, GEICO Corporation, Washington Post Company) valaient 1,7 milliard de dollars et représentaient 93% du portefeuille d'actions ordinaires de Berkshire. Cette année là, Buffett ne trouva aucun titre rencontrant les critères d'une bonne entreprise, aux mains d'une administration compétente et disponible à un prix raisonnable.

Durant le krach d'octobre 1987, les prix ont momentanément baissé à des niveaux intéressants. Buffett fut incapable d'augmenter la pondération de son portefeuille d'actions avant que les prix ne remontent de nouveau. À la fin de l'année, le portefeuille d'actions de Berkshire atteignit pour la première fois le cap des deux milliards de dollars. Fait étonnant, Buffett ne possédait des actions maintenant que dans trois compagnies : Capital Cities/ABC qui valait un milliard, GEICO, 750 millions et Washington Post Company, 323 millions. Assurément, aucun autre gestionnaire de portefeuille professionnel avec plus de 2 milliards de capital ne se limitait à trois compagnies.

En 1988, Buffett, sans tapage, acheta plus de 14 millions d'actions de Coca-Cola. C'était son premier achat majeur depuis l'acquisition de

Capital Cities/ABC en 1986. Au moment où l'année s'achevait, Buffett avait investi 592 millions de dollars dans Coca-Cola. L'année suivante, Buffett ajouta un autre lot de 9 177 500 actions, ce qui donnait une valeur de plus d'un milliard de dollars au placement de Berkshire dans Coca-Cola. Ce fut un coup audacieux et profitable. Vers la fin de l'année 1989, Berkshire avait un gain non réalisé de 780 millions de dollars dans Coca-Cola.

Pendant la période de 1989 à 1993, Berkshire augmenta à neuf le nombre de ses compagnies. Coca-Cola, était de loin, la plus importante participation avec 4,1 milliards de dollars; elle représentait 37% du portefeuille de Berkshire. La seconde participation en importance était GEICO, évaluée à 1,7 milliard suivi de près par Gillette Company à 1,4 milliard et Capital Cities/ABC à 1,2 milliard. Pour leur part, Wells Fargo & Company (878 millions), Federal Home Loan Mortgage (681 millions), Washington Post Company (440 millions), General Dynamics (401 millions) et Guinness à 270 millions correspondaient au reste du portefeuille. Les quatre participations les plus importantes équivalaient à 76% de Berkshire. Washington Post Company, qui avait déjà été la plus importante de Berkshire, ne constituait plus que 3,9% de ce portefeuille. Du côté industriel, le portefeuille se composait de 52% de titres en produits de consommation non cycliques, 29% dans le secteur de la finance, 15% dans les produits de consommation cycliques et 4% dans les biens durables.

Par expérience, Buffett apprit que les bonnes entreprises permettent à l'investisseur de prendre une décision facile, mais que celles en difficulté ne le permettent pas. Il abandonnera l'idée d'acheter des titres d'une entreprise, si ce projet lui semble pénible. La facilité qu'a Buffett à dire «non» vient de son expérience directe avec Ben Graham. Buffett se souvient qu'il était difficile de recommander un titre à Graham, car la plupart du temps, il était rejeté. Comme se rappelle Buffett, Graham n'était jamais prêt à acheter un titre à moins que tous les faits fussent en sa faveur. Cette faculté à dire «non» est un avantage pour un investisseur.

La plus grande part du succès de Buffett dans l'administration du portefeuille de Berkshire peut être attribué à son inactivité. La plupart des investisseurs ne peuvent résister à la tentation d'acheter et de vendre constamment des actions. Lorsque Buffett travaillait à New York, il se remémore que : «les gens venaient me voir tout le temps, me chuchotant à l'oreille l'histoire d'une quelconque entreprise fabuleuse. J'étais alors un client merveilleux pour le courtage. Le problème était, que tout le monde l'était aussi».[14] Selon Buffett, les investisseurs éprouvent le besoin d'acheter beaucoup trop d'actions au lieu d'attendre pour pouvoir investir dans la compagnie exceptionnelle. Remanier un portefeuille chaque jour n'est pas sage. Dans son esprit, il est plus facile d'acheter et de conserver de superbes entreprises que de constamment passer d'une à une autre de qualité souvent inférieure. Buffett ne croit pas qu'il possède le talent d'acheter et de vendre fréquemment des actions d'entreprises médiocres : surtout celles qui dépendent plus des prix futurs du marché boursier que celles basées sur les progrès des caractéristiques économiques fondamentales de la compagnie. Il est satisfait, durant l'année, quand il n'achète ou ne vend une seule des actions de ses positions majeures. «Une léthargie frôlant la fainéantise demeure la pierre angulaire de notre style de placement.»[15]

Selon Buffett, les investisseurs sont mieux servis lorsqu'ils se concentrent pour trouver quelques placements spectaculaires plutôt que de sauter d'une opinion médiocre à l'autre. Il croit que son succès peut se résumer à quelques investissements. Si vous éliminez une douzaine des meilleures idées de Buffett, sa performance ne serait pas supérieure à la moyenne. Pour lui : «un investisseur devrait agir comme s'il possédait une carte de décision pour toute sa vie avec seulement vingt possibilités de perforation. À chaque décision de placement, sa carte est perforée et est réduite d'une unité.»[16] Si les investisseurs étaient restreints de cette façon, ils attendraient patiemment jusqu'à ce qu'une occasion exceptionnelle fasse surface, croit-il.

En raison des impôts sur les gains en capital, Buffett réalise que sa stratégie «d'acheter-et-de-conserver» a un avantage financier par rapport à une autre basée sur des transactions à court terme. Pour l'expliquer, il nous demande d'imaginer ce qui arriverait si nous achetions un placement à un dollar qui doublerait chaque année. Si nous le vendons à la fin de chaque année, nous aurions un gain net de 0,66 $ en supposant un taux d'imposition de 34%. S'il continue de doubler d'année en année et que nous le vendions, en réinvestissant ce qui reste, sur une période de 20 ans, nous aurions fait des gains de 25 200 $ après avoir payé des impôts de 13 000 $. Par contre, si nous avions acheté un placement à un dollar qui double chaque année et qu'il n'était jamais vendu avant la fin des 20 ans, nous aurions un gain de 692 000 $, après avoir payé des impôts approximatifs de 356 000 $.

Buffett apprit de ses expériences que les bons investissements dans des entreprises bien administrées sont rarement disponibles à un prix raisonnable. Lorsqu'il tombe sur une superbe occasion, en vente à un prix intéressant, il achète une participation significative. Son achat n'est pas retardé par des prévisions économiques pessimistes ou par de sombres prédictions concernant le marché boursier. S'il est convaincu, qu'un placement est intéressant, il achète de façon audacieuse. La rationalité derrière la concentration du portefeuille de Buffett est énoncée dans le rapport annuel de 1991 de Berkshire. Buffett y divulgue des passages d'une lettre que John Maynard Keynes écrit à un partenaire, F. C. Scott : «Plus le temps passe, plus je suis convaincu que la bonne manière d'investir est de mettre de fortes sommes dans des entreprises qu'on croit connaître. Nous devons investir aussi dans celles ayant des directions dignes de confiance. C'est une erreur de penser qu'on limite son risque en disséminant son capital dans plusieurs entreprises dont on ne connaît rien de leurs activités et dans lesquelles on n'a aucune raison spéciale de croire... Le savoir et l'expérience d'un individu sont définitivement limités. Il y a rarement plus de deux ou trois entreprises, à un moment donné, dans lesquelles j'ai vraiment une confiance absolue.»[17]

Keynes et Philip Fisher ont influencé Buffett dans sa façon de limiter le nombre de titres du portefeuille de Berkshire. Tous les deux croyaient que trop de titres augmentaient le niveau de risque du portefeuille. Un gestionnaire de portefeuille qui doit analyser et suivre un grand nombre de titres court le risque de mettre trop d'argent dans un mauvais placement et pas assez dans un autre à fort potentiel. La forte concentration en quelques compagnies du portefeuille de Berkshire serait inadéquate pour la plupart des sociétés d'assurance. La politique de concentration de Buffett a la probabilité de produire des résultats, à long terme, supérieurs à la moyenne. Évidemment, pour une année donnée, il peut avoir l'air, soit d'un génie, soit d'un fou, selon les caprices du marché boursier.

Buffett est remarquablement imperturbable quant au comportement boursier de ses actions comparé à celui de l'indice boursier. Il juge du succès de ses titres par la performance de leurs activités, non par leurs cotes à court terme (journalière, hebdomadaire, mensuelle ou annuelle). À long terme, il sait que si la performance des activités d'une entreprise où il détient des investissements est supérieure, le marché appréciera le titre en conséquence à un moment donné.

## «LES BÉNÉFICES PROPRES»

Comme Buffett accorde peu d'attention aux prix du marché boursier, il n'est pas terriblement touché par les bénéfices déclarés selon les principes comptables généralement reconnus (PCGR). Le fait que les règles comptables créent une fausse image de Berkshire Hathaway, quant à la manière dont les bénéfices doivent être déclarés, ne l'empêche pas de dormir.

Le pourcentage des actions votantes, qu'un actionnaire possède, détermine laquelle des trois méthodes comptables il utilise pour déclarer ses bénéfices. En tant qu'actionnaire, si vous possédez plus de 50% des actions votantes d'une compagnie, les règles comptables disent que vous pouvez consolider tous les revenus et dépenses. Vous pouvez aussi déduire comme intérêts minoritaires le pourcentage des bénéfices que vous ne possédez pas. En second lieu, la propriété de 20 à 50% des actions votantes d'une compagnie pourrait laisser croire qu'un investisseur influencerait les activités d'une compagnie. À cause de cette capacité, la propriété est comptabilisée selon la méthode de la partie résiduaire. Les bénéfices totaux ne sont pas consolidés; seule votre part est incluse. En troisième lieu, avec moins de 20% des actions votantes, vous incluez seulement votre part des dividendes (s'il y en a) parmi vos bénéfices déclarés. Ceux non répartis ne sont pas inclus dans votre état des résultats. Tous les titres de Berkshire appartiennent à cette troisième catégorie.[18]

À cause des règles comptables, les fortes sommes d'argent de Berkshire investies en actions ont un impact non négligeable sur ses bénéfices. Actuellement, la part des bénéfices non répartis des placements en actions de Berkshire est presque aussi grande que les bénéfices combinés de ses filiales consolidées. Par exemple, en 1990, Berkshire possédait 18% de Capital Cities/ABC. Cette année-là, Capital Cities/ABC réalisa 465 millions de dollars de bénéfices. Même si la part de Berkshire équivalait à environ 83 millions de dollars en bénéfices (18% de 465 millions), elle ne pouvait déclarer que 530 000 $ en revenus de dividendes, c'est-à-dire 18% des dividendes de Capital Cities/ABC, moins 70 000 $ en impôts payés. Berkshire ne pouvait pas déclarer les 82 millions de dollars retenus par Capital Cities/ABC comme bénéfices non répartis.

Cette restriction comptable serait inacceptable pour la plupart des dirigeants d'entreprise, qui se sentent obligés de déclarer tous leurs bénéfices. Par contre, la stratégie de Buffett n'a rien à voir avec la maximisation des bénéfices déclarés. Les caractéristiques économiques fondamentales des entreprises non contrôlées par Berkshire sont excellentes. Il a pu obtenir une propriété partielle de ces entreprises à des prix beaucoup plus raisonnables que s'il avait tenté d'acheter la compagnie en entier. Il préfère détenir 10% des actions d'une compagnie bien administrée à un dollar l'action que de posséder 100% des fonds de la même compagnie à deux dollars l'action. En considérant un même dollar investi, Buffett aime mieux avoir 2 $ de bénéfices que Berkshire ne peut déclarer plutôt que d'acheter 1 $ de bénéfice qu'elle peut déclarer. La valeur ajoutée à Berkshire Hathaway n'est pas déterminée par le fait qu'elle puisse révéler les bénéfices non répartis d'une compagnie. Cette valeur ultime de Berkshire dépend de la manière dont les bénéfices non répartis sont investis à nouveau et surtout des bénéfices futurs de ce nouvel investissement. Une présentation comptable des bénéfices est moins importante que la façon dont on utilise ces profits. «Cela ne nous importe pas si les vérificateurs entendent un arbre tomber; qui possède l'arbre et ce qui sera fait ensuite avec celui-ci, voilà ce qui nous importe.»[19]

Pour aider les actionnaires à apprécier la valeur des bénéfices «non déclarés» des titres de Berkshire Hathaway, Buffett inventa le terme «bénéfices propres» (look-through earnings). Les bénéfices propres de Berkshire Hathaway comprennent des bénéfices d'activités de ses entreprises consolidées (incluant les dividendes des placements en actions). On doit ajouter les bénéfices non distribués de ces placements en actions et une réserve pour les impôts (impôts que Berkshire aurait eu à payer si les bénéfices non répartis étaient réellement distribués aux actionnaires). Chaque année, Buffett inclut un tableau pour aider les actionnaires à comprendre la contribution des bénéfices propres à Berkshire Hathaway. En 1991, (voir tableau 3.1) la part de Berkshire des bénéfices non répartis venant des «investees» (entreprises dans lesquelles Berkshire possède des actions) était de 230 millions de dollars. Après soustraction des impôts dus, si ces bénéfices avaient été payés, ceux non déclarés auraient été de 200 millions de dollars. En ajoutant ce montant aux 316 millions de dollars de bénéfices provenant des activités de Berkshire, les bénéfices propres totaux de l'année 1991 s'élevaient à 516 millions de dollars. Buffett souligne que 44% des bénéfices de Berkshire cette année-là étaient des bénéfices de type «iceberg» — seulement une partie était visible à la surface. En 1993 (voir tableau 3.1), la part de Berkshire en bénéfices non répartis provenant des placements s'élevait à 439 millions de dollars. Après impôts, les bénéfices non déclarés étaient de 378 millions de dollars. Les bénéfices propres à Berkshire en 1993 étaient de 856 millions de dollars. Cette année-là, 44% des bénéfices de Berkshire étaient de type iceberg.

Le but à long terme de Buffett est d'accroître la valeur intrinsèque de Berkshire Hathaway à un taux de 15% par année. Il croit que si les bénéfices propres s'accroissent de 15% annuellement, Berkshire augmentera de valeur au même rythme. En effet, Buffett a calculé que, depuis 1965, les bénéfices propres de Berkshire avaient crû d'environ 23% par année, le même taux de croissance que celui de la valeur comptable.

## LA COMPARAISON AVEC LES LEMMINGS

Les lemmings sont des petits rongeurs indigènes de la toundra qui sont reconnus pour leur exode massif vers la mer. En périodes normales, ils se déplacent habituellement la nuit et pendant la migration printanière à la recherche de nourriture et de nouveaux abris. Tous les trois ou quatre ans, quelque chose d'étrange se passe. À cause de leur fort taux de reproduction et de leur faible taux de mortalité, la population des lemmings commence à croître. Dès que leur masse démographique gonfle, les lemmings débutent un mouvement bizarre. Rapidement et avec audace, ce groupe se met à circuler durant le jour. Quand ils sont confrontés à un obstacle, le groupe de lemmings s'accroît en nombre jusqu'à ce qu'un mouvement de quasi-panique les pousse à travers ou par-dessus l'obstacle. À mesure que ce comportement s'intensifie, les lemmings finissent par défier d'autres animaux qu'ils évitent normalement. Si plusieurs lemmings meurent de faim, sont attaqués par des prédateurs ou périssent dans des accidents, la plupart d'entre eux atteignent la mer. À ce moment, ils plongent dans l'eau et nagent jusqu'à ce qu'ils meurent d'épuisement. Leur comportement n'est pas totalement compris. Les zoologistes avancent que la migration massive des lemmings survient lorsqu'il y a un changement dans leur approvisionnement en nourriture ou lorsqu'ils évoluent dans des conditions stressantes. L'affluence et la compétition, parmi les lemmings, semblent évoquer un changement hormonal qui provoque une transformation dans leur comportement.

Comme les mécanismes des marchés financiers ressemblent aux mouvements des foules, les professionnels du placement ont été, depuis longtemps, intéressés par les théories psychologiques du comportement des humains et des lemmings. Ben Graham racontait une histoire pour illustrer l'attitude irrationnelle de certains investisseurs. Buffett révéla à ses lecteurs, dans le rapport annuel de 1985 de Berkshire, l'analogie que fit Graham. Un prospecteur de pétrole, s'en allant à son repos éternel, fut accueilli par saint Pierre qui lui annonça une bien mauvaise nouvelle. Saint Pierre lui dit : «Vous êtes qualifié pour entrer au paradis, mais comme vous pouvez le constater, l'endroit réservé aux prospecteurs de pétrole est bondé. Il n'y a aucun moyen d'ajouter une personne de plus.» Après avoir réfléchi quelques instants, le prospecteur demanda s'il pouvait seulement prononcer quatre mots pour les locataires actuels. Saint Pierre, considérant cela sans risque, laissa le prospecteur mettre ses mains en porte-voix et hurler : «Pétrole découvert en enfer». Immédiatement les portes de l'endroit s'ouvrirent et tous les prospecteurs de pétrole se précipitèrent vers l'étage inférieur. Place étant faite, saint Pierre, visiblement impressionné, invita le prospecteur à emménager et à s'installer confortablement. Le prospecteur fit une pause, puis dit : «Non, je crois que je vais suivre le reste de la bande. Après tout, il y a peut-être du vrai dans cette rumeur!»

Buffett est perplexe de constater qu'avec tant de professionnels instruits et expérimentés travaillant à Wall Street, il n'y ait pas plus de forces logiques et rationnelles dirigeant le marché. En fait, les titres, dont le plus grand pourcentage est détenu par les investisseurs institutionnels, sont souvent ceux dont les cotes sont les plus volatiles. Les administrateurs d'entreprises ne peuvent pas déterminer le cours de leur action. Ils n'ont que l'espoir d'encourager les investisseurs à agir rationnellement en dévoilant les informations de nature corporative. Buffett remarque que les fortes fluctuations des titres sont plus affectées par le comportement à la «lemmings» des investisseurs institutionnels que par le rendement global des compagnies.

Buffett avoue que sa stratégie d'acheter-et-de-conserver à long terme n'est pas en harmonie avec la philosophie actuelle des gestionnaires de fonds institutionnels. La plupart de ces derniers restructurent rapidement leurs portefeuilles (achats ou ventes) selon les nouvelles préférences dictées par Wall Street. Ils diversifient leurs portefeuilles par rapport aux plus importants secteurs industriels. C'est plus pour se protéger de résultats dissemblables au marché que parce qu'ils croient que les compagnies, à l'intérieur de ces industries, représentent de bonnes valeurs. Selon l'opinion de Buffett, le terme «investisseur institutionnel» ou «zinzin» est en train de devenir un oxymoron. Se référer aux gestionnaires de fonds comme étant des investisseurs, c'est comme qualifier de romantique, une personne qui a des aventures d'un soir, ajoute-t-il.

Les critiques concluent qu'en raison de leur pratique répandue de diversification, les gestionnaires de fonds se comportent de manière plus conservatrice que Buffett. Celui-ci n'est pas d'accord. Il admet que les gestionnaires de fonds investissent leur argent de manière plus traditionnelle. Il avance que traditionalisme n'est pas synonyme de conservatisme. Au contraire, les décisions modérées trouvent leur source dans les faits et les raisonnements. La confiance de Buffett n'augmente pas parce que des personnes sont en accord avec lui. De la même façon, il ne perd pas confiance lorsqu'elles sont en désaccord avec son approche de placement. Buffett maintient qu'il administre l'argent de façon conservatrice peu importe s'il agit de façon traditionnelle ou non et si les gens sont en accord ou non.

L'incapacité de la plupart des gestionnaires de portefeuilles à battre les indices majeurs ne reflète pas leur intelligence, mais un signe du processus de prise de décision des institutions. Selon Buffett, la majorité des décisions institutionnelles sont prises par des groupes ou des comités qui possèdent un puissant désir de se conformer aux politiques de gestion de portefeuille largement considérées comme prudentes. L'institution qui rémunère le gestionnaire de fonds met sur le même pied sécurité et moyenne. Adhérer à la politique répandue de diversification, rationnelle ou non, est plus récompensé que la réflexion indépendante. Buffett a dit : «la plupart des gestionnaires ont peu de motivation à prendre une décision intelligente, mais risque de les faire paraître idiots. Leur ratio personnel de gain/perte est trop évident; si une décision non conformiste fonctionne bien, ils reçoivent des félicitations, mais si cela échoue, ils sont licenciés. Pour Buffett, échouer de façon traditionnelle est le chemin à suivre. Les lemmings, en tant que groupe, peuvent avoir une image corrompue, mais aucun lemming en particulier n'a jamais eu mauvaise presse».[20]

**Tableau 3.1** Les «bénéfices propres» de Berkshire Hathaway

| Investissements majeurs de Berkshire | Taux approximatif des participations de Berkshire | | | Part de Berkshire des bénéfices non distribués (en millions de $ US) | | |
|---|---|---|---|---|---|---|
| | 1993 | 1992 | 1991 | 1993 | 1992 | 1991 |
| Capital Cities/ABC,Inc. | 13,0% | 18,2% | 18,1% | 83 $[b] | 70 $[b] | 61 $ |
| Coca-Cola Company | 7,2% | 7,1% | 7,0% | 94 $ | 82 $ | 69 $ |
| Federal Home Loan Mortg. Corp. | 6,8%[a] | 8,2%[a] | 3,4%[a] | 41 $[b] | 29 $[b] | 15 $ |
| GEICO Corp. | 48,4% | 48,1% | 48,2% | 76 $[c] | 34 $[c] | 69 $[c] |
| General Dynamics | 13,9% | 14,1% | — | 25 $ | 11 $[b] | |
| Gillette Company | 10,9% | 10,9% | 11,0% | 44 $ | 38 $ | 23 $[b] |
| Guiness plc | 1,9% | 2,0% | 1,6% | 8 $ | 7 $ | |
| Washington Post Company | 14,8% | 14,6% | 14,6% | 15 $[b] | 11 $[b] | 10 $ |
| Wells Fargo & Company | 12,2% | 11,5% | 9,6% | 53 $[b] | 16 $[b] | (17)$[b] |
| Total des parts de Berkshire des bénéfices non distribués dans ses investissements majeurs | | | | 439 $ | 298 $ | 230 $ |
| Impôts sur les bénéfices d'investissements non distribués[d] | | | (61)$ | (42)$ | (30)$ | |
| Résultats d'exploitation comptabilisés | | | | 478 $ | 348 $ | 316 $ |
| **Total des bénéfices propres** | | | | 856 $ | 604 $ | 516 $ |

Source : rapports annuels de Berkshire Hathaway de 1992 et 1993.
[a] Net des intérêts minoritaires dans Wesco.
[b] Calculés sur la moyenne des participations de l'année.
[c] Exclus les gains réalisés sur le capital qui sont récurrents et significatifs
[d] Le taux d'impôt utilisé est 14%, ce qui est le taux payé par Berkshire sur les dividendes qu'elle reçoit.

# – QUATRE –

## L'achat d'une entreprise

IL N'Y A AUCUNE DIFFÉRENCE fondamentale, selon Warren Buffett, entre acheter une entreprise en bloc et acheter des actions d'une société en bourse. Sa préférence a toujours été de posséder directement une entreprise, car cela lui permet d'avoir une influence décisive importante sur la répartition du capital de celle-ci. Autrement, il préfère être propriétaire d'une portion d'une société en achetant des actions ordinaires. L'inconvénient de ne pas contrôler une entreprise, explique Buffett, est amenuisé par quelques avantages. En effet, le marché boursier est un vaste domaine pour choisir des entreprises sans contrôle et il fournit plus de possibilités de trouver des bonnes affaires. Dans un cas comme dans l'autre, Buffett poursuit continuellement la même stratégie de placement en action : il recherche des compagnies qu'il comprend, dont les perspectives à long terme sont favorables, dirigées par des personnes compétentes et honnêtes, et, plus important, qui sont disponibles à des prix intéressants.

«Lorsqu'on investit, dit-il, nous nous percevons comme des analystes d'entreprises, pas comme des analystes de marché, pas comme des analystes macroéconomiques et pas même comme des analystes financiers.»[1] Cela signifie que lorsqu'il évalue l'achat potentiel d'une entreprise ou des titres, Buffett travaille d'abord et avant tout du point de vue de l'homme d'affaires. Il regarde l'entreprise globalement, étudiant tous les aspects qualitatifs et quantitatifs de la direction, de la situation financière et du prix d'achat.

Quand on fait marche arrière et qu'on révise tous les achats de Buffett, recherchant des points communs, il est possible de distinguer un ensemble de règles de base guidant ses décisions. Lorsqu'on extrait ces principes et qu'on les examine de plus près, on constate un regroupement naturel sous quatre catégories :

1. Les principes d'affaires :
   *trois caractéristiques fondamentales de l'entreprise elle-même.*
2. Les principes concernant la direction :
   *trois qualités importantes dont la haute direction*
   *doit faire preuve.*
3. Les principes financiers :
   *quatre décisions financières critiques*
   *que la compagnie doit maintenir.*
4. Les principes du marché:
   *deux lignes de conduite interdépendantes par rapport au coût.*

Bien sûr, ce ne sont pas toutes les acquisitions de Buffett qui démontreront tous les principes, mais pris dans leur ensemble, ils constituent le centre de sa démarche d'investissement dans les actions.

Ces douze principes servent également de lignes de conduite avec lesquelles Buffett gère sa propre compagnie, Berkshire Hathaway. Buffett pratique ce qu'il prêche. Les mêmes qualités qu'il recherche dans les entreprises qu'il achète, il s'attend à les voir chaque jour lorsqu'il franchit le seuil de son bureau.

### LES PRINCIPES D'AFFAIRES

Pour Buffett, les actions sont des éléments abstraits.[2] Il ne pense pas en fonction des théories sur les marchés, des concepts macro-économiques ou des tendances sectorielles. Ses activités d'investissement s'expliquent uniquement en fonction des activités d'une entreprise. Il croit que si les gens sont attirés par un investissement pour des motifs superficiels au lieu des caractéristiques fondamentales, ils ont plus de chance d'être effrayés au premier signe annonciateur de problèmes et, probablement, ils perdront de l'argent dans le processus. À la place, Buffett se concentre pour apprendre tout ce qu'il est possible à propos d'une entreprise, en considérant ces trois secteurs principaux :

1. L'entreprise est-elle simple et facile à comprendre?
2. L'entreprise a-t-elle une performance historique constante?
3. L'entreprise a-t-elle des perspectives favorables à long terme?

### Simple et compréhensible

Selon la vision de Buffett, le succès financier d'un investisseur est directement proportionnel au degré de compréhension de son placement. Cette compréhension est le trait distinctif qui sépare les investisseurs éclair qui achètent seulement des actions d'un titre d'une entreprise par rapport aux vrais, ceux ayant le sens des affaires.

Avec les années, Buffett fut actionnaire dans une vaste gamme de sociétés : un poste d'essence, une entreprise d'équipement agricole, un important magasin de détail, des banques, des agences de publicité, des journaux et des compagnies oeuvrant dans le textile, l'aluminium, le béton, l'alimentation, les breuvages, le tabac, la télévision, le câble, ainsi que des compagnies d'exploitation pétrolière, minérale et minière. Certaines d'entre elles furent contrôlées par Buffett et dans d'autres, il était ou est un actionnaire minoritaire. Dans un cas comme dans l'autre, il est profondément conscient de la façon dont ces entreprises opèrent. Il souhaite comprendre les revenus, les dépenses, la marge brute d'autofinancement, les relations de travail, la flexibilité des prix et les besoins en répartition de capital de chacune des participations de Berkshire.

Buffett peut maintenir un degré élevé de connaissances des entreprises de Berkshire. Pour cela, il limite volontairement ses choix à des compagnies qui sont à l'intérieur de son champ d'expertise intellectuelle et financière. «Investissez dans votre champ de compétence, conseille-t-il. Ce n'est pas la grandeur du champ qui compte, mais la précision avec laquelle vous définissez ses paramètres.»[3]

Les critiques soutiennent que les restrictions que s'impose Buffett l'excluent des industries qui offrent les plus grandes possibilités d'investissement, comme la technologie. En réponse, Buffett observe que le succès en placement n'est pas tributaire de la somme de vos connaissances, mais plutôt du réalisme avec lequel vous définissez ce que vous ne connaissez pas. «Un investisseur a besoin de faire très peu de choses parfaites, aussi longtemps qu'il évite les erreurs importantes.»[4] Buffett a appris que les rendements au-dessus de la moyenne sont souvent le résultat de situations ordinaires. La clé est de faire ces choses ordinaires exceptionnellement bien.

## Performance historique constante

Non seulement, Buffett fuit ce qui est compliqué, mais encore il évite d'acheter des actions de compagnies qui tentent de résoudre de difficiles problèmes d'affaires. Il n'est pas non plus intéressé par un changement fondamental dans la direction de la compagnie parce que les plans précédents ont échoué. Selon l'expérience de Buffett, les meilleurs rendements proviennent des compagnies qui ont fourni le même produit ou service pendant plusieurs années. Entreprendre des modifications majeures dans l'entreprise augmente la possibilité de commettre des erreurs importantes.

Buffett croit que «changements radicaux et rendements exceptionnels ne vont habituellement pas de pair».[5] La plupart des individus investissent, malheureusement, comme si le contraire était vrai. Récemment, plusieurs se sont précipités pour acheter des titres de compagnies au milieu d'une réorganisation. Pour des raisons inexpliquées, dit Buffett, ces investisseurs sont tellement entichés par la notion de ce que peut présenter l'avenir qu'ils ignorent la réalité des affaires présentes.

L'expérience de Buffett dans l'exploitation d'entreprises et dans le placement lui a enseigné que des revirements surviennent rarement. L'énergie peut être employée de manière plus profitable en achetant des bons titres à prix raisonnables que d'autres en difficulté à des prix moins élevés. «Charlie (Munger) et moi n'avons pas appris comment résoudre de graves problèmes reliés aux entreprises. Ce que nous avons appris, c'est de les éviter. La mesure de notre succès s'explique car nous nous concentrons à identifier des obstacles de trente centimètres que nous pouvons enjamber et non parce que nous avons acquis la capacité de sauter par-dessus des obstacles de deux mètres de haut.»[6]

### Perspectives favorables à long terme

Selon Buffett, le monde économique est divisé en un petit groupe d'entreprises dites de «franchises» (avec avantage économique) et en un groupe beaucoup plus vaste sans avantage compétitif (commodity business). Ces dernières, pour la plupart, ne valent pas la peine d'être achetées. Il définit une «franchise» comme étant une compagnie qui offre un produit ou un service qui est d'une part désiré ou nécessaire, d'autre part qui n'a pas de substitut similaire et qui enfin est non réglementé. Ces caractéristiques permettent à la franchise d'augmenter régulièrement les prix de son produit ou de son service sans craindre de perdre des parts de marché ou des ventes. Souvent, elle peut augmenter ses prix même si la demande est stable, bien qu'elle n'utilise pas sa capacité de production au maximum. La flexibilité des prix est une des caractéristiques importantes d'une franchise. En effet, elle permet de réaliser des rendements du capital investi au-dessus de la moyenne. Si par surcroît elle possède un plus grand achalandage économique, autre particularité déterminante de la franchise, la résistance aux effets de l'inflation est décuplée.

Inversement, une entreprise de «commodity» offre un produit virtuellement impossible à différencier de ceux de ses compétiteurs. Il y a plusieurs années, ces sociétés comprenaient le pétrole, le gaz, les produits chimiques, le blé, le cuivre, le bois d'oeuvre et le jus d'orange. Aujourd'hui, les ordinateurs, les automobiles, les lignes aériennes, les banques et l'assurance sont devenus les entreprises types de «commodity». Malgré des budgets énormes en publicité, elles sont incapables de réaliser, de façon éloquente, une distinction de leurs produits.

Les entreprises de «commodity» sont généralement celles avec des rendements peu élevés et sont donc des «candidates idéales pour éprouver des problèmes de profits».[7] Leurs produits étant fondamentalement semblables à ceux de la concurrence, elles peuvent uniquement se départager sur la base des prix, réduisant substantiellement les marges bénéficiaires. La seule autre façon de donner des profits, c'est pendant les périodes où l'offre est restreinte. En fait, une solution pour déterminer la rentabilité à long terme d'une telle entreprise est d'observer le ratio des «années de vaches maigres par rapport aux années de vaches grasses». Cependant, ce rapport est souvent infime. La plus récente période d'offre restreinte dans la division de textile de Berkshire dura «presque toute une matinée», plaisante Buffett.

Après avoir analysé les caractéristiques économiques d'une compagnie, Buffett évalue ensuite ses forces et ses faiblesses compétitives. «Ce que j'aime le plus, confie-t-il, est la vitalité économique dans un domaine où je la comprends et où je crois qu'elle va durer.»[8]

La puissance économique se retrouve le plus souvent dans les «franchises». Une de ses forces est la possibilité d'augmenter librement les prix et ainsi réaliser des rendements élevés avec le capital investi. Une autre est la capacité de survivre aux contretemps économiques et à continuer son développement. Il est réconfortant, dit Buffett, d'être actionnaire d'une entreprise où des erreurs peuvent être commises et obtenir encore des rendements au-dessus de la moyenne. Il nous révèle que : «les franchises sont capables de tolérer une mauvaise direction. Des dirigeants incompétents peuvent diminuer sa rentabilité, mais ils ne risquent pas de lui infliger des dommages irréparables.»[9]

Une des faiblesses importantes des franchises est que leur valeur est éphémère. Le succès attirera inévitablement d'autres entrepreneurs. La compétition s'ensuivra. Des substituts seront introduits et la distinction entre les produits se resserrera. Pendant cette période de compétition, une franchise se détériore lentement vers ce que Buffett appelle une «franchise fragile», devenant ensuite une «entreprise solide». Éventuellement, une franchise autrefois prometteuse pourra être réduite à un statut économique semblable à celui d'une entreprise sans avantage compétitif ou «commodity business».

Lorsque cela arrive, l'importance d'une bonne direction augmente la valeur de l'entreprise de façon exponentielle. Une franchise peut survivre malgré une direction incompétente. Une entreprise sans avantage compétitif ne le peut pas.

## LES PRINCIPES DE GESTION

Le plus grand compliment que Buffett peut dire infailliblement à un dirigeant est qu'il s'implique et pense comme un propriétaire de la compagnie. Ceux qui se comportent comme des propriétaires ont tendance à ne pas perdre de vue l'objectif principal de la compagnie (augmenter la valeur pour les actionnaires) et à prendre des décisions rationnelles pour favoriser ce résultat. Buffett admire aussi grandement les dirigeants qui prennent au sérieux leurs responsabilités. Il leur sait gré de rendre complètement et authentiquement des comptes aux actionnaires. Il s'extasie également devant ceux qui ont le courage de résister à ce qu'il a nommé «l'impératif institutionnel», c'est-à-dire suivre aveuglément ses pairs.

En considérant l'acquisition d'une entreprise, Buffett étudie attentivement la qualité de sa direction. Les compagnies, dans lesquelles Berkshire investit, doivent être dirigées par des personnes compétentes et honnêtes, le genre de dirigeants qu'il peut admirer et en qui il peut avoir confiance. Précisément, à ce sujet, Buffett considère les trois questions suivantes primordiales :

---

1. La direction est-elle rationnelle?
2. La direction est-elle honnête avec les actionnaires?
3. La direction résiste-t-elle à l'impératif institutionnel?

---

### La rationalité

Le geste le plus important de la direction est la répartition du capital. Avec le temps, c'est ce qui prime, car il détermine la valeur des fonds propres des actionnaires. Décider quoi faire avec les profits de la compagnie, soit réinvestir soit verser l'argent aux actionnaires, est dans l'esprit de Buffett, un exercice logique et rationnel. «La rationalité est la qualité qui selon Buffett distingue le style avec lequel il gère Berkshire et c'est aussi celle qui manque le plus souvent chez les autres compagnies», écrit Carol Loomis, de Fortune.[10]

La question de savoir à quel endroit affecter les profits est reliée à la situation de la compagnie dans sa vie. La manière dont une entreprise avance dans sa vie économique, son rythme de croissance, ses ventes, ses profits et ses fonds autogénérés peut évoluer dramatiquement. À l'étape du développement, une compagnie perd de l'argent, alors qu'elle développe des produits et perce des marchés. Lors du stade suivant, qu'on nomme la croissance rapide, la compagnie est profitable, elle se développe tellement vite qu'elle ne peut supporter cette croissance. Souvent, elle doit non seulement conserver tous les profits, mais également emprunter de l'argent ou émettre des actions pour financer cette croissance.

À la troisième phase, la maturité, le taux de croissance d'une compagnie ralentit. Elle commence à générer plus d'argent qu'elle n'en a besoin pour couvrir les frais d'exploitation et de développement. Ensuite vient le déclin, la compagnie s'expose à une baisse des profits et des ventes, mais elle continue de générer de l'argent excédentaire. C'est dans les étapes trois et quatre, et particulièrement à la troisième, que la question suivante est soulevée : de quelle façon, ces profits devraient-ils être répartis?

D'une part, la seule solution logique est de conserver tous les profits et de les réinvestir dans la compagnie, si l'argent excédentaire peut produire un rendement de l'avoir supérieur à la moyenne et au coût du capital. D'autre part, conserver les profits de façon à réinvestir dans la compagnie à un rendement *inférieur* au coût moyen du capital est complètement irrationnel, c'est bien connu.

Une entreprise qui fournit des rendements d'investissement égaux ou inférieurs à la moyenne, mais qui génère de l'argent en surplus a trois options. En premier lieu, elle peut ignorer le problème et continuer à réinvestir à des taux inférieurs à la moyenne. Une autre solution est d'acheter la croissance ou elle peut retourner l'argent aux actionnaires. C'est à cette croisée des chemins que Buffett porte une attention particulière sur le comportement des dirigeants. D'après lui, c'est ici que la direction se comportera de façon rationnelle ou irrationnelle.

Généralement, les dirigeants qui continuent de réinvestir malgré les rendements inférieurs le font en croyant que la situation est temporaire. Ils sont convaincus, qu'avec des prouesses, ils peuvent améliorer la rentabilité de leur compagnie. Les actionnaires sont fascinés par les prédictions d'amélioration faites par la direction. Si une compagnie ignore continuellement ce problème, l'argent comptant deviendra une ressource inactive décroissante et le cours du titre baissera. Une compagnie avec de faibles rendements économiques, des surplus d'argent et un titre déprimé attirera les «raiders» de Wall Street, ce qui est souvent le début de la fin pour la direction en place. Pour se protéger, les dirigeants choisissent souvent la deuxième option : acheter la croissance en faisant l'acquisition d'une autre compagnie.

Annoncer des plans d'acquisition a pour effet de stimuler et de dissuader les prédateurs (raiders). Cependant, Buffett est sceptique envers les compagnies qui ont besoin d'acheter la croissance. Celle-ci vient souvent à un prix trop élevé. D'autre part, une compagnie qui doit intégrer et diriger une nouvelle entreprise peut faire des erreurs très coûteuses pour les actionnaires.

Dans l'esprit de Buffett, la seule conduite responsable et raisonnable, pour les compagnies ayant de l'argent excédentaire en croissance et ne pouvant le réinvestir à des taux supérieurs à la moyenne, est de le retourner aux actionnaires. Pour cela, il y a deux moyens disponibles : augmenter le dividende ou racheter une partie de ses actions.

En obtenant de l'argent liquide sous forme de dividendes, les actionnaires ont alors l'occasion de regarder ailleurs pour trouver des rendements plus élevés. À priori, cela semble une bonne affaire. Plusieurs personnes considèrent les dividendes plus élevés comme étant le signe de compagnies qui prospèrent. Buffett croit que c'est vrai seulement si les investisseurs peuvent obtenir plus de leur argent que l'entreprise ne pourrait générer en retenant les profits et en réinvestissant chez elle.

Au fil des années, Berkshire Hathaway réalisa des rendements très élevés de son capital et conserva tous ses profits. Les actionnaires auraient été mal servis s'ils avaient reçu un dividende, avec des résultats tellement élevés. Berkshire ne verse pas de dividende. Ce n'est pas surprenant et c'est très bien pour les actionnaires. En 1985, Buffett demanda aux actionnaires laquelle de ces trois options préféraient-ils? En premier lieu, que la compagnie continue à réinvestir tous les profits et qu'elle ne paye aucun dividende en argent. En second, qu'elle verse un dividende modeste, c'est-à-dire 5 à 15% des profits d'exploitation. Finalement, qu'elle paye un dividende au taux type de l'industrie américaine, soit 40 à 50% des profits. Parmi la très grande majorité de ceux qui ont répondu, 88%, préféraient continuer la politique en vigueur. Le test ultime de la confiance des détenteurs d'actions est de permettre à la direction de réinvestir 100% des profits. Les actionnaires de Berkshire ont une grande foi en Buffett.

Si la valeur réelle des dividendes est parfois incomprise, le second mécanisme pour retourner des profits aux actionnaires, le rachat d'actions, l'est encore plus. L'avantage pour les propriétaires d'actions paraît sous plusieurs aspects, moins direct, moins concret ou moins immédiat.

Lorsque la direction rachète des actions, Buffett estime que la récompense est double. Si le titre se vend sous sa valeur intrinsèque, l'achat d'actions est alors judicieux du point de vue économique. Supposons que le cours du titre d'une compagnie est de 50 $ et sa valeur intrinsèque de 100 $, à chaque fois que la direction rachète une partie de ses actions, elle investit 2 $ de valeur intrinsèque pour chaque dollar dépensé. Des transactions de cette nature peuvent être très rentables pour les actionnaires.

De plus, lorsque les dirigeants rachètent les actions de la compagnie à la bourse, ils démontrent qu'ils ont à coeur les meilleurs intérêts de leurs actionnaires, plutôt qu'un besoin insouciant de développer la structure corporative. Ces attitudes envoient des signaux positifs au marché boursier. Elles attirent d'autres investisseurs à la recherche de compagnies bien gérées qui pourraient les renchérir. Souvent, les actionnaires sont récompensés deux fois : la première, lors de l'achat initial à la bourse et, par la suite, lorsque leur participation a un impact positif sur le cours des actions.

### L'honnêteté

Buffett tient en haute estime les dirigeants qui discutent de la performance financière de leur compagnie avec conviction et sincérité. Il apprécie aussi ceux qui admettent autant leurs erreurs qu'ils relatent leurs succès et qui sont, à tous points de vue, honnêtes avec les actionnaires. En particulier, il respecte les dirigeants qui sont capables de dévoiler la performance de leurs compagnies sans se cacher derrière les principes comptables généralement reconnus (PCGR).

Les normes de comptabilité financière demandent seulement de publier les informations de l'entreprise pour chacun de ses secteurs d'activités. Certains dirigeants exploitent cette exigence minimale et rassemblent toutes les activités de la compagnie en un seul secteur. Cette façon de faire complique la compréhension de la dynamique des différentes activités pour les actionnaires. «Ce qui a besoin d'être divulgué, soutient Buffett, c'est de l'information (qu'elle soit PCGR, non-PCGR ou extra-PCGR) qui aide les lecteurs s'intéressant aux nouvelles financières à répondre à trois questions clés : 1o Quelle est la valeur approximative de la compagnie? 2o Quelle probabilité a-t-elle de rencontrer ses obligations futures? 3o Quelle est la qualité du travail des dirigeants, étant donné la valeur des actifs qu'ils ont en mains?»[11]

Les rapports annuels de Berkshire Hathaway rencontrent les exigences PCGR, mais vont beaucoup plus loin. Buffett inclut les profits séparés de chacune des entreprises de Berkshire. Il ajoute toutes autres informations que les actionnaires pourraient juger pertinentes quand ils évaluent la performance économique d'une compagnie. Buffett admire le président qui est capable de faire des rapports à ses actionnaires en toute honnêteté.

Il considère également ceux qui ont le courage de discuter de leurs échecs ouvertement. Selon Buffett, la plupart des rapports annuels sont du trompe-l'oeil. Au cours des ans, chaque compagnie fait des erreurs, certaines grandes et d'autres sans conséquence. Trop de dirigeants, croit-il, rapportent les faits avec un excès d'optimisme plutôt que de donner des explications franches. Ils servent peut-être, ainsi, leurs propres intérêts à court terme, mais les intérêts de personne à long terme.

Dans ses rapports annuels aux actionnaires, Buffett est très ouvert à propos de la performance économique et des dirigeants de Berkshire Hathaway, que ce soit bon ou mauvais. Tout au long des années, il a admis les problèmes que Berkshire a rencontrés à la fois dans le secteur du textile et de l'assurance. Il a aussi dévoilé ses propres erreurs à la direction de ces entreprises. Il institua une tradition, d'abord faire la liste de ses erreurs dans le rapport annuel de Berkshire Hathaway de 1989. Cet inventaire s'intitulait : *Erreurs des 25 premières années (version condensée).* Deux années plus tard, le titre fut changé pour *L'erreur du jour.* Buffett avouait, dans celui-ci, non seulement les erreurs commises, mais aussi, les occasions manquées, parce qu'il n'avait pas agi de façon adéquate.

Des commentateurs ont soutenu que la coutume de Buffett d'admettre publiquement ses erreurs lui est facilitée, car étant propriétaire de 42% des actions de Berkshire, il n'a jamais à s'inquiéter d'être congédié. C'est vrai. Cependant, au-delà de ce jugement, quelque chose de plus se crée dans les rapports venant de la direction. La croyance de Buffett veut que l'honnêteté profite au dirigeant au moins autant qu'à l'actionnaire. «Le PDG qui trompe les autres en public, dit-il, peut éventuellement se tromper lui-même en privé.»[12] Buffett accorde à Charlie Munger le crédit de l'avoir aidé à comprendre l'importance d'étudier ses erreurs, plutôt que de se concentrer seulement sur ses succès.

## L'impératif institutionnel

Si la direction peut gagner de la sagesse et de la crédibilité en faisant face à ses erreurs, pourquoi tant de rapports annuels proclament-ils uniquement les succès? Si le partage du capital est tellement simple et logique, pourquoi est-il tellement mal réparti? La réponse est, souligne Buffett, la force invisible qu'on appelle «l'impératif institutionnel». C'est la tendance, à l'image des lemmings, des dirigeants d'entreprises à imiter le comportement de leurs semblables, peu importe qu'il soit absurde ou irrationnel.

Cela fut, avoue Buffett, la découverte la plus surprenante de sa carrière dans le monde des affaires. On lui a appris, quand il était étudiant, que les dirigeants expérimentés d'entreprises étaient honnêtes, intelligents et prenaient automatiquement des décisions d'affaires rationnelles. Arrivé dans le monde des affaires, il a découvert que la «logique diminue souvent lorsque l'impératif institutionnel intervient».[13]

Selon Buffett, l'impératif institutionnel existe quand : «une société résiste à tout changement dans sa conduite actuelle. Comme l'opération s'accroît, elle se rend disponible pour encore acquérir d'autres sociétés qui absorberont les fonds disponibles. Aussi, lorsque n'importe quel désir financier d'un dirigeant, irréfléchi ou non, est rapidement supporté par des études stratégiques de rentabilité préparées par ses troupes. Enfin, dans l'imitation irréfléchie du comportement des compagnies analogues, qu'elles prennent de l'expansion, qu'elles fassent des acquisitions ou qu'elles établissent la rémunération de leurs dirigeants, peu importe».[14]

Jack Ringwalt, dirigeant de National Indemnity, a aidé Buffett à déceler le pouvoir destructeur de cet impératif. En effet, Ringwalt se retira du marché et refusa de souscrire des polices. Cependant que la majorité des compagnies d'assurance le faisaient à des conditions qui donnaient des rendements inadéquats ou pire, une perte. De la même façon, à la fois Munger et Buffett modifièrent de façon implacable la direction de Mutual Savings, alors qu'il était flagrant que la stratégie de l'industrie des institutions d'épargne et crédit menait droit au désastre.

La plupart des dirigeants ne veulent pas avoir l'air ridicule et exposer leur compagnie à une perte trimestrielle gênante. Surtout, si des entreprises semblables, au comportement à la «lemmings», sont encore capables de réaliser des profits trimestriels et même si elles se dirigent certainement vers la catastrophe, car il n'est jamais simple de changer de conduite. C'est souvent plus facile de suivre les autres compagnies sur le sentier menant à l'échec plutôt que de modifier la tendance de sa compagnie. Il est vrai que Buffett et Munger n'ont pas à craindre d'être congédiés et cela les rend libres de prendre des décisions non conventionnelles. Toutefois, un dirigeant ayant de bonnes capacités de communication devrait être capable de convaincre les propriétaires d'accepter une perte à court terme, si cela signifie des résultats supérieurs à plus long terme. L'incapacité de résister à l'impératif institutionnel, apprit Buffett, a souvent moins à faire avec les propriétaires de la compagnie qu'avec la volonté des dirigeants d'accepter des changements fondamentaux.

Lorsque des dirigeants acceptent la notion que leur compagnie doit changer ou doit faire face à l'éventualité de fermer ses portes, ils réalisent qu'accomplir ce programme est souvent trop difficile. Plusieurs succombent plutôt à la tentation d'acheter une nouvelle compagnie au lieu d'affronter les aspects financiers du présent problème.

Pourquoi ces dirigeants changeraient d'attitude? Buffett identifie trois facteurs qui influencent le plus le comportement de la direction. D'abord, la plupart des dirigeants ne peuvent contrôler leur soif de spéculation. Une telle impétuosité trouve souvent ses débouchés dans des acquisitions d'entreprises. Ensuite, la plupart des dirigeants mettent constamment en parallèle les profits et ventes de leur entreprise. Ils comparent aussi la rémunération de leurs cadres avec ceux d'autres compagnies à l'intérieur et à l'extérieur de leur société. Ces comparaisons, observe Buffett, incitent à l'hyperactivité corporative. Enfin, il croit que la plupart des dirigeants ont une opinion exagérée de leurs propres capacités de gestion.

Un autre problème fréquent est le manque de talent pour répartir le capital. Comme Buffett le souligne, les PDG s'élèvent souvent à leur poste en excellant dans d'autres secteurs de la compagnie, comme l'administration, l'ingénierie, le marketing ou la production. La plupart des PDG, ayant peu d'expérience dans la répartition du capital, se tournent plutôt vers des membres de leur personnel, des consultants ou des banquiers. C'est ici que l'impératif institutionnel commence à s'insérer dans le processus décisionnel. Pour un PDG qui souhaite ardemment faire une acquisition offrant un rendement de 15% sur l'investissement, ce qui justifie l'achat, il est déconcertant de constater avec quelle facilité ses troupes lui apprendront que l'entreprise peut en réalité réaliser un rendement de 15,1% souligne Buffett.

L'excuse finale de l'impératif institutionnel est l'imitation irréfléchie. Si les compagnies A, B et C se comportent de façons semblables, le PDG de la compagnie D pense alors que cela doit être acceptable pour sa compagnie d'agir de même. Ce n'est pas la convoitise ou la stupidité, affirme Buffett, qui pousse ces compagnies à l'échec. C'est plutôt la dynamique de l'impératif institutionnel qui rend difficile de résister aux comportements voués au fiasco. Parlant à un groupe d'étudiants de l'Université Notre-Dame, Buffett exhiba une liste de trente-sept firmes de courtage en valeurs mobilières qui échouèrent. Toutes ces sociétés, expliqua-t-il, ont failli, même si le volume d'actions échangées au New York Stock Exchange a été multiplié par quinze. Ces firmes étaient dirigées par des individus bûcheurs, ayant des quotients intellectuels élevés et qui avaient tous un désir intense de réussir. Buffett fit une pause et ses yeux parcoururent la pièce. «Vous pensez : comment cela a-t-il pu arriver? Je vais vous dire de quelle manière, a-t-il ajouté. C'est par l'imitation irréfléchie de leurs semblables.»[15]

Buffett eut la chance de travailler en collaboration avec quelques-uns des plus brillants dirigeants de sociétés américaines, comme Tom Murphy et Dan Burke de Capital Cities/ABC, Roberto Goizueta et Donald Keough de Coca-Cola et Carl Reichardt de Wells Fargo. Toutefois, il sait qu'il y a un point où même le dirigeant le plus capable et le plus brillant ne peut sauver une entreprise en difficulté. «Si vous placiez toutes ces personnes dans une entreprise qui fonctionne clopin-clopant, cela ne ferait pas beaucoup de différence», explique Buffett.[16] Peu importe le comportement impressionnant de la direction, il n'investira pas uniquement dans les personnes. Il ajoute : «Quand une direction de brillante réputation s'attaque à une entreprise ayant de pauvres caractéristiques économiques, c'est seulement l'honneur de l'entreprise qui demeure intact.»[17]

En grande partie, évaluer la capacité des dirigeants est un effort subjectif qui défie la quantification de l'information. Néanmoins, il y a certaines données quantifiables qui sont disponibles. Ce sont ces mêmes mesures qui servent à évaluer la performance économique : le rendement de l'avoir, les fonds autogénérés et les marges bénéficiaires.

## LES PRINCIPES FINANCIERS

Les principes financiers, par lesquels Buffett évalue à la fois l'excellence de la direction et la performance économique d'une entreprise, reposent tous sur ses idées propres et qui ont fait sa réputation. Tout d'abord, il ne prend pas trop au sérieux les performances annuelles d'une compagnie. Il se base plutôt sur les résultats moyens de quatre à cinq années. Souvent, observe-t-il, des rendements intéressants d'entreprises pourraient ne pas coïncider avec le temps qu'il faut à la terre pour faire le tour du soleil. Il a également peu de patience pour les tours de passe-passe comptables qui produisent des chiffres de fin d'exercice impressionnants, mais sans vraie valeur. Il est plutôt guidé par les principes suivants :

1. Se concentrer sur le rendement de l'avoir de l'entreprise et non sur les profits par action.
2. Calculer les «bénéfices du propriétaire» pour avoir une meilleure idée de la valeur de l'entreprise.
3. Rechercher des compagnies avec des marges bénéficiaires élevées.
4. Pour chaque dollar de bénéfices non répartis, s'assurer que la compagnie a créé au moins un dollar dans le marché boursier.

## Le rendement de l'avoir

D'habitude, les analystes mesurent la performance annuelle d'une compagnie en regardant les profits par action. Ont-ils augmenté par rapport à l'année dernière? Sont-ils assez élevés pour les applaudir? Buffett considère que les profits par action sont un écran de fumée. À l'instar de la plupart des compagnies qui conservent une partie des profits de l'année précédente, comme une façon d'augmenter leur capital, il ne voit aucune raison d'être exalté avec les profits records par action. Il n'y a rien de spectaculaire chez une compagnie qui augmente ses profits par action de 10% si, en même temps, son avoir augmente de 10%. C'est aussi simple, explique-t-il, que de mettre son argent dans un compte d'épargne et de laisser les intérêts s'accumuler.

«Le test principal de la performance économique de la direction, avance-t-il, est la réalisation d'un haut taux de profits sur les capitaux propres investis (sans utiliser trop de levier financier ou de trucs comptables, etc.) et non les hausses régulières des profits par action.»[18] Pour mesurer la performance annuelle d'une compagnie, Buffett préfère la rentabilité des fonds propres, soit le ratio des profits d'exploitation par rapport à l'avoir des actionnaires.

Pour utiliser ce ratio, nous devons faire plusieurs ajustements. D'abord, tous les titres négociables devraient être évalués au coût et non au marché. En effet, dans une compagnie en particulier, les valeurs à la bourse dans leur ensemble peuvent grandement influencer les rendements de l'avoir des actionnaires. Par exemple, si la bourse s'apprécie de façon substantielle pendant une année, augmentant ainsi la valeur nette d'une compagnie, une vraie et remarquable performance économique serait diminuée si elle était comparée à un plus grand dénominateur commun. De la façon inverse, des prix en baisse réduisent l'avoir des actionnaires, ce qui signifie que des résultats d'exploitation médiocres paraissent meilleurs qu'ils ne le sont en réalité.

Autre exemple : les investisseurs doivent également contrôler l'impact que des éléments inhabituels risquent d'avoir sur le calcul de ce ratio. Buffett exclut tous les gains et les pertes en capital et les charges exceptionnelles qui peuvent augmenter ou diminuer les profits d'exploitation. Il cherche à isoler la performance annuelle spécifique d'une entreprise. Il veut savoir jusqu'à quel point, avec un capital donné, la direction accomplit son travail afin de réaliser un rendement à partir des activités de l'entreprise. Cela, dit-il, est le meilleur indicateur individuel de la performance économique de la direction.

De plus, Buffett croit qu'une entreprise devrait réaliser de bons rendements de l'avoir tout en utilisant peu ou pas d'emprunt. Nous savons que les compagnies peuvent augmenter leur rendement de l'avoir en augmentant leur ratio d'endettement. Buffett est conscient de cela. L'idée d'ajouter quelques points au rendement de l'avoir de Berkshire Hathaway uniquement en ajoutant de l'endettement ne l'impressionne pas. «De bonnes décisions d'affaires ou de placement, dit-il, produiront des résultats économiques bien satisfaisants sans avoir besoin d'effet de levier.»[19] De plus, les compagnies fortement endettées sont fragiles lors des ralentissements économiques. Il préfère se tromper côté qualité financière plutôt que de risquer la sérénité des actionnaires de Berkshire en augmentant le risque associé à l'endettement.

Malgré sa position conservatrice, Buffett n'est pas angoissé quand arrive le temps d'emprunter. En fait, il préfère emprunter de l'argent en anticipant, l'utiliser dans le futur, plutôt que de l'emprunter par obligation. Ce serait idéal, observe Buffett, si le moment des acquisitions d'entreprises coïncidait de façon opportune avec la disponibilité des fonds. Cependant, l'expérience montre que c'est précisément le contraire. L'argent déprécié a tendance à pousser à la hausse les prix des actifs. L'austérité monétaire et les taux d'intérêt élevés augmentent les coûts du passif et provoquent souvent une baisse des prix des actifs. Exactement au moment où les entreprises sont disponibles au meilleur prix, le loyer de l'argent (taux d'intérêt plus élevés) diminuera probablement l'attrait du placement. Pour cette raison, dit Buffett, les compagnies devraient gérer leur actif et leur passif indépendamment l'un de l'autre.

La philosophie d'emprunter maintenant, dans l'espoir de trouver plus tard des occasions d'affaires intéressantes, pénalisera les profits à court terme. Cependant, Buffett le fait lorsqu'il est modérément confiant que le rendement d'une entreprise future compensera plus que la dépense reliée à l'endettement. De plus, la possibilité d'acheter des entreprises intéressantes étant limitée, il veut que Berkshire soit toujours prête. «Si vous voulez abattre des éléphants rares et rapides, vous devriez toujours porter un fusil.»[20]

Buffett ne donne aucune suggestion quant aux niveaux appropriés d'endettement pour une entreprise. Naturellement, différentes compagnies, selon leurs fonds autogénérés, peuvent administrer différents niveaux d'endettement. Ce que Buffett dit, c'est qu'une bonne entreprise devrait être capable de réaliser des rendements de l'avoir sans l'aide de l'effet de levier. On devrait se méfier des compagnies qui sont capables de réaliser de bons rendements sur les capitaux investis en recourant à l'endettement.

### «Les bénéfices du propriétaire»

Les investisseurs, avertit Buffett, devraient être conscients que les bénéfices comptables par action sont le point de départ pour déterminer la valeur économique d'une entreprise et non pas le point final. «La première réalité à comprendre, c'est que tous les bénéfices ne sont pas égaux.»[21] Les compagnies, ayant un actif élevé par rapport aux profits, ont tendance à déclarer des simulacres de profits. Ces bénéfices prennent une apparence de mirage, parce que l'inflation arrache de grosses contributions aux entreprises à actif élevé. Par conséquent, les bénéfices comptables sont uniquement utiles à l'analyste s'ils sont à peu près égaux aux fonds autogénérés (cash-flow) prévus de la compagnie.

Même les marges brutes d'autofinancement, avertit Buffett, ne sont pas un outil parfait pour mesurer la valeur. Ils trompent souvent les investisseurs. Les fonds autogénérés sont une façon appropriée d'évaluer les entreprises qui ont des investissements importants au début et de plus petites mises de fonds plus tard. On pourrait citer en exemple certaines compagnies dans l'immobilier, les champs de pétrole ou les sociétés de câblodistribution. D'autre part, les secteurs manufacturiers demandant des dépenses constantes en immobilisations et ne sont pas évalués correctement, si on n'utilise que les fonds autogénérés pour le faire.

Les fonds autogénérés d'une compagnie sont généralement définis comme étant le bénéfice net après les impôts plus la dépréciation, l'amortissement et les autres charges hors caisse. Le problème avec cette définition, explique Buffett, c'est qu'elle oublie un fait économique crucial : les dépenses en immobilisation. Quelle partie de ses profits annuels l'entreprise doit-elle utiliser pour acheter le nouvel équipement, pour améliorer son installation et faire les rénovations nécessaires, afin de maintenir sa position économique et son rythme de production? Selon Buffett, environ 95% des entreprises américaines ont besoin de dépenses en immobilisation qui sont à peu près égales à leurs taux de dépréciation. Vous pouvez remettre les dépenses d'équipement d'une année ou deux, mais, sur une longue période, votre entreprise déclinera certainement si vous ne faites pas les investissements requis. Ces derniers sont autant une dépense pour la compagnie que les salaires ou les coûts des services publics.

En 1980, la popularité des fonds autogénérés a atteint un sommet lors de la période d'achats d'entreprises financées par l'effet de levier. Les prix exorbitants payés pour les entreprises étaient justifiés par leur marge brute d'autofinancement. Buffett croit que les valeurs des cash-flows «sont souvent utilisées par les promoteurs d'entreprises et de titres pour tenter de justifier l'injustifiable. Il s'agit par conséquent de vendre ce qui serait impossible à vendre. Il devient pratique de se précipiter sur les fonds auto-générés, lorsque les profits semblent insuffisants pour payer les intérêts d'une obligation spéculative à haut risque ou pour couvrir une action à un prix insensé».[22] Vous ne pouvez pas vous concentrer sur les fonds auto-générés, avertit Buffett, à moins que vous acceptiez de soustraire les dépenses essentielles en immobilisation.

À la place de fonds autogénérés, Buffett préfère utiliser ce qu'il nomme les «bénéfices du propriétaire». Les profits du propriétaire sont la somme du profit net d'une compagnie plus l'amortissement et la dépréciation, moins le montant des dépenses en immobilisation et tout le fonds de roulement additionnel dont pourrait avoir besoin l'entreprise. Par contre ceux-ci, admet Buffett, ne fournissent pas les calculs précis que plusieurs analystes exigent. Le calcul des dépenses en immobilisation à venir demande souvent des évaluations brutes. Malgré cela, citant Keynes, il dit : «Je préférerais avoir vaguement raison que précisément tort».

## Les marges bénéficiaires

Tout comme Philip Fisher, Buffett est conscient que les grandes entreprises font de piètres investissements, si la direction ne peut transformer les ventes en profits. Selon son expérience, les dirigeants d'entreprises dont les charges d'exploitation sont élevées ont tendance à trouver des façons de continuellement ajouter aux frais fixes. Par contre, les dirigeants d'entreprises, dont les coûts d'opération sont minimes, trouvent eux toujours des moyens de réduire les dépenses.

Buffett a peu de patience pour les dirigeants qui permettent l'escalade des frais d'exploitation. Souvent, ceux-ci doivent mettre en marche un programme de rationalisation pour aligner les coûts sur les dépenses. Chaque fois qu'une compagnie annonce un programme de réduction des dépenses, Buffett sait qu'elle n'a pas calculé l'impact de celles-ci sur ses actionnaires. Il ajoute que le vrai bon dirigeant, ne se réveille pas un bon matin en disant : «C'est aujourd'hui que je vais réduire les coûts; pas plus qu'il ne se réveille et décide de respirer».[23]

Buffett souligne les réalisations de Carl Reichardt et Paul Hazen chez Wells Fargo ou celles de Tom Murphy et Dan Burke chez Capital Cities/ABC. Les quatre dirigeants s'attaquent sans cesse aux dépenses inutiles. Ces deux équipes de direction ont : «une sainte horreur d'avoir trop d'effectifs. Ils répriment les coûts, aussi vigoureusement, quand les profits sont à des niveaux records ou lorsqu'ils sont en période de récession».[24] Buffett peut être intraitable lorsqu'il est question des coûts et des dépenses inutiles. Il est cependant très tolérant devant les marges bénéficiaires de Berkshire. Il a une bonne expertise du personnel pour n'importe quel type d'affaires et il croit que pour chaque dollar de vente, il y a un niveau approprié de dépenses.

Berkshire Hathaway est une entreprise unique. Le personnel de la société à Kiewit Plaza aurait de la difficulté à composer une équipe de balle molle. Berkshire Hathaway n'a ni service du contentieux ni service de relations publiques ou de relations avec les investisseurs. Il n'y a pas non plus de service de planification stratégique rempli de personnes bardées de diplômes en administration qui manigancent des fusions et des acquisitions. Berkshire n'utilise ni service de gardes de sécurité ni limousines avec chauffeurs ni coursiers. Les frais fixes corporatifs, après impôts, atteignent moins de 1% des profits d'exploitation. Comparez ceci, dit Buffett, à d'autres compagnies avec des profits similaires, mais avec des dépenses corporatives de 10%, les actionnaires perdent 9% de la valeur de leur participation uniquement en raison de ces frais fixes.

### Le concept du «un dollar»

Il y a un test rapide qui peut être utilisé pour évaluer l'attrait économique d'une entreprise d'une part, mais également le travail de l'administration dans son rôle de créateur de valeur pour l'actionnaire d'autre part. Une compagnie dont les perspectives économiques sont favorables à long terme se traduisant par sa valeur accrue, ayant des dirigeants compétents et travaillant en faveur des actionnaires, voici le genre de société que choisirait Buffett.

Nous savons que le marché boursier reflétera raisonnablement bien la valeur économique sur de longues périodes. Toutefois, lors d'une année, les prix peuvent grandement fluctuer pour des raisons autres que cette valeur. Cela est également vrai, explique Buffett, pour les bénéfices non répartis. Une compagnie qui utilise ces bénéfices d'une manière improductive sur une longue période, pourrait voir le marché boursier fixer, en toute équité, le prix des actions de la compagnie de façon décevante. À l'inverse, si une compagnie a pu obtenir des rendements supérieurs à la moyenne basés sur un capital croissant, ce succès se manifestera par un cours du titre plus élevé.

Dans cette étude sommaire de Buffett, l'augmentation devrait égaler, au minimum, la somme des bénéfices non répartis, dollar pour dollar. Si la valeur augmente plus que la somme de ces bénéfices, tant mieux. «En tout et pour tout, commente Buffett, à l'intérieur de cette gigantesque vente aux enchères, c'est notre travail de choisir une entreprise dont les caractéristiques économiques permettent, à chaque dollar de bénéfices non répartis, d'être traduit en au moins un dollar de valeur boursière.»[25]

## LES PRINCIPES DU MARCHÉ

Tous les principes décrits jusqu'à maintenant mènent à une décision : acheter ou ne pas acheter des actions d'une compagnie. Toute personne arrivée à cette option doit considérer ces deux interrogations : cette compagnie représente-t-elle un bon achat ou est-ce le moment opportun de l'acheter? Si oui, le prix est-il avantageux?

Le prix est établi par le marché boursier. Par contre, la valeur est déterminée par l'analyste, après avoir jaugé toute l'information publiée à propos des affaires de la compagnie, de sa direction et de ses caractéristiques financières. Le prix et la valeur ne sont pas nécessairement égaux. Si le marché boursier était efficace, les prix s'ajusteraient instantanément en fonction de toute l'information disponible. Bien sûr, nous savons que ce n'est pas le cas. Les prix des titres fluctuent au-dessus et sous les valeurs de la compagnie pour de multiples raisons, pas toujours logiques.

En théorie, les décisions d'un investisseur sont déterminées par les différences entre le prix et la valeur. Si le prix d'une entreprise est inférieur à sa valeur par action, un investisseur rationnel achètera des actions de l'entreprise. Au contraire, si le prix d'une société est supérieur à sa valeur établie, il n'achètera pas. La compagnie évoluant, selon son cycle de vie économique, l'analyste réexaminera périodiquement la valeur de la compagnie en fonction du prix du marché. Il achètera, vendra ou conservera les actions en conséquence. Donc en résumé, l'investissement rationnel doit répondre à deux questions essentielles :

1. Quelle est la valeur de l'entreprise?
2. Celle-ci peut-elle être achetée à un escompte significatif par rapport à sa valeur?

### Déterminer la valeur

L'évaluation d'une entreprise de façon traditionnelle peut se faire sous trois aspects différents : la valeur de liquidation, la valeur comme entité active et la valeur au marché. La valeur liquidative est la valeur en argent comptant obtenue en vendant les actifs de l'entreprise, après avoir soustrait tout son passif. On ne considère pas les profits futurs de l'entreprise étant donné que cette dernière ne poursuivra pas ses activités. Sous le second angle, on détermine la valeur future actualisée qu'un propriétaire peut espérer recevoir, c'est ce qu'on nomme la prospérité de l'entreprise. Ces futurs fonds autogénérés sont escomptés à une valeur actuelle en utilisant un taux approprié. Lorsque ces fonds sont trop difficiles à évaluer, les analystes utilisent souvent l'approche de la valeur au marché. Ils comparent la compagnie à d'autres compagnies similaires dont les actions se transigent à la bourse en utilisant un multiple adéquat.

Quelle approche Buffett utilise-t-il? La meilleure méthode, dit-il, qui a été déterminée, il y a plus de 50 ans par John Burr Williams, dans *The Theory of Investment Value* (North-Holland, 1938). Paraphrasant Williams, il nous dit que la valeur d'une entreprise est établie par les fonds autogénérés nets prévus, pendant la vie de l'entreprise, escomptés à un taux d'intérêt approprié. «Évaluées de cette façon, toutes les entreprises, du fabricant de fouets pour carrioles aux exploitants de téléphones cellulaires, deviennent égales d'un point de vue économique.»[26]

L'exercice mathématique à effectuer, nous dit Buffett, est très semblable à l'évaluation d'une obligation. Une obligation possède à la fois un coupon et une date d'échéance qui indiquent son flux d'argent futur. Si vous additionnez tous les coupons de l'obligation et divisez le total par le taux d'escompte approprié, vous obtiendrez le prix de l'obligation. Pour déterminer la valeur d'une entreprise, l'analyste estime les «coupons» que l'entreprise générera dans le futur et il les escompte ensuite pour obtenir la valeur actuelle.

Déterminer la valeur d'une compagnie pour Buffett est facile, pourvu que vous ayez les bons éléments : le flux d'argent et le bon taux d'escompte. S'il est incapable d'imaginer avec confiance ce que seront les fonds autogénérés futurs d'une entreprise, il n'essaiera même pas de l'évaluer. C'est ce qui distingue son approche des autres. Buffett confesse n'avoir aucun indice pour évaluer la rentabilité future de Microsoft, même s'il admet que c'est une compagnie dynamique et qu'il admire la direction de Bill Gates. Buffett est capable, pour une entreprise simple et compréhensible, dont le fonctionnement apporte des profits réguliers, de déterminer les fonds autogénérés futurs avec une grande assurance. Le champ de compétence auquel il fait référence se reflète dans sa capacité d'anticipation. Dans son esprit, cette faculté de prédiction devrait ressembler à la certitude du coupon qu'on retrouve dans les obligations.

Après avoir déterminé les fonds autogénérés futurs d'une entreprise, Buffett applique le taux d'escompte. Plusieurs personnes seront surprises d'apprendre que le taux qu'il utilise est simplement celui des obligations à long terme du gouvernement des États-Unis et rien d'autre. C'est le taux qui se rapproche le plus du taux sans risques.

Les théoriciens du marché soutiennent qu'un taux d'escompte plus approprié serait le rendement sans risque (le taux de l'obligation à long terme) auquel il faudrait ajouter une prime de risque associée aux actions qui reflète l'incertitude des fonds autogénérés futurs de la compagnie. Lorsque les taux d'intérêt baissent, Buffett admet qu'il a tendance à être plus prudent en appliquant le taux à long terme. Il n'ajoute pas une prime de risque à sa formule puisqu'il évite le risque. En premier lieu, Buffett élimine les aléas financiers associés au financement de la dette en n'achetant pas les compagnies qui ont des niveaux élevés de dette. Ensuite, la menace est réduite et probablement éliminée quand on se concentre sur des compagnies dont les profits sont réguliers et faciles à prédire. «J'accorde beaucoup d'influence à la connaissance des événements. Si vous agissez de la sorte, toute idée d'un facteur de risque me semble absurde. Le risque provient du fait que vous ne savez pas ce que vous faites.»[27]

Malgré les arguments de Buffett, des observateurs soutiennent qu'estimer les fonds autogénérés futurs est une tâche délicate et que choisir le taux d'escompte approprié peut causer des erreurs substantielles d'évaluation. À la place, ces critiques ont utilisé diverses méthodes rapides pour comparer la valeur : un rapport cours/bénéfices et une valeur comptable faibles ainsi qu'un rendement en dividendes élevé. Plusieurs utilisateurs ont expérimenté sérieusement ces ratios financiers dans le passé et ont conclu qu'on peut réussir en isolant et en achetant des entreprises qui les possèdent exactement.

Les personnes qui achètent constamment des compagnies avec des ratios cours/bénéfices et cours/valeurs comptables faibles ainsi que des rendements en dividendes élevés sont appelés habituellement «chasseurs de valeurs» (value investors). Ceux qui estiment avoir identifié de la valeur en choisissant des compagnies dont les profits croissent à une moyenne supérieure sont appelées «chasseurs de croissance» (growth investors). Généralement, les compagnies de croissance ont des ratios cours/bénéfices élevés et de faibles rendements en dividendes. Ces caractéristiques financières sont exactement à l'opposé de ce que les «chasseurs de valeurs» recherchent.

Les investisseurs qui tentent d'acheter de la valeur doivent souvent opter entre l'approche de la «valeur» et celle de la «croissance» pour choisir des titres. Buffett admet, qu'il y a plusieurs années, il a participé à cette guerre intestine. Aujourd'hui, il pense que le débat entre les deux écoles de pensée est un non-sens. Ces deux façons de faire sont interdépendantes, selon Buffett. La «valeur» est celle actuelle escomptée des fonds autogénérés futurs d'un placement et la «croissance» est simplement un calcul fait pour déterminer la valeur.

Une croissance des ventes, des bénéfices et de l'actif peut, soit ajouter soit soustraire à la valeur d'un placement. Elle peut aussi ajouter à la valeur lorsque le rendement du capital investi est supérieur à la moyenne. Par conséquent, lorsqu'un dollar est investi dans la compagnie, il assimile au moins un dollar de valeur boursière. Cependant, la croissance dans une entreprise réalisant de faibles rendements du capital peut être défavorable aux actionnaires. Le secteur de l'aviation, par exemple, fut une histoire de croissance fulgurante. Toutefois, son incapacité à réaliser des rendements corrects du capital, a laissé la plupart des actionnaires de ces compagnies dans une piètre situation.

Toutes les méthodes rapides (les ratios cours/bénéfices supérieurs ou inférieurs, les ratios cours/valeurs comptables et les rendements en dividendes, peu importe leurs combinaisons) sont déficientes dit Buffett. Il est important par contre de déterminer si : «un investisseur en a vraiment pour son argent lors de l'achat d'un titre et, par conséquent, si cela fonctionne vraiment selon le principe d'obtenir de la valeur pour ses placements... L'investisseur devrait acheter le titre le moins cher, en fonction du calcul de la valeur actualisée nette, sans tenir compte de la croissance de l'entreprise, de sa grande volatilité, de la régularité de ses profits actuels et de sa valeur comptable».[28]

## Acheter à des prix intéressants

Buffett observe que le succès n'est pas garanti même si l'on se concentre sur des entreprises accessibles, ayant des caractéristiques économiques stables et menées par des dirigeants qui ont à coeur les intérêts des actionnaires. D'abord, l'investisseur doit acheter ses actions à un prix raisonnable. Ensuite, l'entreprise doit fonctionner selon les attentes. Les erreurs, avoue Buffett, si nous en faisons, sont fonction du prix payé, de la direction ou des perspectives financières de l'entreprise. C'est ce dernier point qui provoque le plus grand nombre d'erreurs.

Buffett veut non seulement identifier des entreprises qui ont des rendements au-dessus de la moyenne, mais également y investir à des prix nettement inférieurs à la valeur calculée. Graham enseigna à Buffett l'importance d'acheter un titre uniquement quand la différence entre son prix et sa valeur représente une marge de sécurité.

Le principe de la marge de sécurité aide Buffett de deux façons. D'abord, il le protège en réduisant le risque de baisse de prix. Il calcule que si la valeur d'une entreprise est légèrement supérieure au prix de son cours, il n'achètera pas le titre. Il pense que si la valeur intrinsèque de la compagnie tombait un peu, parce qu'il a mal évalué les fonds autogénérés futurs de celle-ci, le cours du titre reculerait, probablement, à un prix inférieur à celui qu'il a payé. Par contre, si la marge entre le prix d'achat et la valeur intrinsèque de la compagnie est assez grande, le risque de baisse de la valeur intrinsèque est diminué. Quand Buffett achète une compagnie avec un escompte de 25% par rapport à sa valeur intrinsèque et que celle-ci baisse par la suite de 10%, son prix d'achat initial lui assurera, tout de même, un rendement adéquat.

La marge de sécurité crée également des occasions pour des rendements boursiers extraordinaires. Lorsque Buffett identifie correctement une compagnie avec des rendements économiques au-dessus de la moyenne, la valeur des actions à long terme grimpe régulièrement, alors que le cours du titre imite les rendements de l'entreprise. Quand une compagnie réalise avec régularité des rendements de 15% de son avoir, l'appréciation de ses actions sera supérieure à celle des actions d'une autre compagnie, ayant un rendement de seulement 10%. En outre, en appliquant la marge de sécurité,

Buffett est capable d'acheter des actions d'entreprises remarquables à un escompte significatif par rapport à leur valeur intrinsèque. Berkshire percevra, alors, un dividende exceptionnel supplémentaire, lorsque le marché boursier corrigera le prix de l'entreprise. «Le marché boursier, comme Dieu le Père, aide ceux qui s'aident, dit Buffett. Contrairement à Dieu le Père, la bourse ne pardonne pas ceux qui ne savent pas ce qu'ils font.»[29]

## L'INVESTISSEUR INTELLIGENT

Le plus grand trait qui distingue la philosophie de placement de Buffett est la nette compréhension, qu'en possédant des actions, il possède des entreprises et non des morceaux de papier. L'idée d'acheter des actions sans comprendre les activités de l'entreprise (produits, services, relations de travail, dépenses en matières premières, usines, équipement, besoins en investissement, stocks, comptes à recevoir et besoins en fonds de roulement) est tout à fait déraisonnable. Cette mentalité se reflète dans l'attitude d'un propriétaire d'entreprise en opposition à un détenteur d'actions. Dans le résumé du livre *L'Investisseur intelligent*, Benjamin Graham a écrit : «Investir devient plus intelligent quand cela est fait de façon professionnelle». Buffett dit que ce sont «les mots les plus importants jamais écrits sur le placement».

Une personne, qui détient des actions, a le choix entre devenir propriétaire-actionnaire d'une entreprise ou porteur d'un titre facile à vendre. Les propriétaires d'actions ordinaires qui les perçoivent comme un vulgaire morceau de papier s'éloignent de la compréhension des états financiers de la compagnie. Ces propriétaires se comportent comme si le changement de cours continuel reflétait plus précisément la valeur du titre plutôt que le bilan et le compte des résultats des entreprises. Ils tirent au sort ou rejettent des titres comme des cartes à jouer. Pour Buffett, les activités d'un propriétaire d'actions ordinaires et celles d'une personne en affaires sont intimement liées. Ils devraient considérer la propriété d'une entreprise de la même façon. Buffett admet : «Je suis un meilleur investisseur parce que je suis un homme d'affaires et un meilleur homme d'affaires parce que je suis un investisseur».[30]

On lui demande souvent dans quel genre de compagnie, il investirait à l'avenir. D'abord, il évitera les entreprises sans avantage compétitif comme les «commodity business» et celles dont les dirigeants inspirent peu la confiance. Il achètera des participations dans des compagnies qu'il comprend, qui possèdent de bonnes caractéristiques économiques et qui ont une direction crédible. «Une bonne entreprise n'est pas toujours un bon placement, même si c'est un bon endroit pour en chercher un.»[31]

# – CINQ –

# Les titres permanents

LES INVESTISSEMENTS DE BERKSHIRE ont du succès parce que Warren Buffett s'intéresse davantage aux résultats d'exploitation des entreprises plutôt qu'à leurs cours en bourse à court terme. Il est convaincu que si le marché boursier peut ignorer les résultats financiers d'une entreprise à brève échéance, il confirmera, dans le temps, le succès ou l'échec de cette dernière à fournir une augmentation de valeur aux actionnaires. Ben Graham disait à Buffett : «À court terme, le marché est une machine à voter, mais à long terme, c'est une machine à peser».[1] En fait, il est disposé à patienter, pourvu que les entreprises de Berkshire augmentent leur valeur à un taux satisfaisant. Il préférerait que le marché boursier tarde à découvrir sa perspicacité, lui permettant ainsi d'acheter plus d'actions à des prix compétitifs.

Lorsqu'une entreprise est un bon investissement, le marché confirmera parfois rapidement le jugement de Buffett. Quand ceci arrive, il ne se sent pas l'obligation de vendre seulement à cause d'un accroissement de valeur à court terme. Il considère insensé le conseil de Wall Street : «Vous ne ferez pas faillite en prenant un profit». Fisher lui enseigna que l'investissement que l'on conserve est meilleur que celui que l'on n'a pas. Buffett certifie qu'il est «pleinement satisfait de toujours détenir un titre, aussi longtemps que le rendement futur sur le capital-action de l'entreprise est satisfaisant, que la direction est compétente et honnête et que le marché ne surévalue pas l'entreprise».[2] Il vendra si le marché surévalue une entreprise de façon importante. De plus, Buffett mettra sur le marché une action bien évaluée ou sous-évaluée s'il a besoin du montant de la vente pour acheter quelque chose d'autre — soit une entreprise qui est encore plus sous-évaluée ou une de valeur égale, mais qu'il comprend mieux.

Cependant, au-delà de cette stratégie d'investissement, Buffett avoua, en 1987, qu'il y a trois titres qu'il ne vendrait pas sans se soucier sérieusement de leur valeur sur le marché boursier : Washington Post Company (WPC), GEICO Corporation et Capital Cities/ABC. En 1990, il ajouta Coca-Cola Company à cette liste de titres permanents.

Cette attitude de «jusqu'à ce que la mort nous sépare» place ces quatre investissements au même niveau d'engagement de capitaux que les autres contrôlés par Berkshire. Buffett ne distribue pas au hasard le statut de «permanence» et il faudrait noter qu'une entreprise ne l'obtient pas automatiquement le jour où il l'achète. Berkshire Hathaway détient des actions dans Washington Post Company (WPC) depuis vingt ans et dans GEICO depuis dix-huit ans. Buffett acheta tout d'abord ses premières actions de Capital Cities en 1977. Même Coca-Cola, achetée en 1988, ne fut élevée à la position de «permanente» qu'en 1990. Au moment de leur acquisition, chacune de ces quatre compagnies possédait les caractéristiques qui les qualifiaient pour l'achat. Ce sont ces particularités qui méritent d'être étudiées.

## WASHINGTON POST COMPANY

Les principaux secteurs d'activités de Washington Post Company (WPC) sont : la publication de journaux, la télédiffusion, les réseaux de câblodistribution et la publication de périodiques. La section des journaux publie *The Washington Post, The Everett Herald* et le groupe de Gazette Newspapers qui comprend quatorze hebdomadaires. La division de la télédiffusion est propriétaire de six stations de télévision situées à Détroit, Miami, Houston et San Antonio au Texas, Hartford au Connecticut et Jacksonville en Floride. La câblodistribution fournit le service à 463 000 abonnés demeurant dans quinze états du MidWest, du sud et de l'ouest des États-Unis. La section des périodiques publie *Newsweek* dont le tirage aux États-Unis dépasse plus de trois millions de copies. Ce magazine est exporté à plus de 700 000 copies sur le plan international.

En plus de ces quatre activités majeures, WPC est propriétaire de Stanley H. Kaplan Educational Centers. C'est une chaîne d'écoles qui donne des cours particuliers préparant les étudiants aux tests d'admission universitaire. Elle possède aussi Legi-Slate, une entreprise qui fournit des renseignements informatisés sur les activités législatives et réglementaires du gouvernement des États-Unis. L'entreprise détient 50% du *International Herald Tribune* et 28% de Cowles Media qui publie *Minneapolis Star* et *Tribune*. Elle forme aussi une société en commandite avec American Personnal Communications, qui a développé un système personnel de communications dans la région de Washington, D.C.

À la fin de 1993, WPC était une entreprise de trois milliards de dollars qui générait des ventes annuelles de 1,5 milliard de dollars. Les réalisations de l'entreprise sont particulièrement impressionnantes, quand on considère qu'elle n'avait qu'une seule activité il y a soixante ans : la publication d'un journal.

En 1931, le *Washington Post* était l'un des cinq quotidiens qui menait une concurrence effrénée pour accroître le nombre de ses lecteurs. Deux ans plus tard, le *Post* incapable de payer son papier journal, fut placé sous administration judiciaire. Au cours de l'été, l'entreprise fut vendue aux enchères afin de payer les créanciers. Eugene Meyer, un financier millionnaire, acheta le *Washington Post* pour la somme de 825 000 $. Il supporta le journal durant les deux décennies suivantes jusqu'à le rendre rentable. La direction du journal fut confiée à Philip Graham, un brillant avocat ayant fait ses études à Harvard et qui avait épousé Katherine, la fille de Meyer. En 1954, Phil Graham persuada Meyer d'acheter le *Times Herald*, un journal qui le concurrençait. Plus tard, juste avant sa mort tragique en 1963, Phil Graham avait acheté le magazine *Newsweek* et deux stations de télévision. Tout le crédit du changement du *Washington Post* revient à Phil Graham. Il a transformé le simple quotidien en une entreprise de médias et de communications.

Après la mort de Phil Graham, le contrôle du *Washington Post* fut confié à son épouse, Katherine Graham. Elle se distingua rapidement en faisant face aux problèmes complexes des affaires, bien qu'elle n'eût aucune expérience d'administration dans une société d'importance. Une grande partie de son succès peut être attribué à sa véritable affection pour le *Post*. Elle avait suivi la lutte de son père et de son mari pour garder l'entreprise viable. Katherine Graham réalisa, que pour réussir, l'entreprise aurait besoin d'un décideur et non d'un concierge. «J'ai appris rapidement que les choses ne demeurent pas immobiles, dit-elle, vous êtes obligés d'agir.»[3] Les deux décisions qui eurent un effet marquant sur le *Washington Post* furent l'embauche de Ben Bradlee au poste de directeur de la rédaction et celle de Warren Buffett pour devenir l'un des administrateurs de l'entreprise. Bradlee fut celui qui encouragea Katherine Graham à publier les Pentagon Papers et à poursuivre l'enquête sur l'affaire Watergate. C'est ce qui permit au *Washington Post* d'obtenir une renommée journalistique prestigieuse. Buffett, pour sa part, enseigna à Katherine Graham la façon de diriger une entreprise prospère.

Buffett fit la connaissance de Katherine Graham en 1971. À cette époque, il détenait des actions dans le *New Yorker.* Apprenant que le magazine pourrait être mis en vente, il demanda à Katherine Graham si le *Washington Post* était intéressé à en faire l'acquisition. Buffett fut très impressionné par l'éditrice du *Post,* même si la vente ne s'est jamais matérialisée.

Au cours de cette période, la structure financière du *Post* était prête pour de profonds changements. Selon les modalités de la société établies par Eugene et Agnes Meyer, Katherine et Phil Graham étaient les propriétaires de toutes les actions à droit de vote du *Washington Post.* Après la mort de son époux, Katherine Graham hérita du contrôle de l'entreprise. Au cours des années, Eugene Meyer avait donné des milliers d'actions privées du *Post* à plusieurs centaines d'employés, en reconnaissance de leurs loyaux services. Il finança également le plan de participation aux bénéfices de l'entreprise avec des actions privées. Comme l'entreprise prospérait, la valeur des titres du *Washington Post* grimpa en flèche, de 50 $ l'action dans les années 1950, à 1 154 $ en 1971. La compagnie a maintenu un marché pour les actions afin de préserver le plan de participation aux bénéfices et les intérêts personnels des employés. Cet arrangement s'avéra une utilisation improductive de l'argent de l'entreprise. De plus, les familles Graham et Meyer faisaient face à des impôts excessifs sur les successions.

En 1971, Katherine Graham décida d'introduire Washington Post Company sur le marché boursier, afin de ne plus supporter celui de ses propres actions. Ceci permit aux héritiers de planifier d'une façon plus rentable leur fortune. WPC fut offerte en deux catégories d'actions. Les

titulaires d'actions de classe *A* élurent une majorité au conseil d'administration et ceux de classe *B* élurent une minorité à ce même conseil.
Katherine Graham détenait 50% des actions *A*, lui donnant en réalité le
contrôle de l'entreprise. Au mois de juin 1971, WPC émit 1 354 000
actions de catégorie *B*. Fait étonnant, deux jours plus tard, Katherine
Graham donna la permission à Ben Bradlee de publier les Pentagon Papers,
malgré les menaces du gouvernement.

En 1972, le prix des actions du *Post* augmentèrent régulièrement;
de 24,75 $ en janvier, il passa à 38 $ en décembre. Autant les affaires du
journal s'amélioraient, autant l'humeur de Wall Street s'assombrissait. Au
début de l'année 1973, l'indice industriel Dow Jones commença à
dégringoler. Au printemps, il avait chuté de plus de cent points pour atteindre 921. Le prix des actions du *Washington Post* s'effondrait également.
Peu de temps après, en mai, il était descendu de 14 $ pour atteindre 23 $.
Les courtiers de Wall Street s'activaient autour d'IBM dont les actions en
baissant de 69 $, franchissaient ainsi la moyenne mobile de 200 jours (indi-
cation que l'effondrement était de mauvais augure pour le reste du
marché). Le même mois, l'or franchit le cap du 100 $ US l'once, la Federal
Reserve haussa le taux d'escompte à 6% et le Dow Jones chuta de 18 points
(sa plus grande perte en trois ans). Au mois de juin, le taux d'escompte
augmenta encore et l'indice des valeurs industrielles Dow Jones se
dirigeait sous le niveau de 900 points. Durant tout ce temps, Buffett, sans
faire de bruit, achetait des actions du *Washington Post*. En juin, il avait
acquis 467 150 actions de l'entreprise à un prix moyen de 22,75 $, un achat
d'une valeur de 10 628 000 $ (voir graphique 5.1).

Donald E. Graham, le fils de Phil et Katherine Graham est aujour-
d'hui éditeur, PDG et président du conseil d'administration de WPC. En
1966, Don Graham obtint, avec distinction, un diplôme en histoire anglaise
et en littérature de l'Université Harvard. Il était éditeur du journal, le
*Crimson,* alors qu'il fréquentait l'université. Après l'obtention de son
diplôme, Graham servit deux ans dans l'armée. Devinant qu'un jour il serait
à la tête du *Washington Post*, il décida d'abord de se familiariser avec la ville
de Washington. Il entreprit la démarche inhabituelle de se joindre aux rangs
de la police métropolitaine. Après avoir passé quatre mois à l'académie de

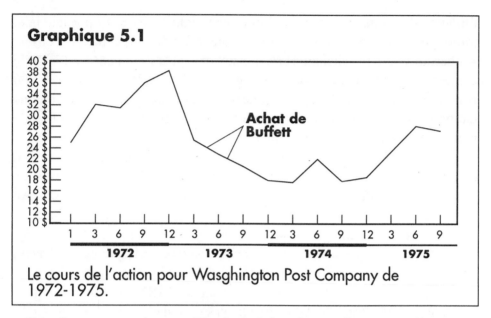

**Graphique 5.1**

Le cours de l'action pour Wasghington Post Company de 1972-1975.

police, il commença à patrouiller à pied dans le neuvième arrondissement. Plus tard en 1971, il devint reporter du même secteur de la capitale pour le *Post*. Il travailla aussi pendant dix mois comme correspondant pour le *Newsweek*, au bureau de Los Angeles. Graham retourna ensuite au *Post* en 1974 et devint directeur adjoint de la rédaction aux sports. C'est au cours de cette année-là qu'il se joignit au conseil d'administration de l'entreprise.

Lorsque Buffett acheta des actions du *Post* en 1973, Katherine Graham fut d'abord décontenancée. Elle trouvait inquiétant qu'une personne étrangère possède autant d'actions du *Post*, même si la famille était majoritaire. Buffett assura Katherine Graham que l'achat de Berkshire était fait dans le but d'investir seulement. Pour l'apaiser, il suggéra qu'une procuration de vote soit donnée à Don Graham pour les actions de Berkshire. L'affaire fut conclue. Katherine Graham répliqua en invitant Buffett à se joindre au conseil d'administration en 1974. Elle le nomma bientôt président du comité des finances.

Le rôle de Buffett au *Washington Post* est largement étayé. Il aida Katherine Graham à persévérer durant les grèves des années 1970. Il donna aussi des leçons d'affaires particulières à Don Graham, l'aidant à comprendre son rôle d'administrateur et ses responsabilités envers les actionnaires. L'influence de Buffett au *Post* peut se détecter dans plusieurs des mesures prises par Katherine et Donald Graham.

Don Graham est manifestement clair en ce qui concerne l'objectif premier de WPC. Il écrit : «Nous continuerons à diriger l'entreprise pour le bénéfice des actionnaires, spécialement pour ceux qui investissent à long terme et dont l'expectative s'étend bien au-delà des résultats trimestriels ou même annuels. Nous ne mesurerons pas notre succès par le montant de nos revenus ou par le nombre d'entreprises que nous dirigeons».[4] Don Graham s'est engagé à toujours «contrôler rigoureusement les coûts» et «à être discipliné dans l'utilisation de notre argent».

## APPLICATION DE DIVERS PRINCIPES POUR WASHINGTON POST COMPANY

### Simple et compréhensible

Le grand-père de Buffett fut propriétaire et éditeur du *Cuming County Democrat*, un hebdomadaire de West Point au Nebraska. Sa grand-mère aidait au journal et faisait la mise en pages à l'imprimerie familiale. Son père était l'éditeur du *Daily Nebraskan*, alors qu'il fréquentait l'Université du Nebraska. Buffett, à un certain moment, fut lui-même directeur du tirage du *Lincoln Journal*. On a souvent dit que si Buffett ne s'était pas lancé en affaires, il aurait sûrement poursuivi une carrière journalistique.

En 1969, Buffett acheta avec son premier journal important, le *Omaha Sun,* un groupe d'hebdomadaires. Buffett a toujours considéré les journaux d'abord et toujours comme des affaires, même s'il respectait le journalisme de haute qualité. Il souhaitait que les profits et non l'influence soient la récompense pour les propriétaires d'un quotidien. Être le propriétaire du *Omaha Sun* lui a appris la dynamique des affaires d'un journal. Après quatre ans d'expérience à en diriger un, il acheta sa première action du *Washington Post*.

## Performance historique constante

Buffett raconte aux actionnaires de Berkshire que c'est à l'âge de treize ans qu'il a eu son premier contact d'affaires avec Washington Post Company. Alors que son père siégeait au Congrès de Washington, il faisait la livraison à domicile du *Washington Post* ainsi que du *Times Herald*. Buffett se plaît à rappeler, lorsqu'il distribuait les deux journaux à domicile, qu'il voyait déjà la fusion de ces deux quotidiens, longtemps avant l'achat du *Times-Herald* par Phil Graham.

Manifestement, Buffett connaissait la riche histoire du journal. Déjà, il considérait le magazine *Newsweek* comme une affaire sans surprise. Il découvrit rapidement la valeur des stations de télévision de la compagnie. WPC affichait depuis des années une brillante performance dans le secteur des médias. Son expérience personnelle avec la compagnie et les réussites de cette dernière l'amenèrent à croire que c'était une affaire solide et constante.

## Perspectives favorables à long terme

Buffett écrivait en 1984 que «les aspects financiers d'un journal éminent sont excellents. Ils sont parmi les meilleurs du monde».[5] Grosso modo, des 1 700 journaux des États-Unis, environ 1 600 opèrent sans aucune concurrence. Il a noté que les propriétaires de journaux se plaisent à croire que les profits exceptionnels gagnés chaque année sont le résultat de la qualité journalistique de leurs publications. La vérité, dit Buffett, est que même un journal de troisième ordre peut générer des profits adéquats s'il est le seul en ville. Un journal de qualité supérieure atteindra, bien entendu, un taux de pénétration plus élevé. Même un journal de qualité médiocre, explique-t-il, est essentiel à une communauté pour sa qualité de tableau d'affichage. Chaque établissement commercial de la ville, chaque personne qui a une maison à vendre, chaque individu qui a un message à faire parvenir à la communauté a besoin de la distribution d'un journal pour le faire. Buffett croyait, tout comme Lord Thomson, qu'être propriétaire d'un journal correspondait à percevoir une redevance de tous les commerces qui voulaient faire de la publicité.

Buffet le signale, en plus de leur caractère de «franchises», les journaux possèdent un achalandage économique appréciable. Ils ont un besoin peu élevé de capital et les ventes peuvent aussi se traduire facilement par des profits. Leurs dépenses sont rapidement remboursées par les charges amoindries des salaires fixes, même s'ils installent des presses typographiques coûteuses assistées par ordinateurs et des systèmes électroniques dans la salle des nouvelles. Les prix des journaux peuvent augmenter assez facilement et générer ainsi des rendements supérieurs à la moyenne sur le capital investi. De cette façon, ils réduisent les effets néfastes de l'inflation. Buffett croit qu'un journal distinctif pourrait doubler son prix, comme l'a fait *USA Today* et malgré cela conserver 90% de ses lecteurs.

### Déterminer la valeur

En 1973, la valeur marchande totale de WPC était de 80 millions de dollars. Buffett prétend cependant que «la majorité des analystes financiers, des courtiers et des directeurs médiatiques auraient estimé sa valeur intrinsèque entre 400 et 500 millions de dollars».[6] Comment Buffett est-il arrivé à cette évaluation? En utilisant son raisonnement, regardons de plus près les calculs.

Nous débuterons en calculant les «bénéfices du propriétaire» (voir chapitre 4) pour cette année-là. Le profit (13,3 millions ) plus la dépréciation et l'amortissement (3,7 millions ) moins les dépenses en immobilisations (6,6 millions ) donnent, en 1973, des bénéfices totaux de 10,4 millions de dollars. Si nous divisons ces bénéfices par le rendement à longue échéance des obligations du gouvernement des États-Unis (6,81%), la valeur de WPC atteint 150 millions de dollars. C'est presque le double de la valeur marchande de l'entreprise, mais de beaucoup inférieur à l'appréciation de Buffett.

Buffett nous dit, qu'au fil des ans, les mises de fonds d'un journal égaleront les frais de dépréciation et d'amortissement. Le profit net devrait ainsi approcher les bénéfices des actionnaires. Sachant ceci, nous pouvons simplement diviser le profit net par le taux sans risque et atteindre de cette façon une évaluation de 196 millions de dollars.

Dans cette hypothèse, l'augmentation des bénéfices-propriétaire égalera la hausse de l'inflation. Nous savons que les journaux ont le pouvoir de fixer les prix, car la plupart sont des monopoles dans leur communauté. Ils peuvent augmenter leurs prix à des taux plus élevés que ceux de l'inflation. Si, comme dernière supposition, le *Washington Post* avait la capacité d'augmenter les prix de 3% après l'inflation, la valeur de l'entreprise se situerait aux environs de 350 millions de dollars. Buffett savait également que les marges avant impôts de 10% de la compagnie étaient sous ses marges moyennes historiques de 15%. Il savait aussi que Katherine Graham était déterminée à ce que le *Post* atteigne encore une fois ces marges. Si celles-ci avant impôts s'amélioraient jusqu'à 15%, la valeur actuelle de la compagnie augmenterait de 135 millions et amènerait la valeur intrinsèque totale de la compagnie à 485 millions de dollars.

## Acheter à des prix intéressants

Les calculs les plus prudents de la valeur de l'entreprise dénotent que Buffett acheta WPC pour moins de la moitié de sa valeur intrinsèque. Il affirme qu'il a obtenu l'entreprise pour moins du quart de sa valeur. De toute façon, il est évident qu'il a acquis l'entreprise à un escompte significatif par rapport à sa valeur présente. Buffett a appliqué le précepte suivant de Ben Graham : acheter à un prix escompté et créer ainsi une marge de sécurité.

## Rendement de l'avoir

Lorsque Buffett acheta des actions dans le *Washington Post* son taux de rendement était de 15,7%. C'était la moyenne de rentabilité des capitaux investis pour la plupart des journaux. Elle était légèrement supérieure au rendement moyen de l'avoir pour l'indice industriel Standard & Poor's. En moins de cinq ans, le taux de rendement du *Post* doubla. À ce moment-là, il était deux fois plus élevé que celui du S&P industriel et 50% plus élevé que celui des journaux moyens. Au cours des dix années suivantes, le Post maintint sa suprématie atteignant en 1988, un sommet de 36,3% de rendement sur les fonds propres.

Ces rendements supérieurs à la moyenne sont plus impressionnants, quand on sait que la compagnie a réduit délibérément sa dette au cours du temps. En 1973, la dette à long terme de 37,2% de l'avoir des actionnaires était le deuxième plus haut ratio dans le groupe des journaux. Katherine Graham, avant 1978, avait admirablement réussi à réduire la dette de la compagnie de 70%. En 1983, l'endettement à long terme par rapport à l'avoir était à un niveau de 2,7%, soit un dixième de la moyenne du groupe des journaux. Néanmoins le *Post* généra un rendement de l'avoir de 10% plus élevé que ces mêmes compagnies. En 1986, après avoir investi dans des réseaux de téléphonie cellulaire et avoir acheté les cinquante-trois réseaux de câblodistribution de Capital Cities, la dette de 336 millions de dollars était à un niveau anormalement élevée. En moins d'un an, elle fut réduite à 155 millions. En 1992, la dette à long terme de la compagnie était de 51 millions de dollars, soit 5,5% de l'avoir, comparée à la moyenne de 42,7% pour l'industrie.

## Les marges bénéficiaires

Six mois après que WPC fut introduite en bourse, Katherine Graham rencontra les analystes financiers de Wall Street. Elle leur expliqua que la première chose à faire était de maximiser les profits des activités actuelles de la compagnie. Ceux-ci avaient continué à grimper dans les stations de télévision et à *Newsweek*, mais la rentabilité du journal restait stable. La cause principale, affirmait Mme Graham, étaient les coûts élevés de production, notamment les salaires. Après que le *Post* eut acheté le *Times-Herald*, les profits de la compagnie grimpèrent. Chaque fois que les syndicats ouvriers ont déclenché la grève au journal (1949, 1958, 1966, 1968 et 1969), la direction choisissait de payer les augmentations salariales plutôt que de risquer la fermeture du journal. À cette époque, Washington, D.C. ne possédait que trois quotidiens. Entre les années 1950 et 1960, les augmentations de salaires neutralisaient les profits. Mme Graham assura aux analystes que ce problème serait résolu.

Au moment où les ententes syndicales prenaient fin, au cours des années 1970, Mme Graham embaucha des négociateurs. Ceux-ci adoptèrent une politique intransigeante envers les syndicats. En 1974, la compagnie étouffa une grève du Newspaper Guild et, après de longues négociations, les typographes acceptèrent un nouveau contrat.

L'attitude inflexible de Mme Graham, concernant les contrats de travail, conduisit à une situation critique au cours de la grève des journalistes en 1975. Dès le début, l'affrontement fut violent et laissa des traces amères. Les journalistes saccagèrent la salle de presse et ils perdirent la sympathie qu'on avait pour leur cause. La direction fit fonctionner les presses. Des membres de la corporation et du syndicat des imprimeurs traversèrent alors les piquets de grève. Après quatre mois, la direction l'emportait : Mme Graham annonça que la compagnie engageait des imprimeurs non syndiqués.

Au début des années 1970, la presse financière écrivait : «Le mieux que l'on puisse dire au sujet de la performance de Washington Post Company est qu'elle mérite un honorable C en rentabilité».[7] En 1973, les marges avant impôts étaient de 10,8%, donc inférieures aux marges historiques de 15% que la compagnie avait obtenues dans les années 1960. Le *Post* prospéra, après avoir négocié à nouveau les ententes syndicales. Les marges bénéficiaires grimpèrent en 1978 à 19,3%, soit une amélioration de 80% en moins de cinq ans. Buffett avait gagné son pari. En 1988, les marges avant impôts du *Post* atteignirent un taux de 31,8%, ce qui se comparait favorablement à la moyenne de 16,9% du groupe des journaux et aux marges de 8,6% de l'indice industriel Standard & Poor's. Elles ont chuté un peu au début des années 1990, mais elles demeurent beaucoup plus élevées que la moyenne de l'industrie.

## La rationalité

WPC génère des fonds importants pour ses propriétaires. Comme elle procure plus d'argent qu'elle en réinvestit dans ses activités primaires, sa direction se retrouve en face de deux choix rationnels. Ceux-ci sont : rendre l'argent aux actionnaires ou l'investir fructueusement dans de nouvelles entreprises. Buffet préfère que les entreprises retournent les bénéfices excédentaires aux actionnaires. WPC fut la première entreprise de journaux à racheter ses actions en grande quantité, alors que Katherine Graham était présidente. Entre 1975 et 1991, l'entreprise acheta 43% de ses actions à un prix moyen de 60 $ par action (voir graphique 5.2).

Une société peut aussi choisir de rendre l'argent aux actionnaires en augmentant les dividendes. En 1990, confrontée à des réserves considérables

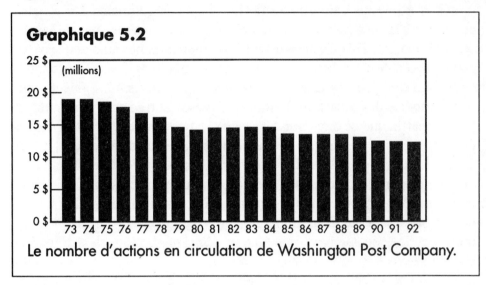

**Graphique 5.2**

(millions)

73 74 75 76 77 78 79 80 81 82 83 84 85 86 87 88 89 90 91 92

Le nombre d'actions en circulation de Washington Post Company.

d'argent, WPC vota une augmentation des dividendes annuels à ses action-naires de 1,84 à 4 $, soit une majoration de 117%. (voir graphique 5.3).

En plus de retourner les fonds excédentaires à ses actionnaires, WPC fit l'acquisition de plusieurs entreprises rentables. En 1986, elle

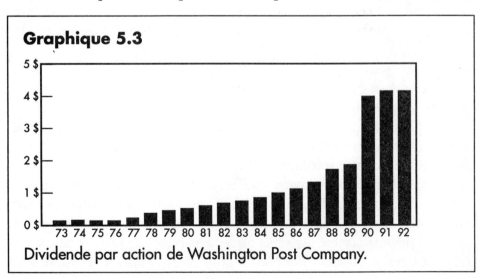

**Graphique 5.3**

73 74 75 76 77 78 79 80 81 82 83 84 85 86 87 88 89 90 91 92

Dividende par action de Washington Post Company.

acheta les actifs de câblodistribution de Capital Cities, permettant ainsi à cette dernière d'acquérir ABC Television-Network. Le *Post* fut aussi un des premiers à investir dans l'industrie du téléphone cellulaire. De plus, au cours de 1993, la compagnie acheta deux stations de télévision au Texas.

Le but de Don Graham est de multiplier ses fonds autogénérés à des coûts favorables. Sachant qu'il y a d'innombrables sociétés à vendre, Graham développa des principes directeurs spécifiques qui l'aident à dire «non» lorsque des occasions d'affaires se présentent, ce qui est plus important, admet-il, que de dire «oui». Il recherche une affaire «qui est sans compétition, qui ne requiert pas de mises de fonds considérables et qui peut fixer raisonnablement les prix.» De plus, il ajoute : «Nous avons une forte préférence pour les entreprises que nous connaissons et, si on nous donne le choix, il est plus probable que nous misions sur une poignée de bonnes entreprises plutôt que d'éparpiller nos investissements.»[8] L'approche d'acquisition de Don Graham imite la stratégie de Buffett chez Berkshire Hathaway.

Au début des années 1990, la dynamique des affaires journalistiques changea. En 1990, la récession qui frappait le pays fut particulièrement sévère dans la région du Mid-Atlantique. Les ventes et les rendements du *Washington Post* déclinèrent grandement. De l'aveu général, Buffett fut surpris par les effets néfastes sur le *Buffalo News* et le *Washington Post* de ce début de récession. Il se demandait si cette baisse faisait partie d'un cycle économique prévisible ou si elle représentait un changement quelconque plus menaçant dans les affaires journalistiques.

Les journaux, selon Buffett, demeureraient des entreprises supérieures à la moyenne si on les comparait à l'industrie américaine en général. Par contre, ni lui ni aucun analyste des médias n'avaient prévu la chute de la rentabilité future. En effet, les journaux avaient perdu leur pouvoir de fixer les prix à leur guise. Au cours des années précédentes, chaque fois que l'économie ralentissait et que les publicitaires coupaient leurs dépenses, les journaux pouvaient conserver leur rentabilité en augmentant les tarifs de la publicité. Aujourd'hui, les journaux ne sont plus des monopoles. Les publicitaires ont trouvé des moyens moins chers de joindre leur clientèle : la télévision par câble, le publipostage et les encarts dans les journaux. On dépense plus pour la publicité, mais la prépondérance des journaux en tant que vendeurs de publicité a diminué.

En 1991, Buffett était convaincu que l'évolution dans la rentabilité des journaux était un changement durable à long terme aussi bien qu'un mouvement temporaire. «En réalité, les journaux, la télévision et les périodiques ont commencé à ressembler à des entreprises ordinaires plutôt qu'à des «franchises» dans leur comportement économique», avoua-t-il.[9] Les transformations cycliques font du tort aux bénéfices à court terme, mais ne réduisent pas la valeur intrinsèque de l'entreprise. Les changements à long terme réduisent les bénéfices de même que la valeur intrinsèque. Cependant, la modification dans la valeur intrinsèque de WPC, selon Buffett, fut modérée si on la compare aux autres entreprises médiatiques. Il y avait deux raisons. La première, la dette à long terme de 50 millions de dollars du Post fut largement compensée par son avoir de 400 millions de dollars. Le Washington Post est le seul journal coté à la bourse qui est pratiquement libre de dettes. «En conséquence, la diminution de la valeur des actifs, ne fut pas accentuée par l'effet de levier», dit Buffett.[10] La deuxième raison est que WPC fut exceptionnellement bien administrée.

## Le concept du «un dollar»

Le but de Buffett est de sélectionner des sociétés dans lesquelles chaque dollar de bénéfice non réparti est traduit au moins par un dollar de valeur marchande. Un test peut rapidement identifier les titres dont les dirigeants furent capables d'optimiser, au cours du temps, l'investissement du capital de leurs entreprises. Si les bénéfices non distribués sont investis dans la compagnie et qu'ils produisent un rendement supérieur à la moyenne, ce sera la preuve de l'augmentation proportionnelle de sa valeur marchande.

De 1973 à 1992, WPC rapporta 1,755 milliard de dollars de profits à ses propriétaires. L'entreprise paya 299 millions à ses actionnaires et conserva 1,456 milliard de dollars pour réinvestir dans la compagnie. En 1973, la valeur marchande totale de WPC était de 80 millions de dollars. Depuis ce temps, cette valeur a crû jusqu'à 2,71 milliards de dollars (voir tableau 5.1). La différence dans la valeur marchande de 1973 à 1992 fut de 2,630 milliards de dollars. Durant ces vingt ans, pour chaque dollar non distribué, WPC créa 1,81 $ en valeur marchande pour ses actionnaires.

# Les stratégies de Warren Buffett

## Sommaire

Buffett affirme que même les journaux de troisième catégorie peuvent rapporter d'importants profits. La direction doit se dicter de hautes normes de qualité puisque le marché ne l'exige pas de la part des journaux. Ce sont les normes élevées et les compétences de la direction qui peuvent faire la différence dans les rendements d'une compagnie lorsqu'on la compare à ses semblables. En 1973, si Buffett avait investi les mêmes 10 millions de dollars dans Gannett, Knight-Rider, New York Times ou Times Mirror que dans WPC, il aurait obtenu des rendements supérieurs à la moyenne (voir graphique 5.4). Ils auraient reflété les aspects économiques exceptionnels des entreprises journalistiques durant cette période. Toutefois, les 200 à 300 millions de dollars en sus de la valeur marchande que WPC gagna par rapport à ses pairs, note Buffett, «ont été obtenus en très grande partie, grâce aux décisions supérieures prises par Kay (Katherine Graham), contrairement à celles prises par les dirigeants de la grande majorité des autres entreprises de médias».[11] Katherine Graham eut l'intelligence de racheter beaucoup d'actions de WPC à des prix compétitifs. Elle eut aussi le courage d'affronter les syndicats ouvriers, de réduire les dépenses et d'augmenter la valeur commerciale du journal.

Au cours des années, les investisseurs ont démontré un bon discernement en achetant des actions dans WPC, faisant monter leurs prix plus près de la valeur intrinsèque de la compagnie. Buffett estime que Berkshire a reçu une triple «récompense» de ses investissements dans WPC. D'abord, les activités de l'entreprise médiatique montèrent en flèche pendant les vingt dernières années. De plus, l'escompte de la valeur intrinsèque de la compagnie diminua. La valeur des actions augmenta plus vite à cause des rachats d'actions. En résumé, la hausse du prix de l'action devança celle de la valeur intrinsèque de la compagnie.

En 1985, la valeur marchande de WPC étant de 1,5 milliard de dollars, Buffett était conscient que l'augmentation de la valeur par action de l'entreprise ne pouvait pas égaler ses taux de croissance antérieurs. Aujourd'hui, à près de 3 milliards de dollars en valeur marchande, ceci est encore plus vrai. Alors que les entreprises de médias perdent leurs caractéristiques de soi-disant franchises, les décisions administratives doivent

**Tableau 5.1**
Variation dans la valeur boursière de Washington Post Company
(chiffres en millions de $ US)

| | Profit net | Paiement de dividendes | Bénéfices non répartis | Valeur boursière |
|---|---|---|---|---|
| 1973 | 13,3 | 1,9 | 11,4 | 80,8 |
| 1974 | 14,4 | 2,4 | 12,0 | 81,3 |
| 1975 | 12,0 | 2,4 | 9,6 | 100,3 |
| 1976 | 24,5 | 2,2 | 22,3 | 219,8 |
| 1977 | 35,5 | 3,0 | 32,5 | 291,9 |
| 1978 | 49,7 | 4,8 | 44,9 | 369,9 |
| 1979 | 43,0 | 5,6 | 37,4 | 299,3 |
| 1980 | 34,3 | 6,2 | 28,1 | 316,3 |
| 1981 | 32,7 | 7,0 | 25,7 | 441,3 |
| 1982 | 52,4 | 7,9 | 44,5 | 780,8 |
| 1983 | 68,4 | 9,4 | 59,0 | 1038,0 |
| 1984 | 85,9 | 11,2 | 74,7 | 1122,6 |
| 1985 | 114,3 | 12,9 | 101,4 | 1522,6 |
| 1986 | 100,2 | 14,4 | 85,8 | 2000,9 |
| 1987 | 186,7 | 16,4 | 170,3 | 2402,0 |
| 1988 | 269,1 | 20,1 | 249,0 | 2710,9 |
| 1989 | 197,9 | 23,5 | 174,4 | 3515,1 |
| 1990 | 174,6 | 48,5 | 126,1 | 2348,5 |
| 1991 | 118,7 | 49,9 | 68,8 | 2301,3 |
| 1992 | 127,8 | 49,7 | 78,1 | 2710,6 |

Notes : Total des bénéfices non répartis de 1973-1993 égalant 1 456 $.
Changement dans la valeur marchande de 1973-1992 égalant 2 629,80 $.
Pour chaque dollar de bénéfices non répartis, 1,81 $ furent créés en valeur marchande.

les distinguer des autres qui vont de l'avant. C'est une chance pour les actionnaires de Washington Post Company, que Katherine Graham ait bien consolidé la situation de l'entreprise. En fait, cette entreprise n'a pas de dettes et a des antécédents de contrôles vigoureux des coûts. De plus, la compagnie est consciente de ses responsabilités envers ses actionnaires. Ces caractéristiques distingueront WPC alors qu'elle intervient dans un monde d'affaires plus difficile.

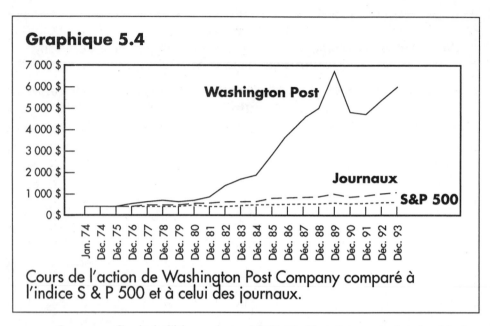

**Graphique 5.4**

Cours de l'action de Washington Post Company comparé à l'indice S & P 500 et à celui des journaux.

Lorsque Capital Cities acheta ABC, Buffett fut contraint de démissionner du conseil d'administration de WPC. Huit ans plus tard, son influence imprègne toujours fermement la philosophie de la direction et des propriétaires de l'entreprise.

### GEICO CORPORATION

GEICO Corporation est une société d'assurances dont les filiales sont des assureurs IARD (incendies, accidents, risques divers). La plus importante des filiales, Government Employees Insurance Company (GEICO), émet des polices d'assurance automobile à risques privilégiés pour les employés gouvernementaux et pour le personnel militaire. La compagnie émet également des polices IARD aux propriétaires de résidences ainsi que d'autres polices d'assurance pour des demandeurs qualifiés. Une autre filiale, GEICO General Insurance Company, émet des polices d'assurance pour les passagers de véhicules privés. Aujourd'hui, elle est le huitième plus important dans ce secteur au pays.

GEICO fut fondée en 1936 par Leo Goodwin, un comptable dans le domaine de l'assurance.[12] L'idée de Goodwin était de former une société qui assurerait seulement les conducteurs à risques privilégiés et de vendre cette assurance directement par la poste. Goodwin avait découvert que les employés gouvernementaux, comme groupe, avaient moins d'accidents que la population en général. Il savait également qu'en vendant les polices d'assurance directement aux conducteurs, la compagnie pouvait éliminer les frais généraux associés aux agents d'assurance. Ces frais coûtaient précisément entre 10 et 25% pour chaque dollar perçu en prime. Goodwin calcula qu'il ouvrirait un marché lucratif s'il parvenait à identifier les conducteurs prudents. Il ferait ainsi bénéficier les assurés des économies réalisées en leur émettant directement les polices d'assurance.

Goodwin invita un banquier de Fort Worth, au Texas, un dénommé Cleaves Rhea, à devenir son associé. Il investit 25 000 $ et possédait ainsi 25% des actions. L'investissement de Rhea fut de 75 000 $, il eut donc droit à 75% des actions de GEICO. En 1948, la compagnie fut transférée du Texas à Washington, D.C. Cette année-là, la famille Rhea décida de vendre ses intérêts dans la compagnie. Rhea utilisa les services de Lorimer Davidson, un courtier en obligations de Baltimore, pour l'assister dans la liquidation de ses valeurs. À son tour, Davidson recruta David Kreeger, un avocat de Washington, pour l'aider à trouver des acquéreurs. Ce fut Kreeger qui approcha la Graham-Newman Corporation. Ben Graham décida d'acheter la moitié des actions de Rhea pour la somme de 720 000 $. L'autre moitié des participations de Rhea fut achetée par Kreeger et par les associés de Davidson à Baltimore. La Commission des Opérations de Bourse (COB) força Graham-Newman à limiter ses actions dans GEICO à 10 % de la valeur de la compagnie d'assurance, car c'était un fonds de placement. En conséquence, Graham dut distribuer les actions de GEICO aux associés du fonds. Plusieurs années plus tard, lorsque la compagnie devint milliardaire, les actions personnelles de Graham furent évaluées à plusieurs millions de dollars.

Lorimer Davidson, à l'invitation de Goodwin, se joignit à l'équipe de direction de GEICO. Il en devint le président en 1958 et la dirigea jusqu'à 1970. Durant cette période, le conseil d'administration de GEICO étendit l'admissibilité de l'assurance automobile aux professionnels, aux cadres, aux techniciens et aux administrateurs. Son marché d'assurances englobait maintenant 50% de tous les propriétaires d'automobile par rapport aux 15% d'antan. La nouvelle stratégie fut un succès. Les profits d'assurance grimpèrent en flèche, car le nouveau groupe d'assurés était des conducteurs aussi prudents que les employés gouvernementaux.

Ce furent les années d'or de la compagnie. Entre 1960 et 1970, les vérificateurs d'assurance furent hypnotisés par le succès de GEICO et les actionnaires virent le prix de leurs titres augmenter de façon vertigineuse. Le ratio prime/surplus de la compagnie dépassa 5:1. Ce ratio mesure le risque qu'une société prend (primes émises) comparé au surplus des détenteurs de police (capital servant à payer les réclamations). Traditionnellement, ce ratio n'excède pas 3:1. La société GEICO obtint la permission de dépasser le ratio moyen de l'industrie parce que les vérificateurs d'assurance furent grandement impressionnés par ses résultats.

Vers la fin des années 1960, les ressources de GEICO commencèrent à diminuer. En 1969, un rapport de la société souligne qu'elle avait mésestimé ses réserves de 10 millions pour cette année-là. Au lieu de gagner 2,5 millions de dollars, la société, en fait, afficha une moins-value. La correction des revenus fut effectuée l'année suivante, mais la société minimisa encore les réserves, cette fois de 25 millions. Les bénéfices d'exploitation pour l'année 1970 révélèrent ainsi une perte plutôt désastreuse.

Les revenus qu'une compagnie d'assurances reçoit de ses détenteurs de police sont appelés des primes acquises. À partir de ces primes, la compagnie promet de fournir une garantie aux automobilistes durant l'année. Les coûts pour une compagnie d'assurance comprennent les pertes assurées (les réclamations demandées par le conducteur) et les montants attribués aux pertes (le coût administratif pour régler une demande d'indemnité). La somme totale de ces coûts doit refléter non seulement les paiements effectués durant l'année, mais estimer aussi les réclamations futures. À leur tour, les estimations sont divisées en deux catégories : «les coûts des réclamations et des dépenses» que la compagnie prévoit payer durant l'année et «les réserves d'ajustement». Ces réserves sont les sommes mises de côté afin de couvrir les provisions sous-estimées des années précédentes. Pour cause de litiges, certaines réclamations ne seront pas réglées avant plusieurs années. Ceci entraîne souvent des paiements substantiels pour les frais légaux et médicaux. Ce fut problématique pour GEICO. Elle devait assumer, non seulement l'émission de polices d'assurance, créant ainsi des pertes d'exploitation, mais aussi la sous-évaluation de ses réserves antérieures.

En 1970, Davidson prit sa retraite et fut remplacé par David Kreeger, l'avocat de Washington. La direction de la société revint à Norman Gidden qui fut aussi président et directeur général. Ce qui s'est produit par la suite laisse croire que GEICO a tenté de se sortir du fouillis créé en 1969 et 1970. Entre 1970 et 1974, le nombre de nouvelles polices d'assurance automobile avait augmenté à un taux annuel de 11%, comparé à la moyenne de 7% obtenue entre 1965 et 1970. De plus, en 1972, la société entreprit un programme ambitieux et onéreux de décentralisation qui lui demanda d'effectuer d'importants investissements en biens immeubles, en équipements informatiques et en personnel.

L'année suivante (1973), faisant face à une compétition redoutable, la société abaissa ses normes d'admissibilité et augmenta ses parts du marché. Pour la première fois, les conducteurs d'automobiles assurés par GEICO comprenaient le groupe des travailleurs manuels ainsi que des conducteurs de moins de 21 ans. Ces deux catégories étaient considérées à risque dans l'histoire de la conduite automobile. Deux changements stratégiques, soit le projet d'expansion de la société et l'idée d'assurer un plus grand nombre d'automobilistes, arrivèrent au même moment que l'abolition du contrôle des prix dans le pays. Peu de temps après, les coûts de la réparation automobile et des soins médicaux explosèrent.

Les pertes d'exploitation de GEICO ont commencé à apparaître au quatrième trimestre de 1974. Pour cette seule année, la société afficha des pertes de six millions de dollars, pour la première fois en 28 ans. Étonnamment, le ratio prime/surplus de cette année-là fut de 5:1. Malgré tout, la société poursuivit son expansion. À la fin du deuxième trimestre de 1975, GEICO rapporta plus de pertes et annonça qu'elle éliminait le dividende de 0,80 $ de la société. Gidden engagea la firme de consultants Milliman & Robertson afin qu'elle fasse des recommandations à la compagnie sur les moyens à prendre pour renverser la tendance. Les résultats de l'étude ne furent pas encourageants. Ils démontrèrent que la compagnie était à court de fonds de 35 à 70 millions de dollars et qu'elle aurait besoin d'une injection de capitaux pour demeurer viable. Le conseil d'administration accepta les résultats de l'étude de Milliman & Robertson et en fit l'annonce à ses actionnaires. De plus, il projeta que les pertes d'exploitation, pour l'année 1975, approcheraient un montant effarant de 140 millions de dollars (le résultat réel fut de 126 millions). Les actionnaires et les organismes de réglementation furent stupéfaits.

En 1972, le prix de l'action de GEICO atteignit un niveau record de 61 $ (voir graphique 5.5). Au cours de 1973, le prix des actions chuta de moitié et, en 1974, il baissa encore plus pour aboutir à 10 $. En 1975, lorsque le conseil d'administration annonça les pertes prévues, le prix des actions tomba à 7 $. Plusieurs actionnaires, criant à la fraude, entamèrent des recours collectifs contre la compagnie. Les cadres supérieurs de GEICO blâmèrent, pour les malheurs de la compagnie, l'inflation de même que les coûts exorbitants des frais légaux et médicaux. Cependant, tous les assureurs devaient affronter ces difficultés. Le problème de GEICO venait du fait que la compagnie s'était éloignée de ses réussites traditionnelles en assurant des conducteurs autres que les prudents. De plus, elle ne vérifiait plus les dépenses corporatives. Ses prévisions antérieures de pertes étaient inadéquates pour couvrir les nouvelles et innombrables réclamations, alors qu'elle augmentait sa liste de conducteurs assurés. Au moment où la compagnie sous-estimait ses pertes assurées, elle augmentait simultanément ses frais fixes.

À l'assemblée annuelle de GEICO en mars 1976, Gidden confessa qu'un autre président aurait peut-être mieux pris en mains les problèmes de la société. Il annonça que le conseil d'administration avait nommé un comité dans le but de rechercher une nouvelle équipe de gestion. Le prix des actions de GEICO faiblissait encore. Il était maintenant à 5 $ et continuait sa chute vertigineuse.[13]

À la suite de l'assemblée annuelle de 1976, GEICO annonça que John J. Byrne, âgé de quarante-trois ans, directeur en marketing de la Traveler's Corporation, deviendrait le nouveau président de GEICO. Peu après cette nomination, la compagnie annonça une offre d'actions privilégiées de 76 millions de dollars pour renflouer son capital. Les actionnaires avaient perdu espoir et le cours des actions descendit à 2 $. Durant cette période, Buffett, tranquillement et sans relâche, acheta des actions dans GEICO. Il investit 4,1 millions de dollars, alors que la compagnie se trouvait à deux doigts de la faillite, accumulant ainsi 1 294 308 actions à un prix moyen de 3,18 $ chacune.

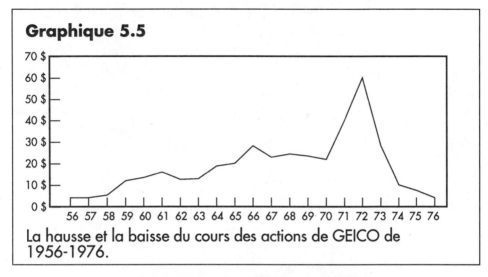

**Graphique 5.5**

La hausse et la baisse du cours des actions de GEICO de 1956-1976.

## APPLICATION DE DIVERS PRINCIPES POUR GEICO CORPORATION

### Simple et compréhensible

Étudiant à l'université Columbia en 1950, Buffett avait remarqué que son professeur Ben Graham était l'un des administrateurs de GEICO. Sa curiosité fut éveillée et Buffett décida de se rendre à Washington D.C., pendant un week-end, pour visiter la compagnie. Le samedi, il frappa donc à la porte de celle-ci. Il y fut admis par un gardien qui le conduisit vers le seul dirigeant se trouvant au bureau cette journée-là, Lorimer Davidson. Buffett avait plusieurs questions à formuler et Davidson passa les cinq heures suivantes à l'instruire sur les mérites de GEICO. Philip Fisher aurait vraiment été impressionné.

Plus tard, lorsque Buffett est retourné à Omaha et à la firme de courtage de son père, il recommanda l'achat d'actions de GEICO aux clients. Il y investit lui-même 10 000 $, environ les deux tiers de son avoir personnel net. Plusieurs investisseurs repoussèrent les recommandations de Buffett. Même les agents d'assurances d'Omaha se plaignirent à Howard Buffett que son fils faisait la promotion d'une compagnie d'assurances «sans agent». Frustré, Buffett vendit ses parts dans GEICO un an plus tard, avec 50% de profit. Il n'acheta plus d'actions de la compagnie avant 1976.

Sans se laisser intimider, Buffett continua de recommander des titres d'assurance à ses clients. Il acheta Kansas City Life autour de trois fois ses profits. Il était propriétaire de Massachusetts Indemnity & Life Insurance Company qui faisait partie du portefeuille de titres de Berkshire Hathaway. En 1967, il acheta une participation majoritaire dans National Indemnity. Jack Ringwalt instruisit Buffett, durant les dix ans suivants, sur la façon de diriger une compagnie d'assurance. Cette expérience, plus que n'importe quelle autre, aida Buffett à comprendre comment une compagnie d'assurance pouvait faire de l'argent. Cet apprentissage donna confiance à Buffett pour acheter GEICO, en dépit de la situation financière chancelante de la compagnie.

En plus d'un investissement de 4,1 millions de dollars dans des actions ordinaires de Berkshire, Buffett investit aussi une somme de 19,4 millions de dollars dans les émissions d'actions privilégiées convertibles de GEICO. Ceci ajouta du capital pour la compagnie. Deux ans plus tard, il convertit ces actions privilégiées en actions ordinaires et, en 1980, il prit un autre montant de 19 millions de dollars, des fonds de Berkshire, pour l'investir dans la compagnie. Entre 1976 et 1980, Berkshire a investi un total de 47 millions de dollars, achetant 7,2 millions d'actions de GEICO à un prix moyen de 6,67 $ l'action. Berkshire était maintenant propriétaire à 33% de la compagnie. En 1980, l'investissement de Berkshire avait progressé de 123%. Il valait alors 105 millions de dollars et devint le plus important titre de Buffett.

### Performance historique constante

Notre première réaction pourrait bien être de prétendre que Buffett dérogea à son principe de constance. Les opérations de GEICO en 1975 et 1976, étaient loin de la stabilité. Lorsque Byrne devint président de GEICO, son travail fut de renverser la situation, et «les revirements» dit Buffett, fonctionnent rarement. Alors, comment pouvons-nous expliquer l'achat de GEICO par Berkshire?

Il apparaît d'abord que cette manoeuvre allait être une exception. Byrne réussit à redresser la compagnie et à la positionner pour qu'elle redevienne concurrentielle. «Le plus important, GEICO n'était pas en phase terminale, seulement blessée», ajoutait Buffett. De plus, sur le marché, il existait encore des conducteurs prudents pouvant être assurés à des taux qui apporteraient des bénéfices pour la compagnie. GEICO pourrait toujours devancer ses compétiteurs sur les prix de base. Pendant des décennies, elle généra des profits importants pour ses propriétaires en tirant parti de ses forces concurrentielles. Cette potentialité était encore en place selon Buffett. Les difficultés de GEICO durant les années 1970 n'avaient rien à voir avec un affaiblissement de sa «franchise» d'assurance. La compagnie fut plutôt détournée de son but à cause de ses problèmes d'exploitation et de finances. Les qualités de «franchise» d'assurance à bon marché et sans agents de GEICO étaient encore intactes et valaient encore beaucoup d'argent même sans valeur nette.

### Perspectives favorables à long terme

Bien que l'assurance automobile en général soit un produit de «commodity», Buffett dit que ce genre d'entreprise peut faire de l'argent, si elle tire un avantage durable et considérable des frais d'exploitation. Cette description s'applique pertinemment à GEICO. Nous savons également que la direction est un facteur déterminant dans une telle entreprise. La direction de GEICO a démontré, depuis son acquisition par Berkshire, qu'elle possède aussi un avantage compétitif.

### L'honnêteté

Lorsque John (Jack) Byrne prit la direction de GEICO en 1976, il a convaincu les organismes de réglementation d'assurance autant que ses compétiteurs que, si elle faisait faillite, toute l'industrie s'en ressentirait. Son plan pour maintenir la compagnie incluait une augmentation du capital, un accord avec d'autres compagnies pour réassurer une partie des affaires de GEICO et une coupure sévère des coûts. «L'opération d'amorçage», comme le mentionnait Byrne, était le plan de bataille destiné à ramener la compagnie sur la voie de la rentabilité.

Pendant la première année, Byrne ferma 100 bureaux. La société passa de 7 000 à 4 000 employés et rendit sa licence d'assurance du New

Jersey et du Massachusetts. Byrne signala aux organismes de réglementation du New Jersey qu'il ne renouvellerait pas 250 000 polices d'assurance dans cet État, car elles lui coûtaient 30 millions de dollars par année. Il se débarrassa également des systèmes informatisés. Ceux-ci permettaient aux détenteurs de polices de renouveler automatiquement leur assurance sans avoir à fournir des informations actualisées. Byrne s'aperçut, lorsqu'il exigea de nouvelles données, que pour 9% des polices en reconduction, la compagnie faisait payer trop peu. Au moment où GEICO ajusta ses prix, 400 000 détenteurs de polices décidèrent d'annuler leur assurance. Au total, le geste de Byrne réduisit le nombre de détenteurs de polices de 2,7 millions; il passa ainsi à 1,5 million. La compagnie qui était le dix-huitième plus gros assureur du pays en 1975, s'est retrouvée au trente et unième rang l'année suivante. GEICO, malgré cette baisse et après avoir perdu 126 millions de dollars en 1976, afficha des bénéfices impressionnants de 58,6 millions sur 463 millions de dollars de revenus en 1977. C'était la première année sous la responsabilité de Byrne.

La reprise surprenante de GEICO fut l'oeuvre de Byrne. Son inébranlable discipline, concernant les dépenses corporatives, a soutenu le redressement de la compagnie durant des années. Il expliqua aux actionnaires que la compagnie se devait de revenir à son but premier : fournir de l'assurance à un coût minime. Ses comptes rendus détaillaient la façon dont la compagnie réduisait continuellement les coûts. Même en 1981, lorsque GEICO était le septième plus important émetteur de polices d'assurance automobile du pays, Byrne faisait effectuer le travail de deux autres dirigeants par sa secrétaire. Il se vantait que les employés de GEICO traitaient 378 polices chacun, contre 250 les années précédentes. Durant les années de redressement, il a toujours su motiver les gens. Buffett considérait Byrne comme un éleveur de poules qui roule un oeuf d'autruche dans le poulailler et qui leur dit : «Mesdames, voici ce que la compétition est en train de faire.»[14]

Au fil des ans, Byrne montrait avec plaisir la réussite progressive de GEICO, mais il fut autant honnête avec les actionnaires quand les nouvelles étaient mauvaises. En 1985, la compagnie chancela temporairement lorsqu'elle subit des pertes d'assurance. En écrivant le premier rapport trimestriel aux actionnaires de la compagnie, Byrne compara le sort de cette dernière à celui du pilote qui explique à ses passagers : «La mauvaise nouvelle est que l'on est perdu, mais la bonne est que nous avons de l'avance».[15] La compagnie se remit rapidement sur pieds et l'année suivante elle afficha des bénéfices dans ses activités de souscription. Elle obtint en même temps la réputation d'être honnête avec ses actionnaires, ce qui est aussi très important.

La réputation de la compagnie d'exposer les faits honnêtement existe encore aujourd'hui, bien que Jack Byrne ait démissionné de GEICO en 1986 pour prendre la tête de Fireman's Fund. En 1991, la compagnie mérita le prix, décerné par le Washington Post, «The Tell It Like It Is Award» (Dire ce qui est). Le Post écrivit : «Encore une fois, le président du conseil Bill Snyder et le vice-président Lou Simpson ont fait connaître aux actionnaires la vérité pure et simple des hauts et des bas de la compagnie».[16]

## L'impératif institutionnel

Les compagnies d'assurance peuvent réaliser un profit de deux façons : soit en retirant des bénéfices d'exploitation sur les polices d'assurance émises ou bien en investissant intelligemment les primes perçues des détenteurs de polices. En règle générale, les profits d'exploitation sont modestes lorsqu'ils sont comparés à ceux générés par les investissements. Ceci est tellement vrai que lorsque les marchés financiers offrent de hauts rendements, les compagnies d'assurance vendront, même à perte, des polices afin d'amasser de l'argent pour investir. Le directeur en chef des investissements est responsable en grande partie des profits de la companie.

Chez GEICO, la responsabilité de la gestion du capital et du pool d'investissement est confiée au coprésident, Louis Simpson. Celui-ci a obtenu sa maîtrise en économie de l'université Princeton. Après avoir enseigné brièvement à Princeton, il accepta un poste avec la société de placements Stein Roe & Farnham. En 1969, il entra à la firme Western Asset Management où il est devenu le président et le directeur général, avant d'entrer dix ans plus tard chez GEICO. Lorsque Buffett, aux côtés de Jack Byrne, interviewa Simpson, il se rappela de son attitude indépendante.

Il ajouta : «Il a le tempérament idéal pour investir et il ne prend aucun plaisir particulier à agir avec ou contre la foule. Il suit simplement son bon sens».[17] Buffett savait instinctivement que Simpson avait les caractéristiques nécessaires pour résister à l'impératif institutionnel et pour éviter l'imitation stupide.

La bonne volonté d'agir et de penser indépendamment se retrouve dans les directives d'investissement que Simpson développa pour GEICO.[18] La première directive est : «pensez par vous-même». Simpson est sceptique au sujet de la sagesse conventionnelle de Wall Street. À la place, il recherche la sienne propre. Comme Buffett, il est un avide lecteur de quotidiens, de magazines, de périodiques et de rapports annuels. Il croit que le travail le plus important d'un directeur d'investissement, après avoir reçu une bonne formation financière, est de lire et de continuer à le faire jusqu'à ce qu'une idée se matérialise. Simpson est constamment en quête de bons projets, cependant il résiste aux propositions de la plupart des analystes en placement. «Lou est un type calme. Dans ce monde moderne, chacun préférerait avoir une conversation téléphonique plutôt que d'effectuer le travail de base. Lou effectue ce travail de base», a dit un ancien administrateur de GEICO.[19]

La deuxième directive de GEICO est : «investissez dans des entreprises à haut rendement administrées en faveur des actionnaires». Simpson recherche des compagnies qui peuvent maintenir une rentabilité supérieure à la moyenne. Il interroge ensuite la direction de l'entreprise pour vérifier que ses priorités sont de maximiser la valeur des actions ou de développer la société. Simpson recherche des dirigeants qui ont investi leur propre argent dans l'entreprise et qui sont francs dans leurs relations avec les actionnaires, les traitant comme des partenaires. Finalement, il les questionne sur leur intention de se départir des entreprises peu rentables et de prendre l'argent afin de racheter des actions pour les actionnaires.

La troisième directive de GEICO est : «payer seulement un prix raisonnable, même pour une excellente entreprise». Simpson est un investisseur très patient. Il est prêt à attendre que le prix d'une entreprise soit intéressant. La meilleure affaire du monde, avoue Simpson, est un mauvais investissement si le prix est trop élevé. La quatrième directive est : «investissez à long terme». Simpson ne porte pas attention au marché boursier et ne tente jamais de prédire l'évolution du marché à court terme. Il a observé que : «de plusieurs façons, le marché boursier ressemble à la météo. Si vous n'aimez pas les conditions actuelles, tout ce que vous avez à faire est d'attendre un peu».[20]

La dernière directive de GEICO est : «ne diversifiez pas excessivement». Simpson croit qu'un portefeuille largement diversifié rapporterait des résultats médiocres. Il admet que ses rencontres avec Buffett l'aidèrent à clarifier ses idées sur le sujet. La tendance de Simpson est de concentrer les participations. En 1991, le portefeuille d'actions de 800 millions de dollars de GEICO comportait seulement huit titres.

De 1979 à 1989, lorsque Simpson en assuma le contrôle, le portefeuille d'actions généra un taux de rendement composé annuel moyen de 26,1% (en comparaison des 17,4% pour l'indice S&P 500). Depuis 1990, le portefeuille d'actions de GEICO a augmenté à un taux annuel moyen de 16,5%, tandis que S&P 500 atteignait 10,8%. Au cours des années, Simpson éloigna le portefeuille d'investissements de GEICO des obligations de pacotille et des placements immobiliers risqués. Alors que d'autres directeurs de placements d'assurance cédèrent à l'impératif institutionnel et risquèrent la valeur nette de leur compagnie, Simpson, en investissant prudemment, produisit des bénéfices supérieurs à la moyenne pour les actionnaires de GEICO. «Louis Simpson, proclame Buffett, est le meilleur directeur d'investissement dans le domaine des assurances risque divers.»[21]

## La rationalité

Au cours des années, Jack Byrne et son successeur Bill Snyder de même que Lou Simpson démontrèrent un comportement rationnel dans la gestion des éléments d'actif de GEICO. Après que Byrne se chargea de l'imbroglio des assurances, il mena GEICO sur le sentier de la croissance contrôlée. Il était plus profitable, estimait Byrne, de croître à un taux moins élevé. Ceci permettait à la société de surveiller étroitement ses pertes et ses dépenses plutôt que de prendre de l'expansion deux fois plus vite et de perdre le contrôle des finances. Depuis, GEICO a continuellement rapporté, pour ses propriétaires, des bénéfices de ses activités de souscription.

En fait, les exploits d'investissements de Simpson fournirent un plus grand excédent de capital que les besoins pour couvrir les pertes estimées. Bref, le capital de la compagnie s'est accumulé à un taux plus élevé que ce qu'elle pouvait utiliser dans ses affaires. La volonté de la direction d'utiliser l'argent comptant, à bon escient, pour augmenter les dividendes ou pour racheter des actions, plutôt que d'étendre inutilement l'empire corporatif, est une bonne indication de la capacité de celle-ci à prendre des décisions rationnelles.

En 1983, la compagnie fut incapable d'investir son argent liquide fructueusement et elle décida de le retourner à ses actionnaires en leur

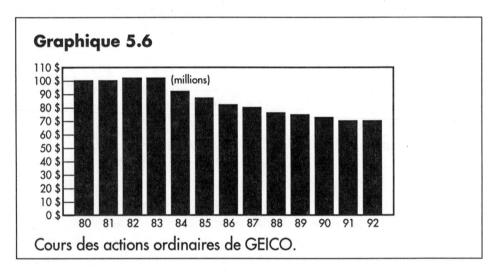

**Graphique 5.6**

(millions)

Cours des actions ordinaires de GEICO.

offrant de racheter des actions. «Soit que nos normes sont trop élevées soit que le prix que nous sommes prêts à payer (pour des acquisitions) est trop bas», dit Louis Simpson.[22] Depuis 1983, GEICO a racheté, après fractionnement, 30 millions d'actions, réduisant ainsi le total d'actions ordinaires en circulation de 30% (voir graphique 5.6).[23]

Mis à part le rachat d'actions, GEICO a aussi augmenté généreusement les dividendes payés aux actionnaires. Au cours de 1980, le dividende de l'entreprise était de 0,09 $ par action — en tenant compte du fractionnement (voir graphique 5.7). En 1992, les dividendes payés étaient de 0,60 $ par action. Depuis 1980, GEICO a augmenté ses dividendes aux actionnaires à un taux annuel de 21%.

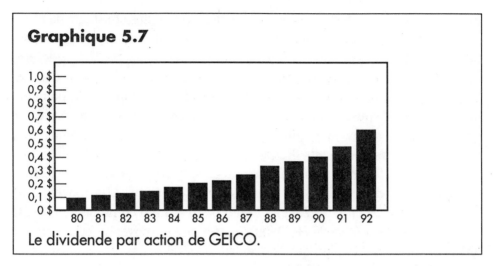

**Graphique 5.7**

Le dividende par action de GEICO.

### Le rendement de l'avoir

Depuis 1982, le rendement de l'avoir de GEICO, avec une moyenne de 21,2%, est deux fois meilleur que celui de l'industrie. Au début des années 1990, le rendement du capital baissa parce que les actifs augmentaient plus rapidement que les revenus. De là, une partie de la logique financière de réduire le capital et de maintenir un rendement satisfaisant de l'avoir, en versant des dividendes élevés et de racheter des actions.

Nonobstant la baisse récente, la rentabilité des fonds propres de GEICO fut régulièrement supérieure à celle des autres compagnies d'assurance dans le domaine de l'IARD. En 1980, elle était de 30,8%, soit presque deux fois plus élevée que celle de ses pairs. Bien que le rendement de l'avoir ait décliné entre 1984 et 1988, GEICO continua d'être plus performante que la moyenne des sociétés de l'assurance. En 1992, ce rendement chuta à 14%. Ceci était attribuable, en bonne partie, aux désastres naturels, comme l'ouragan Andrew, qui frappèrent le pays durant l'année.

### Les marges bénéficiaires

Les investisseurs peuvent comparer la rentabilité des compagnies d'assurance de plusieurs manières. Les marges avant impôts sont une des meilleures mesures de comparaison. Sur une période de dix ans, la moyenne des marges avant impôts de GEICO fut la plus constante de n'importe quel groupe semblable, en tenant compte de l'écart type le plus bas.

GEICO surveille attentivement toutes ses dépenses et suit de près les charges associées au règlement des réclamations d'assurance. Les dépenses de la société sont en moyenne de 15%, par rapport au pourcentage de primes souscrites, soit la moitié de la moyenne de l'industrie. Ce ratio peu élevé reflète en partie la somme que GEICO n'a pas à verser pour les commissions des agents d'assurances.

Ce coefficient, combiné aux dépenses corporatives et aux frais d'exploitation de GEICO, fut manifestement supérieur à la moyenne de l'industrie. De 1977 à 1992, celle-ci n'a battu le ratio combiné de GEICO qu'une seule fois (en 1977). Depuis ce temps, la moyenne combinée de GEICO fut de 97,1%, ce qui équivaut à plus de dix points au-dessus de celle de l'industrie. GEICO affronta une perte d'exploitation seulement deux fois, une fois en 1985 et une autre en 1992. Cette dernière perte fut accentuée par le nombre inhabituel de désastres naturels qui frappèrent le pays cette année-là. Sans l'ouragan Andrew et d'autres tempêtes importantes, le ratio combiné aurait été bas à 93,8%.

### Déterminer la valeur

Lorsque Buffett commença à acheter des actions de GEICO, la société était pratiquement en faillite. Cependant, il ajoute qu'elle valait une somme appréciable. En effet, il considérait que même avec une valeur nette négative, la qualité de «franchise» d'assurance de la compagnie avait de l'importance. Pourtant, en 1976, comme la compagnie n'avait pas de bénéfices, elle défia le calcul de la détermination des valeurs, tel que formulé par John Burr Williams. Ce dernier admettait comme principe que la valeur d'une entreprise est déterminée par les bénéfices nets attendus et escomptés à un taux approprié, durant la vie de l'entreprise. Malgré l'incertitude d'un apport de bénéfices nets, Buffett était convaincu que la compagnie survivrait et qu'elle rapporterait de l'argent dans l'avenir. La question du montant et du moment était ouverte à la spéculation.

En 1980, Berkshire Hathaway détenait, avec 47 millions de dollars, un tiers de GEICO. Cette année-là, la valeur marchande totale de GEICO était de 296 millions de dollars. Buffett estimait que, même à cette époque, l'entreprise possédait une importante marge de sécurité. La compagnie rapporta 60 millions sur 705 millions de dollars de revenus (en 1980). La part des bénéfices de Berkshire dans les actions de GEICO était de 20 millions de dollars. Selon Buffett, «acheter une entreprise avec des profits de 20 millions ayant des caractéristiques économiques de premier plan et des perspectives encourageantes coûterait au minimum 200 millions de dollars» — davantage si l'achat donnait une participation majoritaire dans la compagnie.[24]

Pourtant, l'hypothèse de 200 millions de dollars de Buffett est réaliste, par rapport à la théorie de Williams. Supposons que GEICO puisse soutenir ces bénéfices de 60 millions sans injection de capitaux additionnels, la valeur actuelle de GEICO serait de 500 millions de dollars. La valeur escomptée au taux de l'époque de 12% pour une obligation du gouvernement des États-Unis de trente ans (en 1980) est presque le double de la valeur marchande de GEICO. Si l'entreprise pouvait accroître ses profits à un taux réel de 2% ou à un taux de 15% avant l'inflation courante, la valeur actuelle de GEICO augmenterait à 666 millions et la part de Berkshire égalerait 222 millions de dollars. En d'autres termes, en 1980, la valeur marchande des actions de GEICO était égale à moins de la moitié de la valeur actualisée de ses capacités bénéficiaires.

### Le concept du «un dollar»

De 1980 à 1992, la valeur marchande de GEICO a crû de 296 millions à 4,6 milliards de dollars, soit une augmentation de 4,3 milliards (voir tableau 5.2). Au cours de ces treize années, GEICO rapporta 1,7 milliard de dollars. Elle paya aux actionnaires, en dividendes, 280 millions de dollars et conserva 1,4 milliard de dollars pour réinvestir. Ainsi, pour chaque dollar non distribué, elle créa 3,12 $ de valeur marchande pour ses actionnaires. Cette réalisation financière de GEICO, dans un créneau spécialisé, démontre non seulement la supériorité de sa direction, mais aussi son talent à réinvestir l'argent des actionnaires à des taux optimaux.

Voici une preuve additionnelle de la supériorité de GEICO : un placement de 1 $ dans GEICO en 1980, excluant les dividendes, augmenta à 27,89 $ en 1992. C'est un incroyable taux annuel composé de 29,2%.

Il est beaucoup plus important que celui de 8,9% de la moyenne de l'industrie et que celui de l'indice Standard & Poor's 500 durant cette même période (voir graphique 5.8).

### Sommaire

Récemment, Bill Snyder, qui remplaçait Jack Byrne comme président et directeur général de GEICO en 1986, annonça qu'il prenait sa retraite un an à l'avance. Bill Snyder et Jack Byrne ont décidé de former ensemble une nouvelle compagnie d'assurance. Ils ont acheté deux compagnies d'assurance de GEICO : Merastar Insurance Company de Chatanooga (Tennessee) et Southern Heritage Insurance Company d'Atlanta (Georgie). Les revenus combinés des primes de ces deux compagnies s'élèvent à 38 millions de dollars. GEICO a par la suite annoncé que Tony Nicely et Louis Simpson deviendraient les coprésidents et

### Tableau 5.2
Variation dans la valeur boursière de GEICO Corporation
(chiffres en millions de $ US)

|      | Profit net | Paiement de dividendes | Bénéfices non répartis | Valeur boursière |
|------|------|------|------|------|
| 1980 | 59,6 | 9,7 | 49,9 | 296,3 |
| 1981 | 64,4 | 10,3 | 54,1 | 559,0 |
| 1982 | 77,5 | 11,3 | 66,2 | 879,7 |
| 1983 | 94,8 | 15,0 | 79,8 | 1185,3 |
| 1984 | 100,4 | 17,1 | 83,3 | 1088,4 |
| 1985 | 77,6 | 18,2 | 59,4 | 1539,6 |
| 1986 | 119,3 | 18,5 | 100,8 | 1646,5 |
| 1987 | 150,2 | 22,4 | 127,8 | 1790,0 |
| 1988 | 134,4 | 25,7 | 108,7 | 1914,6 |
| 1989 | 213,1 | 27,5 | 185,6 | 2314,3 |
| 1990 | 208,4 | 30,1 | 178,3 | 2407,7 |
| 1991 | 196,4 | 32,6 | 163,8 | 2827,6 |
| 1992 | 172,7 | 42,4 | 130,3 | 4627,0 |

Notes : Total des bénéfices non répartis de 1980-1992 égalant 1 388 $. Variation dans la valeur boursière de 1980-1992 égalant 4 331 $. Pour chaque dollar de bénéfice non réparti, 3,12 $ furent créés en valeur marchande.

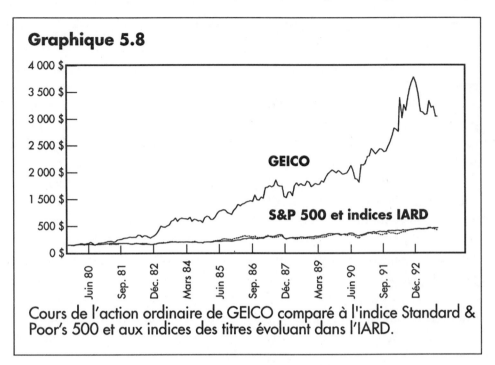

**Graphique 5.8**

GEICO

S&P 500 et indices IARD

Cours de l'action ordinaire de GEICO comparé à l'indice Standard & Poor's 500 et aux indices des titres évoluant dans l'IARD.

directeurs généraux de la compagnie. Nicely dirigerait les opérations de l'assurance et Simpson demeurerait à la tête des activités d'investissement.

GEICO, avec sa franchise solidement établie, permet de vendre avec profit de l'assurance à bon marché et sans agent. La propension de la compagnie à surveiller les dépenses est ancrée dans sa culture corporative. Les réalisations exceptionnelles de Simpson laissent entendre que le porte-feuille de placements de GEICO est bien positionné. La compagnie a aussi mérité la réputation de bien traiter ses actionnaires. Ces forces combinées incitèrent Forbes à annoncer, dans son «Annual Report on American Industry», que GEICO est la compagnie d'assurance des années 1990.[25]

Buffett approuve entièrement cette façon d'agir. Au cours des années, la participation de Berkshire dans GEICO s'est accrue régulière-ment. Aujourd'hui, Berkshire détient 48% de la société.

## CAPITAL CITIES/ABC

Capital Cities/ABC (Cap Cities) est une entreprise de médias et de communications valant 11 milliards de dollars. Elle possède et exploite un réseau et des stations de radio et de télévision. Elle produit aussi des vidéos pour la programmation sur le câble. De plus, l'entreprise publie des journaux, des guides d'achats, divers magazines spécialisés et d'affaires, des périodiques ainsi que des livres.

Cap Cities exploite ABC Television Network qui comprend 228 stations de télévision affiliées. Elle rejoint ainsi 99,9% de tous les foyers américains ayant un appareil de télévision. De plus, elle dessert aussi avec ABC Radio Network environ 3 175 stations de radio affiliées. Cap Cities défraie le coût de production ou d'achat des droits de diffusion pour ses programmes sur réseau. Elle paie également les stations de télévision et de radio affiliées pour diffuser les programmes, y compris les messages publicitaires. Les revenus proviennent de la vente aux annonceurs ayant besoin de temps, à l'intérieur de la programmation sur réseau, pour leur publicité.

Cap Cities est aussi propriétaire de huit stations de télévision, de neuf stations de radio AM ainsi que de huit stations de radio FM. Toutes les stations de télévision de l'entreprise sont affiliées à ABC Television Network et 14 des 17 stations de radio sont affiliées, elles, à ABC Radio Network.

Le secteur vidéo de l'entreprise est actif dans la production et l'approvisionnement de la programmation pour le câble. Cap Cities est propriétaire de 80% d'ESPN. C'est le premier et le plus important réseau câblé de sports du pays. ESPN rejoint 61 millions de foyers aux États-Unis et 34 millions de foyers dans 75 pays à travers le monde. De plus, Cap Cities est propriétaire de 37,5% du réseau Arts and Entertainment. Elle fournit de la programmation pour le câble en événements culturels et en divertissements. En outre, elle possède un tiers de Lifetime, un service spécialisé sur le câble s'adressant aux femmes et présentant des émissions sur la santé. La compagnie a également des participations dans des sociétés de productions télévisées et des compagnies théâtrales en Allemagne, en France et en Espagne.

**148**

Cap Cities publie, dans douze états américains, huit quotidiens, soixante-quinze hebdomadaires, cinquante-six guides d'achats et des magazines sur l'immobilier. À l'intérieur du groupe de publications spécialisées, on retrouve l'Agricultural Publishing Group, Chilton Publications, Fairchild Publication Group, le Financial Services et le Medical Group. Ces deux derniers publient plusieurs revues dont *Institutional Investor* et *Internal Medecine News*.

La compagnie rapporte des ventes et des bénéfices qui sont divisés entre la diffusion et la publication. En 1992, les bénéfices de la diffusion (incluant la programmation sur réseau, la radiodiffusion, la télédiffusion et la programmation vidéo), étaient de 619 millions sur des revenus de 4,2 milliards de dollars. Le groupe de publications rapporta 136 millions sur 1,1 milliard de dollars. Cette année-là, le total des frais d'exploitation de Cap Cities fut de 755 millions sur les 5,3 milliards de dollars de recettes.

Cap Cities fit ses débuts dans le secteur de l'information. En 1954, un journaliste renommé, Lowell Thomas, son gérant d'affaires Frank Smith et un groupe d'associés achetèrent Hudson Valley Broadcasting Company. Cette dernière comprenait une station de télévision et une station de radio AM à Albany, New York. À cette époque, Thomas Murphy, maintenant président de Cap Cities, était directeur des produits chez Lever Brothers. Frank Smith, partenaire de golf du père de Murphy, engagea tout naturellement le fils de son ami pour diriger la station de télévision de la compagnie. En 1957, Hudson Valley fit l'acquisition d'une station de télévision de Raleigh-Durham et le nom de la compagnie fut changé pour Capital Cities Broadcasting, reflétant le fait qu'Albany et Raleigh étaient les capitales de leur État.

Au cours de l'année 1960, Murphy engagea Dan Burke pour diriger la station d'Albany. Burke, récemment retraité comme président directeur général de Cap Cities, est le frère d'un des condisciples de Murphy à Harvard, Jim Burke. Ce dernier devint plus tard le président de Johnson & Johnson. Dan Burke, originaire d'Albany, fut laissé à la direction de la station de télévision. Murphy pour sa part retournait à New York, en 1964, où il fut nommé président de Cap Cities. C'est ainsi que débuta un des partenariats corporatifs les plus réussis dans le monde des affaires aux États-Unis. Pendant les trente années suivantes, Murphy et Burke dirigèrent

Capital Cities. Ensemble ils firent l'acquisition de plus de trente entreprises de diffusion et de publications, dont la plus remarquable fut l'achat d'ABC Network en 1985.

Buffett rencontra Tom Murphy pour la première fois à la fin des années 1960 à New York. C'était lors d'un déjeuner organisé par un des compagnons de collège de Murphy. On prétend que Buffett fit une telle impression sur Murphy qu'il l'invita à se joindre au conseil d'administration de Cap Cities.[26] Buffett refusa, mais les deux hommes devinrent de bons amis et restèrent en contact aux cours des ans. Buffett investit pour la première fois dans Capital Cities en 1977. Sans raison évidente, il vendit avec profit sa participation l'année suivante.

En décembre 1984, Murphy approcha Leonard Goldenson, alors président d'American Broadcasting Companies, afin de lui proposer la fusion des deux compagnies. Malgré un premier refus, Murphy contacta à nouveau Goldenson en janvier 1985. En avril de cette année-là, la FCC (haute autorité des communications aux États-Unis) avait augmenté de sept à douze le nombre de stations de télévision et de radio qu'une compagnie pouvait détenir. Murphy contacta à nouveau Goldenson et cette fois il accepta. Ce dernier, âgé de soixante-dix-neuf ans, se préoccupait de celui, qui en fin de compte, dirigerait American Broadcasting Companies. Bien qu'ABC ait eu plusieurs candidats potentiels, Goldenson pensait qu'aucun n'était prêt à prendre la direction. Murphy et Burke étaient considérés les meilleurs dirigeants dans l'industrie des médias et de la communication. En acceptant la fusion avec Cap Cities, Goldenson était assuré qu'ABC demeurerait entre les mains d'une direction qualifiée. American Broadcasting Companies entra dans la salle des discussions avec des banquiers hautement qualifiés en placement. Murphy, qui menait toujours ses propres négociations, amena un ami de confiance, Warren Buffett. Ensemble, ils ont négocié la toute première vente d'un réseau de télévision et la plus importante fusion de médias de l'histoire.

Capital Cities offrit à American Broadcasting Companies une proposition globale d'une valeur de 121 $ par action d'ABC (118 $ en espèces par action et un dixième de bon de souscription donnant le droit d'acheter des actions de Capital Cities, valant 3 $ l'action). Cette offre était le double de la valeur des actions d'ABC négociées la veille de l'annonce.

Afin de financer l'entente de 3,5 milliards, Capital Cities emprunterait 2,1 milliards de dollars d'un consortium bancaire, vendrait des stations de télévision et de radio se chevauchant (une valeur approximative de 900 millions de dollars) et céderait aussi des biens qu'un réseau ne pouvait posséder (y compris des actifs dans la câblodistribution, subséquemment vendus à Washington Post Company). Les derniers 500 millions de dollars provinrent de Buffett. Il consentit à ce que Berkshire Hathaway achète trois millions d'actions nouvellement émises de Cap Cities à un prix de 172,50 $ par action. Murphy demanda encore une fois à son ami de se joindre au conseil de Capital Cities et celui-ci accepta enfin.

## APPLICATION DE DIVERS PRINCIPES
## POUR CAPITAL CITIES/ABC

### Simple et compréhensible

Après avoir siégé au conseil d'administration de Washington Post Company durant plus de dix ans, Buffett comprenait bien les entreprises de télédiffusion et de publication de magazines. Sa longue expérience dans la publication de journaux fut également remarquée. La compréhension de Buffett, concernant les réseaux de télévision, augmenta avec les investissements de Berkshire dans ABC, d'abord en 1978 et une autre fois, en 1984.

### Performance historique constante

Capital Cities aussi bien qu'American Broadcasting Companies avaient de longues histoires d'opérations rentables remontant à plus de trente ans. American Broadcasting Companies, de 1975 jusqu'à la fin de 1984, avait un rendement moyen de l'avoir de 17% et des ratios d'endettement de 21% par rapport à l'avoir. Pour sa part Capital Cities, durant les dix ans qui précédèrent son offre d'achat pour ABC, avait un rendement de l'avoir moyen de 19% avec un endettement de 20%.

## Perspectives favorables à long terme

Les entreprises de diffusion et les réseaux de télévision profitent de caractéristiques économiques supérieures à la moyenne. Elles génèrent beaucoup d'achalandage économique, comme les journaux et pour les mêmes raisons. Dès qu'une tour de diffusion est construite, les besoins de réinvestissement en capital et en fonds de roulement sont minimes; de plus l'investissement en stock est inexistant. Les films et les émissions peuvent être achetés à crédit et réglés plus tard lorsque le montant de la publicité est encaissé. En règle générale, les compagnies de diffusion produisent des rendements, sur le capital investi, supérieurs à la moyenne. Elles génèrent un important montant d'argent excédant leurs besoins d'exploitation.

Les risques inhérents aux réseaux et aux diffuseurs viennent de la réglementation gouvernementale, du changement technologique et des transferts d'argent vers la publicité. Le gouvernement peut refuser de renouveler la licence d'une entreprise de diffusion, mais ceci est rare. En 1985, les émissions sur le câble furent une faible menace pour les réseaux. Bon nombre de téléspectateurs captaient des émissions sur le câble, mais la très grande majorité de ceux-ci préféraient encore celles des réseaux de télévision. En outre, durant les années 1980, l'argent fou dépensé en publicité pour atteindre les consommateurs augmentait beaucoup plus vite que le produit intérieur brut (PIB). Pour joindre le grand public, les publicitaires comptaient encore sur les réseaux de télévision et de radio. Les caractéristiques économiques des réseaux, des entreprises de radiodiffusion et de télévision ainsi que des éditeurs étaient, dans l'esprit de Buffett, supérieures à la moyenne. D'ailleurs en 1985, les perspectives à long terme de ces entreprises étaient des plus favorables.

## Déterminer la valeur

L'investissement de 517 millions de dollars de Berkshire dans Cap Cities était, à cette époque, le seul placement d'une telle importance effectué par Buffett. On peut spéculer sur la façon dont Buffett détermina la valeur combinée de Cap Cities et d'American Broadcasting. Murphy accepta de vendre à Buffett trois millions d'actions de Capital Cities/ABC pour 172,50 $ l'action. Or nous savons que le prix et la valeur sont souvent deux choses différentes. Nous avons appris que la règle de Buffett est d'acheter une entreprise seulement lorsqu'il y a une marge de sécurité importante entre la valeur intrinsèque de l'entreprise et son prix d'achat. Cependant, avec l'achat de Capital Cities/ABC, il faut reconnaître qu'il a dérogé à ce principe.

Si nous escomptons de 10% (en 1985, c'est le rendement approximatif d'une obligation du gouvernement des États-Unis étalé sur trente ans) l'offre de Buffett de 172,50 $ l'action et que nous multiplions cette valeur par 16 millions d'actions (Cap Cities avait 13 millions d'actions en cours, plus 3 millions émises à l'intention de Buffett), la valeur actuelle de cette entreprise nécessiterait d'avoir des capacités bénéficiaires de 276 millions de dollars. En 1984, les bénéfices nets de Capital Cities après la dépréciation et les investissements en immobilisations étaient de 122 millions de dollars. Pour American Broadcasting Companies, les profits nets après la dépréciation et les dépenses en immobilisations étaient de 320 millions de dollars. La puissance financière de l'association de ces deux entreprises était de 422 millions de dollars. Elle aurait cependant une dette importante : les 2,1 milliards de dollars que Murphy devait emprunter et qui coûteraient annuellement à l'entreprise 220 millions en intérêts. Le pouvoir des profits nets de la fusion serait alors à peu près de 200 millions de dollars.

À plus forte raison, la réputation légendaire de Murphy était d'améliorer la marge brute d'autofinancement des entreprises achetées, en réduisant simplement les dépenses. Les marges d'exploitation de Capital Cities étaient de 28%, tandis que celles d'ABC atteignaient 11%. Si Murphy pouvait améliorer les marges d'exploitation des actifs d'ABC d'un tiers jusqu'à 15%, chaque année, la compagnie se débarrasserait de 125 millions de dollars en plus pour les frais d'exploitation. Les capacités bénéficiaires combinées égaleraient alors 325 millions de dollars par an. La valeur actuelle par action d'une entreprise ayant des profits de 325 millions et 16 millions d'actions en cours, escomptées à 10%, est de 203 $ l'action, soit une marge de sécurité de 8% au-dessus du prix d'achat de Buffett de 172,50 $. «Je doute que Ben (Ben Graham) soit là-haut à m'applaudir sur cette affaire», railla Buffett.[27]

La marge de sécurité acceptée par Buffett pourrait être augmentée, si nous faisons différentes hypothèses. Buffett est en accord avec la sagesse populaire affirmant que les journaux, les revues ou les stations de télévision seraient capables d'augmenter pour toujours leurs bénéfices à 6% annuellement, sans l'aide de capital additionnel.[28] Les investissements en immobilisations égaleraient les taux d'amortissement et le besoin en fonds de roulement serait minime, d'après le raisonnement de Buffett. Le profit pourrait alors être considéré comme des bénéfices pouvant être distribués librement. Ce qui veut dire que le propriétaire d'une compagnie de médias posséderait un investissement (une rente perpétuelle) qui croîtrait de 6% dans un avenir prévisible sans avoir besoin de capital supplémentaire. Il faut comparer ceci, suggère Buffett, à une compagnie capable de croître seulement si le capital est réinvesti. Lorsque vous possédez une compagnie de médias qui rapporte un million et que vous espérez une croissance de 6%, il serait approprié, dit Buffett, de payer 25 millions de dollars pour cette entreprise (un million divisé par un taux sans risque de 10%, moins le taux de croissance de 6%). Une autre entreprise qui rapporterait un million de dollars, mais qui ne pourrait pas croître sans de nouveaux investissements de capital pourrait peut-être valoir 10 millions de dollars (un million divisé par 10%).

Si nous appliquons ce raisonnement financier à Cap Cities, la valeur de ses actions augmente de 203 à 290 $ chacune. C'est une marge de sécurité de 60% au-dessus du prix de 172,50 $ que Buffett avait accepté de payer. Il y a cependant beaucoup d'impondérables dans ces hypothèses. Murphy serait-il en mesure de vendre une partie de la société Capital Cities/ABC pour 900 millions (en fait, il a obtenu 1,2 milliard de dollars)? Serait-il capable d'améliorer les marges d'exploitation chez American Broadcasting Companies? Pourrait-il toujours compter sur l'augmentation des dollars publicitaires?

L'habileté de Buffett à obtenir des marges de sécurité importantes dans Capital Cities fut compliquée par plusieurs facteurs. D'abord, le prix du marché des titres de Cap Cities avait augmenté au cours des années (voir graphique 5.9). Murphy et Burke accomplissaient un excellent travail comme dirigeants de l'entreprise et cela se reflétait dans le prix des actions de la compagnie. Donc, contrairement à GEICO, Buffett n'eut pas l'occasion d'acheter Cap Cities à bas prix, en raison d'un déclin temporaire des affaires. Par ailleurs, le marché boursier n'aidait guère. Comme il s'agissait d'une deuxième offre sur le marché des actions, Buffett dut accepter de payer pour celles de Cap Cities un prix qui était proche de la valeur en cours.

S'il y avait une quelconque déception sur le prix d'émission, Buffett fut réconforté par l'accroissement rapide de la valeur de ces mêmes actions. Vendredi, le 15 mars 1985, le prix des actions de Capital Cities était de 176 $. Le lundi après-midi suivant, on annonça que Capital Cities achèterait American Broadcasting Companies. Le lendemain, à la clôture du marché, le prix en cours des actions de Capital Cities passait à 202,75 $. En quatre jours, le prix avait augmenté de 26 dollars, donc une plus-value de 15%. Le profit de Buffett était de 90 millions de dollars et la transaction ne devait pas être conclue avant janvier 1986.

La marge de sécurité que Buffett a obtenue en achetant Capital Cities était sensiblement moins élevée, si on la compare aux autres entreprises achetées. Pourquoi alors a-t-il poursuivi? La réponse était Tom

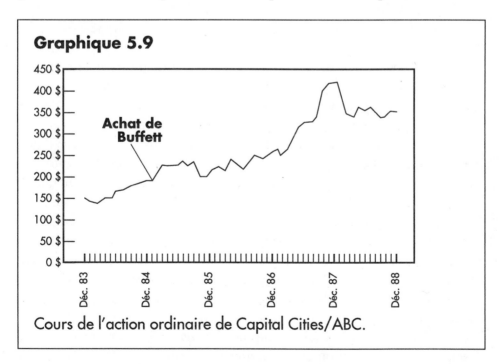

**Graphique 5.9**

Cours de l'action ordinaire de Capital Cities/ABC.

Murphy. Sans ce dernier, Buffett n'aurait probablement jamais investi dans la compagnie. Pour Buffett, Murphy était synonyme de marge de sécurité. Capital Cities/ABC est une entreprise extraordinaire. C'est le genre d'affaires qui attire Buffett. Il y avait aussi quelque chose de spécial au sujet de Murphy. «Warren révère Tom Murphy, disait John Byrne. Il considère qu'être son partenaire est stimulant.»[29]

La philosophie de la direction de Cap Cities est la décentralisation. Murphy et Burke embauchent les meilleures personnes possibles et ensuite les laissent faire leur boulot. Toutes les décisions sont prises au niveau local. Burke apprit cela de bonne heure dans ses contacts avec Murphy. Alors qu'il dirigeait la station de télévision d'Albany Burke envoyait à Murphy, par la poste, des rapports hebdomadaires mis à jour. Murphy ne répondait jamais et Burke a finalement compris le message. Murphy avait auparavant rassuré Burke en disant : «Je ne viendrai à Albany que si tu m'y invites ou pour te congédier.»[30] Tous les deux collaborent aux budgets annuels de leurs compagnies et la performance des opérations est vérifiée trimestriellement. Mis à part les deux réserves précédentes, on souhaite que les directeurs fassent fonctionner leurs entreprises comme s'ils en étaient les propriétaires. «Nous espérons beaucoup de nos dirigeants», écrit Murphy.[31]

On attend des dirigeants de Capital Cities qu'ils contrôlent les coûts. Chaque fois qu'ils échouent, Murphy ne se gêne pas pour s'impliquer. Lorsque Capital Cities acheta ABC, on avait grand besoin de son savoir-faire pour réduire les coûts. Les réseaux avaient tendance à penser en terme de cotes d'écoute, non en terme de profits. Ils croyaient que l'augmentation de ces cotes pouvait supplanter l'analyse des coûts. Cette attitude s'arrêta abruptement lorsque Murphy prit la direction. Il sabra, avec l'aide de comités soigneusement choisis, dans les salaires, les avantages marginaux et les dépenses. Environ 1 500 personnes furent congédiées en leur donnant de généreux forfaits de séparation. La salle de repos des cadres supérieurs et l'ascenseur privé d'ABC furent fermés. La limousine d'ABC Entertainment, à Los Angeles, celle qui avait servi à conduire Murphy lors de sa première visite fut supprimée. À sa visite suivante, il prit un taxi.

Cette prise de conscience des coûts était devenue un mode de vie à Capital Cities. La station de télévision de la compagnie à Philadelphie,

WPVI, qui était la station numéro 1 de la ville, avait 100 employés affectés aux nouvelles, par rapport aux 150 de la filiale de CBS à l'autre bout de la ville. Avant l'arrivée de Murphy chez ABC, 60 personnes étaient engagées pour diriger les cinq stations de télévision d'ABC. Aujourd'hui, six personnes dirigent huit stations. WABC TV à New York employait 600 personnes et générait 30% de marges avant impôts. Elle emploie actuellement 400 personnes et les marges de profits sont de plus de 50%. Après le dénouement de la crise concernant les coûts, Murphy se fia à Burke pour gérer les décisions d'exploitation. Il se concentra sur les acquisitions et l'avoir des actionnaires.

### L'impératif institutionnel

Les caractéristiques économiques du secteur de la radiodiffusion, de la télédiffusion et de l'entreprise de réseaux assuraient à Cap Cities un autofinancement suffisant. Cependant, ces caractéristiques, alliées au penchant de Murphy pour le contrôle des coûts, voulaient dire que Cap Cities aurait des fonds autogénérés immenses. De 1988 à la fin de 1992, Cap Cities généra 2,3 milliards d'argent libre de dette. Étant donné ces ressources, certains dirigeants seraient sans doute incapables de résister à la tentation de dépenser. Ils achèteraient des entreprises et augmenteraient les possessions de la société. En 1990, Murphy, lui aussi, en profita pour acheter, avec 61 millions de dollars, quelques petites entreprises. Le marché pour la plupart des propriétés touchant les médias était, selon lui, à un prix trop élevé pour le moment.

Les acquisitions ont été très importantes dans l'expansion de Cap Cities. Murphy est toujours à la recherche d'entreprises médiatiques, cependant il se discipline pour ne pas les surpayer. Cap Cities, avec son énorme marge d'autofinancement, pouvait facilement avaler d'autres propriétés de médias, mais «Murphy aurait attendu parfois des années avant de trouver l'élue. Précisément, il n'a jamais conclu un marché uniquement parce qu'il avait les ressources nécessaires pour le faire».[32] Murphy et Burke réalisèrent que l'entreprise de médias se comportait de façon cyclique et s'il y avait trop d'endettement le risque, deviendrait inacceptable pour les actionnaires. «Murphy n'a jamais conclu de marché pouvant nous blesser mortellement», disait Burke.[33]

Une compagnie générant plus d'argent peut alors réinvestir fructueusement dans son entreprise pour acheter de la croissance, réduire l'effet de levier ou rendre l'argent à ses actionnaires. Murphy ne voulant pas payer de prix élevés pour des entreprises de médias, il choisit plutôt de réduire l'endettement et de racheter des actions. En 1986, après l'acquisition d'ABC, le total de l'endettement à long terme chez Cap Cities atteignait 1,8 milliard de dollars et la dette par rapport au capital était alors de 48,6%. L'encaisse et les équivalents en argent s'élevaient à 16 millions à la fin de cet exercice. En 1992, l'endettement à long terme de la compagnie était de 964 millions de dollars tandis que le ratio de la dette par rapport au capital chutait à 20%. De plus, l'encaisse et les équivalents liquides augmentèrent à 1,2 milliard de dollars, rendant la compagnie essentiellement libre de dettes. (voir graphique 5.10). Murphy, en raffermissant le bilan de Cap Cities, réduisit les risques de l'entreprise et ce qu'il fit par la suite en augmenta substantiellement la valeur.

### La rationalité

En 1988, Cap Cities annonça qu'elle avait autorisé le rachat de 2 millions d'actions, soit 11% de ses actions en circulation. Elle dépensa, en 1989, 233 millions de dollars achetant 523 000 titres à un prix moyen de 445 $. Ce prix était 7,3 fois la marge brute d'autofinancement de l'entre-

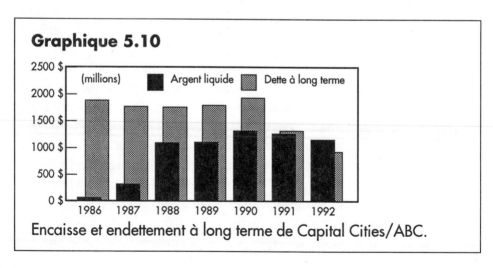

**Graphique 5.10**

(millions) — Argent liquide — Dette à long terme

Encaisse et endettement à long terme de Capital Cities/ABC.

prise, si on le comparait à ceux demandés par la plupart des autres entreprises de médias. Celles-ci vendaient de 10 à12 fois leur marge brute d'autofinancement. L'année suivante, l'entreprise acheta 926 000 actions à un prix moyen de 477 $, soit 7,6 fois la marge brute d'autofinancement. En 1992, elle continua de racheter ses titres. Cette année-là, elle acheta 270 000 actions à un prix moyen de 434 $ l'action soit 8,2 fois la marge brute d'autofinancement. Murphy réitéra, car le prix payé était encore inférieur à celui des autres entreprises de médias que Burke et lui considéraient intéressantes. De 1988 à la fin de 1992, Cap Cities acheta un total de 1 953 000 titres, investissant 886 millions de dollars (voir graphique 5.11).

Depuis 1992, Cap Cities a démontré un intérêt pour une acquisition d'envergure valant entre cinq et huit milliards de dollars. Des pourparlers préliminaires ont eu lieu avec Paramount Communications et Turner Broadcasting. Cependant aucune de ces cibles importantes n'était disponible pour un achat et à des prix qui procureraient des rendements raisonnables aux actionnaires. Une fois de plus, l'entreprise décida plutôt de rendre l'argent aux actionnaires.

En novembre 1993, l'entreprise annonça des enchères au rabais (Dutch auction) afin d'acheter jusqu'à 2 millions d'actions à des prix se situant entre 590 et 630 $ l'action. Berkshire participa à l'enchère, en offrant un million de ses trois millions d'actions. Ce seul geste occasionna une spéculation importante. On se questionna. L'entreprise, ne pouvant trouver une acquisition appropriée, se vendait-elle, elle-même? Buffett, en vendant un tiers de sa participation, abandonnait-il l'entreprise? Cap Cities nia les rumeurs. Les opinions généralement exprimées supposaient que Buffett n'aurait pas offert ses titres, alors qu'ils pouvaient sûrement lui rapporter un prix plus élevé. S'il l'a fait, c'est parce que l'entreprise était à vendre. L'entreprise acheta finalement 1,1 million d'actions (1 million d'entre elles provenant de Berkshire) à un prix moyen de 630 $ l'action. Buffett fut capable de redéployer 630 millions de dollars sans perturber la place du marché pour les actions de Cap Cities. Il est encore le plus important actionnaire de l'entreprise, avec 13% des actions en cours.

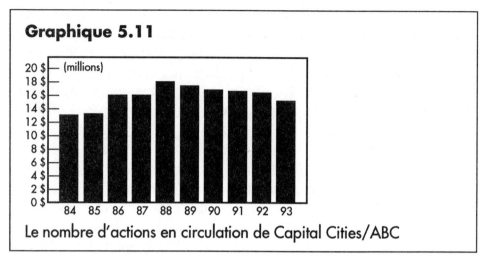

**Graphique 5.11**

20 $ — (millions)
18 $
16 $
14 $
12 $
10 $
8 $
6 $
4 $
2 $
0 $

84  85  86  87  88  89  90  91  92  93

Le nombre d'actions en circulation de Capital Cities/ABC

L'admiration qu'avait Buffett pour Murphy est plus facile à apprécier quand on réalise le montant d'argent généré par Cap Cities au cours des années et comment il fut réparti de façon responsable. À partir de 1977, Murphy a réduit les actions en circulation de 17%. Il a réduit la dette à long terme de moitié et a augmenté l'encaisse à plus d'un milliard de dollars. En plus, Cap Cities est dirigée de la même manière décentralisée que Berkshire Hathaway. Buffett s'implique seulement dans les affaires de Berkshire, non reliées à l'assurance, lorsqu'elles concernent la rémunération et les nouveaux investissements. Tout comme Murphy, il donne à ses filiales, la permission de fonctionner indépendamment. Il s'implique intensément lorsque les coûts sont exagérés, comme Murphy le fait. Les deux hommes ont en horreur le gaspillage des fonds des actionnaires.

Au cours des années, Buffett a observé le fonctionnement et la gestion d'innombrables entreprises. Selon lui, Cap Cities est l'entreprise ouverte la mieux dirigée dans le pays. Pour prouver son point de vue, lorsqu'il a investi dans Cap Cities, il donna tous ses droits de vote pour les prochains onze ans à Murphy et Burke, pourvu que l'un ou l'autre dirigeât l'entreprise. Si c'est insuffisant pour vous convaincre de la haute estime qu'il a pour ces deux hommes, considérez cet aveu de Buffett : «Tom Murphy et Dan Burke ne sont pas seulement de grands dirigeants, ils sont précisément le genre d'hommes que vous voudriez que votre fille épouse».[34]

L'appréciation de Tom Murphy pour Cap Cities et pour Berkshire Hathaway a augmenté de façon marquée au moment où la perspective d'affaires des réseaux de télévision déclinait. En 1990, comme WPC, Cap Cities dut supporter un effondrement cyclique de l'économie. Celui-ci était relié à une baisse régulière des affaires qui affectèrent les profits de l'entreprise et sa valeur intrinsèque. Une compétition accrue rendit difficile l'augmentation des prix de la publicité. La capacité d'augmenter les prix de manière draconienne était un des miracles économiques des réseaux de diffusion. Une «franchise» qui perd son pouvoir de fixation des prix devient rapidement une entreprise comme les autres. La compétence de sa direction prend alors une plus grande importance aux yeux des actionnaires.

Aujourd'hui, les réseaux de télévision font face à une compétition grandissante provenant des câblodistributeurs ainsi que des vidéoscopes et ce à une époque où l'argent de la publicité est rare. Les réseaux, explique Buffett, sont dans le commerce de la vente de l'information et du divertissement par ce qu'il désigne sous le nom de «paires d'yeux» Aujourd'hui, les programmes sur le câble, la télé à péage et les vidéos se font concurrence pour ces mêmes téléspectateurs. La compétition pour attirer les téléspectateurs est maintenant intense avec environ cinq cents satellites au pays. Les journées n'ont encore que vingt-quatre heures. Lorsque Cap Cities fit l'acquisition d'ABC, la part de l'auditoire des réseaux de télévision dépassait 80%. Aujourd'hui, elle est de 60%. Il y a quelques années, Buffett se rappelle avoir regardé une émission sportive avec Murphy sur un écran géant de télévision et avait fait remarquer que l'image était merveilleuse. Ce dernier répliqua : «Je la préférais en noir et blanc, lorsqu'elle se trouvait sur un écran de vingt centimètres et quand il y avait seulement trois chaînes.»[35]

### Le concept du «un dollar»
### Le rendement de l'avoir
### Les marges bénéficiaires

De 1985 jusqu'à la fin de 1992, la valeur marchande de Capital Cities/ABC augmenta de 2,9 à 8,3 milliards de dollars (voir tableau 5.3). Durant cette même période, l'entreprise conserva 2,7 millions en bénéfices non répartis, créant de cette façon 2,01 $ de valeur en cours pour chaque dollar réinvesti.

Cet exploit est surtout remarquable, car l'entreprise a subi pendant ce cycle (1990-1991) autant un fléchissement des bénéfices qu'un déclin de sa valeur intrinsèque. C'était dû aux changements permanents dans les affaires des réseaux de radiodiffusion et de télédiffusion. Durant cette période, les investissements de Berkshire dans Capital Cities/ABC augmentèrent de 517 millions à 1,5 milliard de dollars, soit un taux de rendement composé annuel de 14,5% — surpassant CBS et l'indice Standard & Poor's 500.

Si la valeur intrinsèque de Capital Cities/ABC a baissé, pourquoi donc Buffett refusa-t-il de vendre son entière participation? Sans aucun doute, sa relation personnelle avec Murphy est une des raisons. Murphy a

### Tableau 5.3
Variation de la valeur boursière de Capital Cities/ABC
(chiffres en millions de $ US)

| | Profit net | Paiement de dividendes | Bénéfices non répartis | Valeur boursière |
|---|---|---|---|---|
| 1985 | 142,2 | 2,6 | 139,6 | 2918,0 |
| 1986 | 181,9 | 3,2 | 178,7 | 4323,0 |
| 1987 | 279,1 | 3,2 | 275,9 | 5586,0 |
| 1988 | 387,1 | 3,4 | 383,7 | 6520,0 |
| 1989 | 485,7 | 3,5 | 482,2 | 9891,0 |
| 1990 | 477,8 | 3,4 | 474,4 | 7694,0 |
| 1991 | 374,7 | 3,3 | 371,4 | 7213,0 |
| 1992 | 389,3 | 3,3 | 386,0 | 8349,4 |

Notes : Total des bénéfices non répartis (1985-1992) équivalent à 2 692 $. Variation de la valeur boursière (1985-1992) équivalent à 5 431 $. Pour chaque dollar de bénéfices non répartis, 2,01 $ furent créés en valeur marchande.

mérité à juste titre le respect de Buffett comme étant un dirigeant qui ne gaspille pas l'avoir des actionnaires. Un autre motif important pour lequel Buffett n'a pas vendu sa participation dans Capital Cities est que l'entreprise continue encore à fournir des rendements économiques plus élevés que la moyenne de l'industrie américaine. «Le contexte pour les réseaux de télévision est plus difficile, mais ils sont encore très rentables lorsqu'ils sont très bien dirigés. Ils génèrent alors d'abondantes entrées d'argent», dit Buffett.[36]

Durant les années 1970 et 1980, le rendement de l'avoir de Capital Cities était régulièrement de 5 à 7 points de pourcentage plus élevés que l'indice Standard & Poor's 500 (voir graphique 5.12). Les marges avant impôts de la compagnie étaient le triple de la moyenne des entreprises américaines (voir graphique 5.13). À la suite de l'achat d'ABC par Capital Cities, ces marges ainsi que le rendement de l'avoir ont décliné, cependant ils sont demeurés encore meilleurs que ceux de l'entreprise moyenne. Ils se sont améliorés régulièrement jusqu'à la récession de 1990-1992. Aujourd'hui, le rendement de l'avoir de Capital Cities est revenu à un niveau moyen, mais les marges avant impôts demeurent visiblement plus élevées.

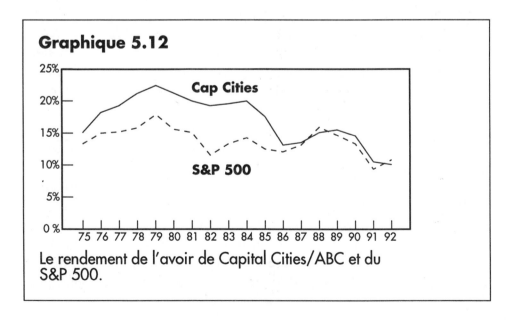

**Graphique 5.12**

Le rendement de l'avoir de Capital Cities/ABC et du S&P 500.

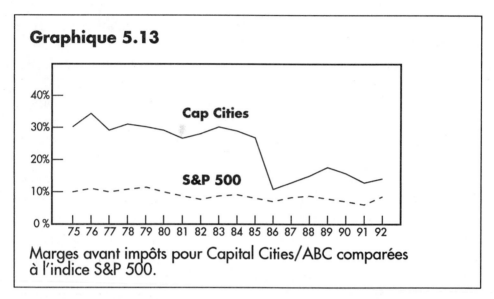

**Graphique 5.13**

Marges avant impôts pour Capital Cities/ABC comparées à l'indice S&P 500.

La FCC a reconnu le changement des aspects économiques des réseaux de télédiffusion. Elle admet que les trois principaux réseaux ne contrôlent plus le taux d'écoute de la télévision. Durant plus de vingt ans, il était interdit aux réseaux d'être propriétaires de programmes de télévision. Ils étaient par ailleurs exclus du marché lucratif des reprises d'émissions distribuées sous licence. En 1993, les cours de justice ont supprimé cette restriction et elles permettent maintenant aux réseaux de retirer un intérêt financier des émissions de télévision. La production des émissions ainsi que le droit de propriété, affirme Murphy, sont les deux plus importantes perspectives pour l'avenir de Capital Cities/ABC. Murphy souhaitait que l'entreprise produise et possède plus d'émissions de télévision. Il voulait qu'elle génère, à partir de ces émissions, des profits importants dans les marchés annexes, ce qui incluait des associations à l'intérieur et à l'extérieur du pays. La FCC a aussi décidé de permettre aux réseaux, sur une base limitée, d'acquérir des réseaux de câblodistribution. Autrefois, un règlement protégeait les nouveaux démarrages d'entreprises de télédistribution par câble sur les réseaux. En 1986, ce règlement força Capital Cities à vendre ses propriétés de cablôdistribution, lorsqu'elle acheta ABC. Dernièrement, les réseaux se sont précipités pour acheter des diffuseurs étrangers. Cap Cities, en plus de ses investissements dans des compagnies de production allemande, française et espagnole, acheta récemment 21% de Scandinavian Broadcasting System du Luxembourg, un des premiers télédiffuseurs de la région. Tous ces apports ont augmenté la valeur intrinsèque de Capital Cities/ABC.

### Sommaire

Berkshire Hathaway a plus de deux milliards de dollars investis dans des entreprises de médias et de communications. Ceci inclut Capital Cities/ABC, Washington Post Company et *Buffalo News*. Les bénéfices propres et la valeur intrinsèque de Berkshire ont diminué à cause des changements cycliques et à long terme dans cette industrie. Cependant, Cap Cities, WPC et *Buffalo News* possèdent des caractéristiques économiques supérieures à la moyenne. La raison principale, affirme Buffett, est le leadership de Stan Lipsey au *Buffalo News* et la direction exceptionnelle à WPC de même qu'à Cap Cities.

Ces entreprises se distinguent de leurs semblables grâce à l'utilisation qu'elles font de l'effet de levier. Alors que les autres sont affairées à surpayer pour des propriétés, Cap Cities et Washington Post Company n'ont pas permis à l'impératif institutionnel d'influencer leur mode de penser. À la place, elles réduisirent la dette et rachetèrent des actions plutôt que de payer des prix fous pour d'autres entreprises. Maintenant que nous connaissons des changements à long terme nous constatons que Cap Cities et Washington Post sont les deux seules entreprises médiatiques ouvertes non endettées. D'autres firent des acquisitions à des prix exorbitants et se trouvent maintenant en difficulté pour payer les intérêts, à une époque où les bénéfices diminuent. Buffett est plus à l'aise d'être actionnaire de Cap Cities et de Washington Post qu'il ne le serait de toute autre entreprise de médias. Néanmoins, il s'attend à ce que les deux génèrent des rendements plus élevés que la moyenne des entreprises semblables. Il admet cependant, «finis sont les jours des franchises à toute épreuve et les avantages économiques abondants».[37]

## COCA-COLA COMPANY

Coca-Cola est le plus important fabricant, agent de vente et distributeur de concentrés de boissons gazeuses et de sirops dans le monde. La boisson gazeuse produite par cette compagnie et vendue, tout d'abord aux États-Unis, en 1886, est maintenant distribuée dans presque tous les pays.

L'expérience de Buffett avec Coca-Cola remonte à son enfance. Il a bu son premier Coca-Cola à l'âge de cinq ans. Peu de temps après, il achetait six «Cokes» pour la somme de vingt-cinq sous à l'épicerie de son grand-père et les revendait dans son quartier pour cinq sous chacun. Buffett admet qu'il a observé la croissance phénoménale de Coca-Cola au cours des cinquante années suivantes. Pendant ce temps, il achetait des industries de textile, des grands magasins, des fabricants de moulins à vent et d'équipements agricoles. En 1986, lorsqu'il annonça officiellement que le «Cherry Coke» deviendrait la boisson gazeuse officielle des assemblées annuelles de Berkshire Hathaway, Buffett n'avait pas encore acheté une action de Coca-Cola. Ce ne fut que deux ans plus tard, durant l'été 1988, que Buffett commença à acheter ses premières actions de la compagnie.

## APPLICATION DE DIVERS PRINCIPES
## POUR COCA-COLA COMPANY

### Simple et compréhensible

L'entreprise de Coca-Cola repose sur un concept assez simple. Elle achète des produits de base et les réunit pour fabriquer un concentré. Ce dernier est vendu aux compagnies d'embouteillage qui le combinent avec d'autres ingrédients. Les compagnies embouteillent et revendent ensuite le produit fini à des détaillants, parmi lesquels on retrouve les mini-marchés, les supermarchés et les distributeurs automatiques. L'entreprise fournit aussi le sirop de boisson gazeuse aux détaillants, leur permettant de revendre aux consommateurs le Coca-Cola à la fontaine. Outre Coca-Cola, les marques du fabricant comprennent Diet Coke, Sprite, Mr. PiBB, Mello Yello, Ramblin' Root Beer, les boissons gazeuses Fanta, Tab et Fresca. L'entreprise vend aussi les boissons aux fruits de marque Hi-C, le jus d'orange Minute Maid, Powerade, Nestea et Nordic Mist. Elle possède 44% de Coca-Cola Enterprises, la compagnie d'embouteillage la plus importante des États-Unis et 53% de Coca-Cola Amatil. Celle-ci est une autre compagnie d'embouteillage possédant des intérêts non seulement en Australie, mais en Nouvelle-Zélande et en Europe de l'Est.

La force de Coca-Cola ne réside pas seulement dans les marques de ses produits, elle inclut aussi son système de distribution mondiale incomparable. Aujourd'hui, les ventes internationales des produits Coca-Cola constituent 67% des ventes totales de la compagnie et 81% de ses profits. En plus de Coca-Cola Amatil, l'entreprise a des participations dans des compagnies d'embouteillage situées au Mexique, en Amérique du Sud, en Asie du Sud Est, à Taiwan, à Hong Kong et en Chine. En 1992, la compagnie Coca-Cola a vendu plus de 10 milliards de caisses de ses produits.

## Perspectives favorables à long terme

Peu de temps après que Berkshire eut annoncé publiquement qu'elle était propriétaire de 6,3% de Coca-Cola Company, Buffett fut interviewé par Melissa Turner, une journaliste d'affaires pour l'Atlanta Constitution. Elle lui posa une question qui lui avait été souvent demandée : «pourquoi n'avait-il pas acheté des actions de Coca-Cola plus tôt?» Comme réponse, Buffett lui raconta ce qu'il pensait, lorsqu'il a finalement pris sa décision. «Supposons que vous partiez pour dix ans et que vous vouliez faire un investissement conformément à vos connaissances actuelles et que les changements soient interdits pendant votre absence, à quoi songeriez-vous?»[38] Bien entendu, l'entreprise doit être simple et compréhensible. Elle aura aussi démontré beaucoup de stabilité dans ses affaires au cours des années et, enfin, les perspectives à long terme seront favorables. «Si je proposais quelque chose de certain, si je savais où le marché continuerait de croître dans un secteur de base, si je connaissais l'endroit où le leader continuerait d'être le leader (mondialement), je répondrais qu'il n'y a rien de mieux que «Coke». Je serais suffisamment persuadé lorsque je reviendrais, qu'ils feraient encore plus d'affaires qu'ils n'en font maintenant.»[39]

Pourquoi alors acheter à ce moment précis? Les caractéristiques d'affaires décrites plus haut et si chères à Buffett s'appliquent pourtant à

Coca-Cola depuis plusieurs décennies. Ce qui attira son attention, dit-il, furent les changements se produisant chez Coca-Cola durant les années 1980 sous le leadership de Roberto Goizueta et Donald Keough.

Les années 1970 avaient été une période sombre pour Coca-Cola. La décennie fut troublée par des conflits avec les compagnies d'embouteillage. On leur a porté des accusations de sévices sur les travailleurs étrangers embauchés aux orangeraies de la compagnie Minute Maid. De plus, les écologistes affirmèrent que les contenants jetables de Coke contribuaient au problème grandissant de la pollution. Finalement, la Federal Trade Commission (commission fédérale chargée de veiller au respect de la libre concurrence) accusa la compagnie que son système exclusif de franchise contrevenait au Sherman Anti-Trust Act. Les entreprises internationales de Coca-Cola périclitaient également. Les pays arabes organisèrent un boycottage de Coke, parce que la compagnie avait ouvert une franchise israélienne. Cette attitude mit en veilleuse des années d'investissement. Le Japon, où les bénéfices de la compagnie croissaient le plus vite, devint un champ de bataille d'erreurs corporatives. Les bouteilles de 750 ml de Coke destinées à être apportées à domicile explosaient — littéralement — sur les tablettes des magasins. De plus, les consommateurs japonais, en colère, refusaient que la compagnie utilise du coaltar pour la coloration du Fanta Grape. Lorsqu'elle développa une nouvelle recette en employant des pelures de raisin réelles, le contenu des bouteilles fermenta et la boisson gazeuse fut jetée dans la baie de Tokyo.

Au cours de cette même décennie, Coca-Cola fut une entreprise morcelée et déphasée, plutôt qu'une compagnie novatrice et dominante de l'industrie des boissons gazeuses. Paul Austin fut nommé président du conseil en 1971 après avoir siégé comme président-directeur général de la compagnie depuis 1962. En dépit de toutes les difficultés, la compagnie continua de générer des millions de dollars de bénéfices. Austin diversifia la compagnie plutôt que de réinvestir dans son propre marché des boissons gazeuses. L'entreprise a investi dans des projets hydrauliques et dans des centres d'élevage de crevettes, malgré les faibles marges bénéficiaires. Austin acheta aussi un établissement viticole. Les actionnaires s'opposèrent farouchement à cet investissement, soutenant que la compagnie

Coca-Cola ne devrait pas être associée au commerce de l'alcool. Austin utilisa des montants d'argent sans précédent pour des campagnes de publicité afin de détourner les critiques.

Pendant ce temps, Coca-Cola réalisait des rendements de l'avoir de 20%, bien que les marges avant impôts glissaient (voir graphique 5.14). La valeur marchande de la compagnie à la fin du marché baissier de 1974 était de 3,1 milliards (voir graphique 5.15). Six ans plus tard, la compagnie valait 4,1 milliards de dollars. De 1974 à 1980, cette valeur marchande augmenta à un taux annuel moyen de 5,6%. Ce qui était nettement inférieur à la performance de l'indice Standard & Poor's 500. Durant ces six ans, la compagnie ne créa que 1,02 $ de valeur marchande pour chaque dollar non réparti.

Les malheurs corporatifs de Coca-Cola furent aggravés par le comportement d'Austin.[40] Il était d'un naturel intimidant et inaccessible. De plus, sa femme Jeane, était un élément perturbateur à l'intérieur de la compagnie. Elle décora le siège social avec de l'art moderne, dédaignant les tableaux classiques de Norman Rockwell que la compagnie possédait. Elle réclama même un jet corporatif pour lui faciliter ses recherches d'oeuvres d'art. L'exigence suivante fut la goutte d'eau qui fit déborder le vase et qui contribua indéniablement à la chute de son mari.

En effet, au mois de mai 1980, Mme Austin exigea que le parc de la compagnie soit fermé aux employés pour les déjeuners. Elle invoquait que les miettes attiraient les pigeons sur les pelouses bien entretenues. Le moral des employés atteignit son plus bas niveau de tous les temps. Robert Woodruff (âgé de quatre-vingt-onze ans), encore président du comité des finances, dirigeant de Coca-Cola de 1923 jusqu'à 1955 et doyen de la compagnie, décida qu'il en avait assez entendu. Il exigea la démission d'Austin et le remplaça par Roberto Goizueta.

Goizueta, élevé à Cuba, fut le premier étranger à être nommé président-directeur général de Coca-Cola. Goizueta était d'un naturel aussi ouvert qu'Austin était renfermé. Un des premiers gestes de Goizueta fut de rassembler les cinquante meilleurs directeurs de Coca-Cola pour une réunion à Palm Springs, Californie. «Dites-moi ce que nous faisons de travers, je veux tout savoir et une fois que c'est réglé, je veux votre loyauté à 100%. Si quelqu'un parmi vous n'est pas heureux, nous lui offrirons un bon règlement

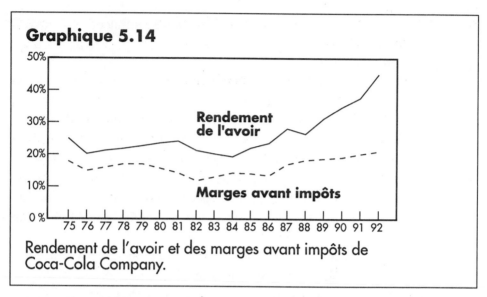

**Graphique 5.14**

Rendement de l'avoir et des marges avant impôts de Coca-Cola Company.

et nous lui dirons au revoir.»[41] À la suite de cette réunion, un rapport de 900 mots intitulé «Strategy for the 1980s» (Stratégie pour les années 1980) fut élaboré pour exposer les objectifs de la société Coca-Cola.

Goizueta encouragea ses directeurs à prendre des risques intelligents. Il voulait que Coca-Cola passe à l'action plutôt que d'en subir le contrecoup. Goizueta, comme le font beaucoup de nouveaux présidents-directeurs généraux, débuta en réduisant les coûts. De plus, il exigea que n'importe quelle entreprise possédée par Coca-Cola optimise son rende-

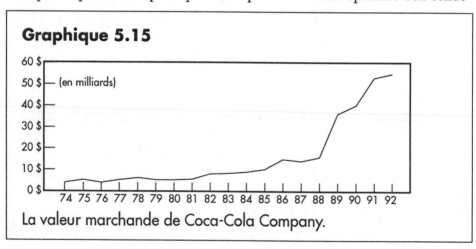

**Graphique 5.15**

La valeur marchande de Coca-Cola Company.

ment de l'avoir. Ces gestes se traduisirent immédiatement par une hausse des marges bénéficiaires.

### Les marges bénéficiaires

En 1980, les marges bénéficiaires de Coca-Cola avant impôts étaient à un taux peu élevé de 12,9%. Lors des cinq années précédentes, elles avaient diminué et se trouvaient bien en dessous du taux de 18% obtenu, en 1973, par la compagnie. Au cours de la première année sous la direction de Goizueta, les marges avant impôts atteignirent 13,7%. En 1988, lorsque Buffett acheta ses actions Coca-Cola, ces mêmes marges avaient déjà grimpé au taux record de 19%.

### Rendement de l'avoir

Dans «Strategy for the 1980s», Goizueta avait souligné que la compagnie se départirait de toute affaire qui ne produirait plus de rendement acceptable sur les capitaux investis. Toute nouvelle affaire devrait posséder suffisamment de potentiel de croissance réelle pour justifier un investissement. Coca-Cola n'était plus intéressée à lutter pour obtenir une part d'un marché stagnant. «Augmenter les bénéfices par action et obtenir une hausse du rendement de l'avoir, c'est ce qui compte», soutint Goizueta.[42] Les paroles du président du conseil d'administration furent suivies par des actes. L'exploitation viticole de Coca-Cola fut vendue à Seagram en 1983. Goizueta n'était pas impressionné par l'entreprise, même si elle avait obtenu, durant les années 1970, un honorable 20% de rendement. Il exigea de meilleurs bénéfices et la compagnie lui en sut gré. En 1988, la rentabilité des capitaux de Coca-Cola avait augmenté à 31,8%.

Toute proportion gardée, sous Goizueta la compagnie Coca-Cola doublait et même triplait les réalisations du règne Austin. Les résultats pouvaient être observés dans la valeur marchande de l'entreprise. En 1980, Coca-Cola valait 4,1 milliards de dollars. À la fin de 1987, même après le krach du marché boursier d'octobre, cette valeur était montée à 14,1 milliards (voir graphique 5.15). En sept ans, la valeur au marché de Coca-Cola augmenta au taux moyen annuel de 19,3%. Chaque dollar de profit de la compagnie non réparti durant cette période augmenta sa valeur marchande de 4,66 $.

### L'honnêteté

La stratégie de Goizueta, pour les années 1980, englobait précisément les actionnaires. «Durant la prochaine décennie, nous resterons totalement à l'écoute de nos actionnaires, nous protégerons et rehausserons leurs investissements. Pour que nous puissions fournir à nos actionnaires, un rendement supérieur à la moyenne, nous devons choisir des entreprises qui génèrent des bénéfices excédant le taux d'inflation», écrivait-il.[43] Goizueta devait non seulement faire croître l'entreprise, ce qui requérait des investissements en capital, mais il devait également augmenter la richesse des actionnaires. Pour ce faire, Coca-Cola augmenta les marges bénéficiaires et le rendement de son avoir. De même, elle fut capable de payer des dividendes croissants tout en continuant en même temps à réduire le ratio des dividendes par rapport aux bénéfices. Dans les années 1980, les dividendes aux actionnaires crûrent de 10% annuellement tandis que le ratio des dividendes distribués déclinait de 65% à 40%. Ceci permit à Coca-Cola de réinvestir un plus grand pourcentage de ses bénéfices pour l'aider à soutenir son taux de croissance, tout en ne trichant pas avec les actionnaires.

Chaque année, dans son rapport annuel, Coca-Cola débute la discussion de son bilan financier et le débat sur la gestion en affirmant : «L'objectif premier de la direction est de maximiser le capital des actionnaires au cours du temps». La stratégie d'affaires de l'entreprise utilise toute son énergie pour donner la plus haute valeur aux marges d'autofinancement à long terme. Elle se concentre sur des investissements à haut rendement, dans l'industrie de la boisson gazeuse, en augmentant les dividendes des entreprises existantes et en optimisant le coût du capital. La preuve de cette réussite sera la croissance des marges d'autofinancement, une augmentation du rendement de l'avoir ainsi qu'une augmentation du rendement total des actionnaires.

## La rationalité

La croissance des marges brutes d'autofinancement permit à Coca-Cola d'augmenter les dividendes aux actionnaires et aussi de racheter ses actions en bourse. En 1984, l'entreprise autorisa son premier rachat, annonçant qu'elle acquérait 6 millions d'actions. Depuis, elle continua de faire l'acquisition de ses actions chaque année. Elle a acheté pour un total de 414 millions d'actions, ce qui correspond à une somme globale de 5,3 milliards de dollars et représentait, au début de 1984, plus de 25% des actions en circulation de la compagnie. La valeur des actions rachetées, en clôture de l'exercice financier de 1993, était de 18,5 milliards de dollars.

En juillet 1992, Coca-Cola annonça que jusqu'à l'an 2000, elle rachèterait cent millions d'actions, représentant 7,6% des actions en circulation. Sans conteste, la compagnie accomplira ce rachat, pendant qu'elle continue d'investir dynamiquement sur les marchés d'outre-mer. Ce rachat, prétend Goizueta, a pu s'effectuer grâce aux fortes capacités de l'entreprise de générer de l'argent comptant. Entre 1993 et 1996 — après ses investissements en immobilisations — l'entreprise aura obtenu plus de 3 milliards de dollars pour débuter son programme de rachat d'actions.

## «Les bénéfices du propriétaire»

En 1973, «les bénéfices du propriétaire» — le profit net, plus la dépréciation et moins les investissements en immobilisations — étaient de 152 millions de dollars (voir graphique 5.16). Au cours de 1980, ils avaient atteint 262 millions de dollars, ce qui représente un taux composé annuel de 8% de croissance. De 1981 à 1988, les bénéfices passèrent de 262 à 828 millions de dollars, soit une croissance au taux composé annuel de 17,8%. Cette augmentation des bénéfices du propriétaire est reflétée dans le prix des actions de Coca-Cola. En analysant la période entre 1973 et 1982, nous constatons que le rendement total de Coca-Cola a crû à un taux annuel moyen de 6,3%. Par contre, pour les dix années suivantes (1983-1992), le rendement total de la compagnie augmenta à un taux annuel moyen de 31,1%.

### Déterminer la valeur

En premier lieu, lorsque Buffett acheta des actions de Coca-Cola, en 1988, beaucoup de personnes ont demandé : «Où se trouve l'intérêt d'acheter Coca-Cola?» Le prix de l'entreprise était alors de quinze fois les bénéfices et de douze fois les fonds autogénérés, donc une prime de 30% et de 50% par rapport à la moyenne du marché. Buffett accepta de payer cinq fois la valeur comptable et 15 fois les profits. L'achalandage économique de Coca-Cola était si prometteur qu'il fut disposé à y investir. L'entreprise rapportait 31% de rendement de l'avoir, alors qu'elle n'utilisait que peu d'investissements en immobilisation. Naturellement, Buffett expliqua que le prix ne révèle rien sur la vraie valeur. La valeur de Coca-Cola, comme de toute autre entreprise, est déterminée par les marges brutes d'autofinancement espérées pour la vie de l'entreprise et escomptées à un taux d'intérêt approprié.

En 1988, les bénéfices du propriétaire (la marge nette d'autofinancement) de Coca-Cola égalaient 828 millions de dollars (voir tableau 5.4). Les obligations de trente ans des États-Unis — le taux sans risque à ce moment-là — se négociaient à près de 9% de rendement. Si les bénéfices du propriétaire de Coca-Cola en 1988 étaient escomptés de 9% (rappelez-vous, Buffett n'ajoute pas une prime de risque reliée aux actions à

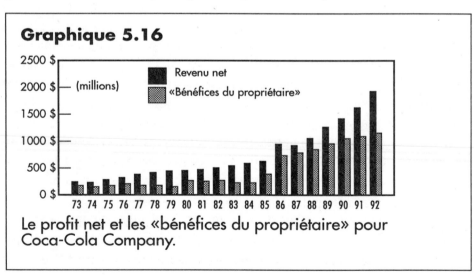

**Graphique 5.16**

Le profit net et les «bénéfices du propriétaire» pour Coca-Cola Company.

d'escompte), la valeur de Coca-Cola aurait été de 9,2 milliards de dollars. Lorsque Buffett acheta des actions, la valeur marchande de la compagnie était de 14,8 milliards, cela pouvait indiquer que Buffett avait peut-être surpayé pour la compagnie. Cependant, la valeur escomptée des bénéfices actuels du propriétaire de Coca-Cola représente 9,2 milliards de dollars. Si le marché était disposé à payer pour Coca-Cola un prix 60% plus élevé que la valeur escomptée de 9,2 milliards de dollars, cela indiquait que les acheteurs percevaient une part de la valeur de Coca-Cola comme une occasion intéressante de croissance.

Quand une compagnie est capable d'accroître les bénéfices du propriétaire, sans avoir besoin de capital additionnel, il est approprié d'escompter ces bénéfices par la différence entre le taux de rendement sans risque et l'accroissement attendu des bénéfices du propriétaire. En analysant Coca-Cola, nous constatons que les bénéfices du propriétaire de 1981 jusqu'à la fin de 1988 ont crû à un taux annuel de 17,8% — plus rapidement que le taux de rendement sans risque. Les analystes utilisent généralement pour leurs calculs un modèle d'escompte à deux paliers lorsque ceci se produit. Ce modèle est une façon de calculer les rendements futurs quand une entreprise a une croissance fulgurante sur un certain nombre d'années et qu'ensuite elle passe à une période de croissance à taux plus lent.

En utilisant cette méthode à deux paliers, nous pouvons calculer la valeur «1988» des marges d'autofinancement futures de l'entreprise. Pour cette année-là, les bénéfices du propriétaire de Coca-Cola étaient de 828 millions de dollars. Supposons que pour les prochains dix ans, elle est capable d'accroître les bénéfices du propriétaire à 15% par année (une hypothèse raisonnable, car ce taux est moins élevé que la moyenne de l'entreprise des derniers sept ans). À la dixième année, les bénéfices du propriétaire égaleront 3,349 milliards de dollars. Supposons encore qu'au début de la onzième année le taux de croissance diminue à 5% annuellement. En utilisant un taux d'escompte de 9%, (le taux à long terme des obligations pour cette période), nous pouvons calculer que la valeur intrinsèque de Coca-Cola en 1988 était de 48,377 milliards de dollars.[44]

Nous pouvons répéter cet exercice en utilisant diverses prévisions de taux de croissance. Si nous présumons que Coca-Cola peut augmenter les bénéfices du propriétaire à 12% annuellement, pendant dix ans, suivi d'une croissance de 5%, la valeur actuelle de l'entreprise, escomptée à 9%, serait de 38,163 milliards de dollars. Avec 10% de croissance pour dix ans et 5% par la suite, la valeur de Coca-Cola serait de 32,497 milliards de dollars. Si nous supposions un taux de 5% pour toujours, la compagnie vaudrait encore au moins 20,7 milliards de dollars [828 millions divisés par (9% - 5%)].

### Acheter à des prix intéressants

En juin 1988, Coca-Cola valait approximativement 10 $ l'action (en tenant compte des fractionnements). Les dix mois suivants, Buffett acheta 93,4 millions d'actions, pour un investissement global de 1,023 milliard de dollars (voir graphique 5.17). Son coût moyen par action était 10,96 $ et à la fin de 1989, Coca-Cola représentait 35% du portefeuille d'actions ordinaires de Berkshire. Ce fut une démarche audacieuse.

À partir du moment où Goizueta prit le contrôle de Coca-Cola en 1980, le prix des titres de l'entreprise augmenta chaque année. Durant les

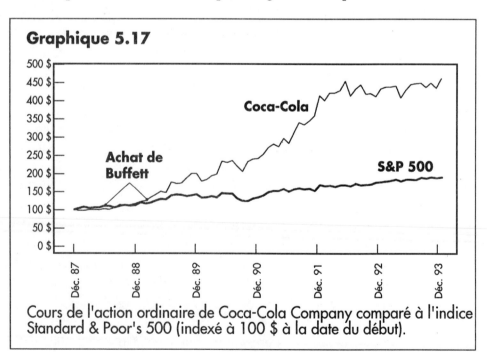

Cours de l'action ordinaire de Coca-Cola Company comparé à l'indice Standard & Poor's 500 (indexé à 100 $ à la date du début).

cinq ans qui précédaient l'achat des premières actions par Buffett, l'appréciation annuelle du titre fut de 18%. La performance de l'entreprise était si bonne que Buffett fut dans l'impossibilité d'acheter des actions à des prix moindres. L'indice Standard & Poor's 500 suivait aussi, pendant ce temps, la même courbe ascendante. Ni Coca-Cola ni le marché boursier n'offrait la chance à Buffett d'acheter à des prix inférieurs. Buffett fonça quand même, expliquant encore que le prix n'a rien à voir avec la valeur d'une entreprise.

La valeur de Coca-Cola sur le marché boursier était en moyenne 15,1 milliards de dollars en 1988-1989, période où Buffett achetait. Selon son évaluation, la valeur intrinsèque de Coca-Cola pouvait se trouver quelque part entre 20,7 milliards (en supposant une croissance de 5% des bénéfices du propriétaire), 32,4 milliards (à une croissance de 10%), 38,1 milliards (à une croissance de 12%), ou 48,3 milliards de dollars (à une croissance de 15%). Donc, la marge de sécurité de Buffett (l'escompte par rapport à la valeur intrinsèque) pourrait être aussi basse qu'un taux conservateur de 27% ou aussi élevée que 70%. Les «chasseurs de valeurs» observèrent l'achat de Buffett et ils considérèrent que Coca-Cola était surévaluée, car ses ratios cours/bénéfices, cours/valeur comptable et cours/fonds autogénérés étaient trop élevés.

## Le concept du «un dollar»

Depuis 1988, la performance des actions de Coca-Cola en bourse fut extraordinaire. De 10 $ l'action, le titre atteignit 45 $ en 1992. Pour la même période, Coca-Cola surpassa la performance de l'indice Standard & Poor's 500 (voir graphique 5.17) et depuis 1987 sa valeur boursière a augmenté de 14,1 à 54,1 milliards de dollars. La compagnie a produit 7,1 milliards de dollars en bénéfices, alors qu'elle a rapporté 2,8 milliards en dividendes à ses actionnaires et a conservé 4,2 milliards pour de nouveaux investissements. Pour chaque dollar que l'entreprise a conservé, elle a créé 9,51 $ de valeur marchande. L'investissement (en 1988-1989) de 1,023 milliard de dollars de Berkshire dans Coca-Cola valait 3,911 milliards de dollars, en 1992.

La hausse dramatique du prix des actions de Coca-Cola (1988 à 1992) a réduit la marge de sécurité entre sa valeur marchande et sa valeur intrinsèque. Des investisseurs prétendent que Coca-Cola est surévaluée. Ils insinuent aussi que l'entreprise aura de la difficulté à réitérer sa performance économique remarquable et à maintenir le prix de ses actions dans les années à venir. Le but de Roberto Goizueta est de doubler pour l'an 2000 la production de Coca-Cola. Il souligne, dans un document intitulé *Coca-Cola, A Business System Toward 2000 : Our Mission In The 1990s*, que Coca-Cola est la seule entreprise de production et de distribution capable d'apporter des rafraîchissements dans tous les coins du monde. L'entreprise atteindra son objectif de doubler ses ventes en augmentant la consommation individuelle des boissons gazeuses (de Coca-Cola) en Europe de l'Est, en ancienne Union Soviétique, en Indonésie, en Inde, en Afrique et en Chine. Bien que ces pays puissent ne jamais égaler la consommation par personne des États-Unis (296 portions de 250 millilitres/personne/année), la plus petite augmentation de consommation à l'intérieur de ces pays en voie de développement se traduira par un rendement amélioré. La moitié de la population mondiale consomme moins de deux portions de 250 millilitres par personne par année. Les possibilités qui sont offertes en Inde, en Indonésie et avec l'ouverture de la Chine sont capables, à elles seules, de propulser la richesse de Coca-Cola dans le siècle à venir.

## Sommaire

La meilleure entreprise à posséder, dit Buffett, est celle qui peut, au cours du temps, utiliser de gros montants de capital à de très hauts taux de rendement. Cette description s'applique à Coca-Cola qui est la marque de commerce la plus largement reconnue et estimée dans le monde. Il est facile de comprendre pourquoi Buffett considère Coca-Cola comme la «franchise» ayant la plus grande valeur.

## RELATIONS DE CONFIANCE PERMANENTES

Pour atteindre le statut de titre «permanent» dans le portefeuille de Berkshire, une entreprise doit posséder de bonnes caractéristiques économiques et une bonne direction (des personnes capables et fiables et, tout aussi important, des gens avec qui Buffett aime s'associer). Washington Post Company, GEICO, Capital Cities/ABC et Coca-Cola Company sont des entreprises ayant un potentiel économique moyen ou supérieur de profit. Au cours des années, les dirigeants de ces entreprises ont prouvé leur fiabilité. Ils ont protégé les intérêts de leurs actionnaires et ont augmenté la valeur de leurs investissements. Chacun des dirigeants déteste le gaspillage corporatif et s'enthousiasme pour une plus haute rentabilité. Ils comprennent tous la répartition rationnelle du capital. Finalement, Buffett apprécie sincèrement ses relations professionnelles et personnelles avec les têtes dirigeantes de ces compagnies. Il ne tarit pas d'éloges à propos de Katherine et Donald Graham, Lou Simpson et Bill Snyder, Tom Murphy et Dan Burke, Roberto Goizueta et Donald Keough.

Buffett a découvert que les relations d'affaires remarquables sont tellement rares et agréables qu'il n'a pas l'intention d'abandonner ses titres permanents. Si un de ceux-ci était échangé pour une autre entreprise, Buffett serait obligé de développer une complicité avec une nouvelle équipe de direction. La perspective de mettre fin à une relation d'affaires basée sur la confiance avec n'importe lequel de ces admirables dirigeants, seulement pour ajouter quelques points de pourcentage au rendement de Berkshire Hathaway, ne l'intéresse aucunement.

# – SIX –

# Les titres négociables à revenu fixe

WARREN BUFFETT est peut-être mieux connu dans le monde de l'investissement pour ses prises de décisions dans les actions ordinaires (décrites dans le chapitre 7). Il achète aussi des titres à revenu fixe pour les sociétés d'assurance de Berkshire. En choisissant ce genre d'investissements, Buffett considérera les titres d'encaisse, les valeurs à revenu fixe (à moyen et à long terme) et les positions d'arbitrage. Au moment d'investir, il admet qu'il n'a pas de préférence marquée pour ces différentes catégories. Il recherche tout simplement les investissements qui rapportent le rendement le plus élevé, après impôt.

Il est important de comprendre que par rapport aux autres sociétés d'assurance, les valeurs à revenu fixe représentent un pourcentage infime du portefeuille d'investissements de Berkshire. En 1993, les valeurs à revenu fixe (l'encaisse, les obligations et les actions privilégiées) représentaient seulement 17% du portefeuille de Berkshire. Dans la plupart des autres sociétés d'assurance, cette proportion se situe entre 60 et 80%. Grâce à la caractéristique financière supérieure et à la philosophie disciplinée de réassurance de Berkshire, Buffett a pu investir une majorité de son actif dans des titres ordinaires. Généralement, il montre peu d'enthousiasme pour les obligations et les considère, au mieux, comme étant des investissements médiocres.

Buffett a une double antipathie pour les obligations. D'abord, à cause de son parti pris contre l'inflation, il s'attend toujours à ce que le pouvoir d'achat de l'argent baisse. Les obligations étant libellées en argent, Buffett s'enthousiasmera pour celles-ci, le jour où il deviendra plus confiant de la stabilité à long terme de la devise monétaire. Ensuite, il estime

**181**

que les obligations devraient être envisagées du point de vue des gens d'affaires, car la plupart des contrats à revenu fixe (taux d'intérêt) offrent des rendements inférieurs à ce que ces personnes exigeraient. Cette manière de considérer «les obligations selon leurs vertus d'affaires» est très inhabituelle pour les investissements à revenu fixe.

Buffett explique que si nous investissons 10 millions de dollars dans une entreprise qui rapporte 12% sur l'avoir et qui ne distribue aucun bénéfice, celle-ci aura, dans trente ans, une valeur de 300 millions. Elle aura rapporté 32 millions de dollars au cours de la dernière année. À présent, dit-il, si nous achetons 10 millions de dollars d'obligations avec un coupon annuel de 12% et que nous utilisons le revenu de l'intérêt pour acheter d'autres obligations de 12%, au bout de trente ans, nous aurions aussi 300 millions de dollars de capital. Cela rapporterait également 32 millions de dollars durant la dernière année. Sachant qu'à long terme le rendement moyen de l'avoir d'une entreprise américaine est de 12%, Buffett dirait que ce placement dans les obligations est une transaction d'affaire normale.

En se remémorant 1946, Buffett note qu'une obligation municipale triple *A* de vingt ans se négociait avec un rendement de 1%. L'acquéreur de ces obligations achetait une entreprise qui rapportait 1% à partir de sa valeur comptable et qui, pour les prochains vingt ans, ne pourrait jamais rapporter plus que 1%. Il est probable, explique Buffett, qu'aucune entreprise aux États-Unis en 1946 n'a été achetée ou vendue à sa valeur comptable, alors que l'acheteur croyait qu'elle ne pouvait réaliser plus de 1% sur l'avoir. Néanmoins, les investisseurs à revenu fixe ont raflé ces obligations malgré leurs piètres aspects économiques. De plus, durant les années qui suivirent, ils continuèrent d'acheter des obligations. Ce qui était totalement inadéquat, selon les principes des affaires.

À la fin des années 1970 et au début des années 1980, les taux d'intérêt sur les obligations et l'inflation ont commencé à monter en même temps. En 1981, le rendement sur les obligations gouvernementales à long terme était de 16% et celui sur les obligations municipales, exonérées d'impôt, était de 14%. Pendant cette période, les compagnies d'assurance ont modifié l'émission de leurs polices d'automobiles les faisant passer d'un an à six mois. Les cadres des compagnies d'assurance soutenaient avec conviction, que pendant une période d'inflation haussière, ils étaient incapables d'évaluer les coûts futurs associés à la réparation automobile. Curieusement, souligne Buffett, dès qu'ils eurent décidé que dans un monde inflationniste les polices d'assurance automobile d'un an étaient déraisonnables, les cadres de l'assurance firent volte-face. Ils prêtèrent de l'argent sur les obligations achetées à des taux fixes de trente ans.

L'obligation à long terme, dit Buffett, est devenue le dernier contrat forfaitaire dans un monde inflationniste. Les acheteurs d'obligations peuvent obtenir un prix fixe pour leur investissement et ce même pour les vingt premières années du prochain siècle. Les acheteurs d'assurance, d'espace de bureau, de chocolat ou de papier journal seraient tournés en ridicule s'ils demandaient une fixation des prix pour trente ans. Les individus qui achètent des obligations à long terme oublient cet illogisme financier, souligne Buffett.

Bien que leurs taux d'intérêt à la fin des années 1970 et au début des années 1980 approchaient les rendements de la plupart des entreprises, Buffett n'était pas un acheteur convaincu d'obligations à long terme. Il existait toujours, dans son esprit, la possibilité d'une inflation haussière. Dans ce contexte, les titres ordinaires perdraient leur valeur, mais les obligations en circulation souffriraient de bien plus grandes pertes. Une compagnie d'assurance qui investit tout en obligations dans un climat hyperinflationniste peut réduire à néant son portefeuille. Au début des années 1980, comme cette possibilité était écartée et que les taux d'intérêt incluaient des prévisions à la hausse, le risque de se tromper, explique Buffett, était inacceptable.

Les compagnies d'assurances, à cause de leur engagement envers les détenteurs de polices, doivent investir une partie de leurs capitaux dans des valeurs à revenu fixe. Pourtant, Buffett a limité ces valeurs à revenu fixe de Berkshire dans des obligations convertibles, dans des titres privilégiés convertibles et également dans des obligations à court et à moyen termes avec fonds d'amortissement. Avant d'acheter, Buffett exige des obligations à long terme, qu'elles passent à travers d'importantes contraintes financières. Ces exigences comprennent un rendement à échéance provenant du taux d'intérêt qui doit approcher celui des entreprises. Il faut que l'obligation enregistre une plus-value si possible. Ces obligations uniques sont souvent mal cotées par le marché et se négocient au-dessous de leur valeur nominale.

## LES OBLIGATIONS

### Washington Public Power Supply System

Le 25 juillet 1983, Washington Public Power Supply System (WPPSS) annonça qu'elle était en défaut de paiement de 2,25 milliards de dollars en obligations municipales. Ces obligations étaient utilisées pour financer la construction inachevée de deux réacteurs nucléaires connus sous le nom de «Projets 4 et 5». L'État statua que les autorités locales n'étaient pas obligées de payer WPPSS pour de l'énergie qu'elles avaient promis d'acheter d'autant plus qu'elles n'en n'avaient plus besoin. La décision de la cour a mené au plus important défaut de paiement d'obligations municipales de l'histoire des États-Unis. L'importance du non-paiement et l'effondrement qui s'en suivit déprimèrent le marché des obligations des services publics pendant plusieurs années. Les investisseurs vendirent leurs obligations qu'ils détenaient dans les services publics, provoquant une baisse des prix et une hausse des rendements courants.

Le nuage qui planait au-dessus des «Projets 4 et 5» de WPPSS projetait une ombre sur les «Projets 1, 2, et 3». Buffett expliqua qu'il y a des différences importantes entre les termes et les obligations des «Projets 4 et 5» et ceux des «Projets 1, 2, et 3». Les trois premiers projets correspondaient à des services opérationnels qui étaient aussi des obligations directes d'une agence gouvernementale : Bonneville Power Administration. Les problèmes des «Projets 4 et 5» étaient tellement graves qu'ils pouvaient à la fin affaiblir la situation de crédit de Bonneville Power.

Buffett évalua les risques de posséder des obligations municipales des «Projets 1, 2 et 3» de WPPSS. Il y avait certainement un risque que ces obligations puissent entraîner une cessation de paiement des intérêts pour une période prolongée. L'avantage du «plafonnement» était un autre facteur pour la valeur de ces obligations. En effet, s'il pouvait les acheter escomptées à leur valeur, elles ne pourraient valoir que 100 cents au dollar à leur échéance.

Peu de temps après que les «Projets 4 et 5» eurent manqué à leur engagement, Standard & Poor's cessa les évaluations sur les «Projets 4 et 5». Les obligations à coupons les plus bas des «Projets 1, 2 et 3» baissèrent à quarante cents par dollar, offrant un rendement actuel de 15 à 17% exempt d'impôt. Les obligations à coupons les plus élevés baissèrent à quatre-vingt cents par dollar et générèrent un rendement similaire. Buffett, sans être effrayé, acheta avec constance des obligations émises par WPPSS pour les « Projets 1, 2 et 3», d'octobre 1983 jusqu'à la fin de juin de l'année suivante. Il acheta les obligations à coupons peu élevés autant que celles à coupons élevés. À la fin de juin 1984, Berkshire Hathaway possédait 139 millions de dollars d'obligations des «Projets 1, 2 et 3» de WPPSS, d'une valeur nominale de 205 millions de dollars.

Avec WPPSS, explique Buffett, Berkshire acheta une entreprise de 139 millions pouvant rapporter 22,7 millions de dollars annuellement après impôt (la valeur cumulative des coupons annuels de WPPSS) et ainsi payer en argent comptant ces rendements à Berkshire. Buffett souligne que peu d'entreprises, disponibles à cette période, se vendaient à un escompte de leur valeur comptable et rapportaient 16,3% après impôt sur du capital non endetté. Buffet calcula qu'acheter une compagnie opérant sans effet de levier qui rapporte 22,7 millions après impôt (45 millions avant impôt) aurait coûté à Berkshire entre 250 millions et 300 millions de dollars. Si c'était le genre d'entreprise solide qu'il comprend et aime, Buffett aurait payé ce montant avec plaisir. Néanmoins, explique-t-il, Berkshire paya la moitié de ce prix pour les obligations de WPPSS pour réaliser le même montant de rendement. De plus, Berkshire acheta les obligations de l'entreprise à un escompte de 32% par rapport à la valeur comptable.

Examinant les faits passés, Buffett admet que l'achat d'obligations de WPPSS a permis un rendement plus important que ce qu'il en attendait. En fait, les obligations ont eu une meilleure performance que la plupart des achats effectués en 1983. Buffett a vendu depuis les obligations à coupon peu élevé de WPPSS. Ces obligations, qu'il acheta avec un escompte significatif par rapport à la valeur nominale, doublèrent alors qu'elles payaient annuellement à Berkshire un bénéfice de 15 à 17% exonéré d'impôt. «Notre expérience avec WPPSS, aussi plaisante fut-elle, ne fait rien pour changer notre opinion négative au sujet des obligations à long terme, disait Buffett. Cela nous fait seulement espérer que nous pourrons tomber sur une autre importante émission dépréciée, dont les problèmes entraînent une mauvaise évaluation sur le marché.»[1]

## Les obligations de RJR Nabisco

Durant les années 1980, une nouvelle forme d'investissement fut introduite sur les marchés financiers : l'obligation à rendement élevé. Buffett considère ces nouvelles obligations à rendement élevé distinctes des précédentes les *anges déchus*. Ce terme est utilisé par Buffett pour des obligations valables qui, s'effondrant au mauvais moment, furent notées à la baisse par les agences de cotations. Il comparait les obligations de WPPSS à des anges déchus. Les nouvelles obligations à rendement élevé étaient une forme «corrompue» des anges déchus et étaient souvent désignées sous le nom de «junk bonds» (obligations spéculatives à haut risque). Ces obligations à haut rendement, selon Buffett, étaient de la pacotille même avant leur émission.

Les courtiers de Wall Street furent capables de promouvoir la pertinence d'investir dans les obligations spéculatives à haut risque en citant les résultats de recherches antérieures. Celles-ci indiquaient que les taux d'intérêt plus élevés compenseraient les investisseurs pour le risque plus grand de non-paiement. Cependant, Buffett soutenait que les statistiques antérieures de non-paiement étaient sans signification, car les données étaient basées sur un groupe d'obligations nettement différentes des «pacotilles» émises actuellement. Il était illogique, affirma Buffett, de présumer que les junk bonds étaient identiques aux anges déchus. «Prenez garde en ce qui concerne les preuves de performances antérieures en finance. Si les livres d'histoire contenaient la clef des richesses, ce sont des bibliothécaires qu'on retrouverait dans le Forbes 400», disait-il.[2]

Alors que les années 1980 s'écoulaient, les obligations à rendement élevé devenaient de plus en plus «pourries» pendant que de nouvelles émissions envahissaient le marché. «Des montagnes de junk bonds, soulignait Buffett, furent vendus par ceux qui ne se préoccupaient pas, à ceux qui ne pensaient pas, et, de ceux-ci, il n'en manquait pas.»[3] À l'apogée de cette folie d'endettement, Buffett prédit que bon nombre de ces entreprises majeures étaient assurées de faire faillite. Il devint apparent que ces compagnies endettées avaient du mal à rencontrer leurs paiements d'intérêt. En 1989, Southmark Corporation et Integrated Resources ont toutes deux fait défaut de paiement sur leurs obligations. Également Campeau Corporation, un empire du commerce au détail des États-Unis, créé avec des obligations de pacotille, annonça qu'elle avait de la difficulté à honorer ses engagements. De plus, le 13 octobre 1989, UAL Corporation fut la cible d'une offre d'achat de 6,8 milliards de dollars. Ce rachat, mené par la direction et les syndicats, devait être financé par des obligations à rendement élevé. UAL annonça qu'elle ne pouvait pas obtenir de financement. Les arbitragistes vendirent leur position d'actions ordinaires dans UAL et l'indice Dow Jones des valeurs industrielles chuta de 190 points en une journée.

Plusieurs investisseurs s'interrogèrent sur la valeur des obligations à rendement élevé, à la suite de la déception provoquée par l'affaire UAL, cumulée aux pertes dans Southmark et Integrated Resources. Les gestionnaires de portefeuilles se mirent à écouler leurs participations de pacotille. Sans acheteurs, le prix des obligations à rendement élevé dégringola. Après avoir débuté l'année avec des gains exceptionnels, l'indice Merryll Lynch des obligations à rendement élevé rapportait un maigre 4,2%. C'était peu par rapport au taux de 14,2% affiché par les obligations de meilleure qualité. À la fin de 1989, les junk bonds étaient totalement exclus des bonnes grâces du marché.

Un an auparavant, en 1988, Kohlberg Kravis & Roberts avaient réussi à acheter RJR Nabisco pour 25 milliards de dollars. RJR était financé principalement par des dettes bancaires et des obligations hautement spéculatives. Les obligations RJR déclinèrent avec les obligations de pacotille quoique la compagnie rencontrât ses engagements financiers. Elle était tributaire de ce marché qui se dépréciait. En 1989 et 1990, lors du marché baissier dans ce genre d'obligations, Buffett commença alors à acheter les obligations RJR.

Pendant que la plupart des obligations de pacotille continuaient à être dénuées d'intérêt, Buffett estima que RJR Nabisco avait été punie injustement. Les produits stables de la compagnie généraient assez d'argent pour couvrir ses paiements d'intérêts. De plus, RJR Nabisco avait réussi à vendre des sections de son entreprise à des prix très intéressants, réduisant ainsi son ratio d'endettement sur l'avoir. Buffett analysa les risques d'investissement dans RJR Nabisco. Il conclut que le crédit de l'entreprise était plus élevé que ce qui était perçu par d'autres investisseurs vendant leurs obligations. Les obligations RJR avaient un rendement appréciable de 14,4% et le prix stagnant offrait le potentiel d'une plus-value.

En 1989 et 1990, Buffett acquit 440 millions de dollars d'obligations escomptées de RJR Nabisco. Au printemps de 1991, la compagnie annonça qu'elle retirait la plupart de ses junk bonds en rachetant les obligations à leur valeur nominale. Les obligations de RJR s'apprécièrent de 34%, produisant une plus-value de 150 millions de dollars pour Berkshire Hathaway.

## L'OPÉRATION D'ARBITRAGE

Buffett aime quelquefois détenir des obligations à moyen terme exemptes d'impôt comme alternatives à de l'argent comptant. Il a réalisé qu'en remplaçant des obligations à moyen terme par des bons à court terme du Trésor, il encourrait une perte de capital, surtout s'il devait vendre à un moment défavorable. Buffett a calculé que cette perte possible était compensée par le gain en revenu. Ces obligations, exonérées d'impôt, offrent un plus haut rendement que les bons du Trésor. Cependant, ce n'est pas sa seule alternative rentable pour les bons du Trésor. Buffett, ayant plus d'argent comptant que d'idées d'investissement, fait appel occasionnellement à l'opération d'arbitrage.

L'arbitrage, sous sa forme la plus simple, consiste à acheter un titre sur un marché et le vendre simultanément sur un autre marché. Le but est de profiter de la différence entre les prix. Par exemple, si un titre d'une compagnie est coté à 20 $ l'action sur le marché de Londres et à 20,01 $ sur le marché de Tokyo, un arbitragiste pourrait en profiter pour acheter, au même moment, des actions à Londres et les vendre à Tokyo. Dans ce cas, il n'y a aucun risque pour le capital. L'arbitragiste profite seulement des inefficacités qui se produisent entre les marchés. Cette transaction ne comportant aucun risque, elle est appelée arbitrage sans risque. Il existe par ailleurs un arbitrage à risque : c'est la vente ou l'achat d'un titre dans l'espoir de profiter d'une quelconque valeur annoncée.

Le type le plus fréquent d'arbitrage à risque comprend l'achat d'un titre escompté à une valeur future. Cette valeur capitalisée est habituellement basée soit sur une fusion de sociétés soit sur une liquidation soit sur une offre d'achat ou de réorganisation. L'arbitragiste doit affronter la possibilité que le prix annoncé du titre ne se concrétise pas. Buffett explique

que pour évaluer les occasions d'arbitrage à risque : «vous devez être prêt à répondre à ces quatre questions fondamentales. Est-ce vraisemblable que l'événement promis arrive? Pendant combien de temps votre capital sera-t-il immobilisé? Quelle chance y a-t-il qu'une meilleure occasion se produise, par exemple une offre publique d'achat (OPA) concurrentielle? Si l'affaire ne se réalise pas à cause d'une procédure antitrust, de problèmes financiers, etc., qu'arrivera-t-il?»[4]

Pour aider les actionnaires à comprendre les avantages de l'arbitrage, Buffett raconte l'histoire de celui de Berkshire dans Arcata Corporation.[5] En 1981, Arcata Corporation accepta la proposition de Kohlberg Davis Roberts & Company (KKR), spécialiste des rachats d'entreprise financés par l'endettement. Arcata était active dans les produits forestiers et l'imprimerie. En 1978, le gouvernement des États-Unis avait acquis de force plus de 4 100 hectares des forêts de séquoia appartenant à Arcata, pour l'expansion du Redwood National Park. Le gouvernement avait offert 98 millions de dollars à la compagnie. Les paiements devaient se faire sous forme de versements et porter un taux d'intérêt simple de 6% sur la dette. Arcata soutenait que le prix d'achat pour les terres était arbitraire et que le taux d'intérêt était inadéquat. L'exploitation de l'entreprise ajoutée au règlement en puissance avec le gouvernement constituait, en 1981, la valeur d'Arcata. KKR offrit d'acheter Arcata pour 37 $ par action plus deux tiers de tous montants supplémentaires que le gouvernement pourrait être obligé de payer.

Buffett analysa la proposition de rachat d'Arcata Corporation par KKR. Il évalua que cette dernière avait déjà obtenu avec succès du financement pour des opérations de ce genre. Si elle décidait de se retirer de la transaction, Arcata trouverait un autre acheteur. Le conseil d'administration d'Arcata était décidé à vendre la compagnie. Il restait cependant à déterminer la valeur du bois d'oeuvre de séquoia saisi par le gouvernement. Cela demeurait un élément plus difficile à expertiser. Buffett, admettant qu'il ne pouvait faire la différence entre un orme et un chêne, évalua calmement la somme entre «rien et beaucoup».[6]

À l'automne de 1981, Berkshire Hathaway acheta des titres d'Arcata à 33,50 $ l'action. Le 30 novembre, Berkshire possédait 400 000 actions, soit environ 5% de la compagnie. Un contrat définitif fut signé entre cette dernière et KKR, en janvier 1982. Au même moment, Buffett ajouta 255 000 actions aux participations de Berkshire à un prix approchant 38 $ l'action. Les complexités de la transaction et l'empressement de Buffett à payer plus que l'offre initiale de 37 $ l'action, démontraient qu'il croyait que le règlement avec le gouvernement concernant le bois de séquoia valait plus que «rien».

Plusieurs semaines plus tard, l'entente se dénoua. En premier lieu, KKR éprouvait de la difficulté à financer l'achat, contrairement à l'évaluation de Buffett. L'industrie de la construction domiciliaire était en chute libre et les prêteurs étaient prudents. L'assemblée des actionnaires d'Arcata fut ajournée au mois d'avril. KKR, qui était incapable de financer le tout, offrit 33,50 $ l'action pour Arcata. Le conseil d'administration rejeta l'offre de KKR. En mars, Arcata accepta une autre offre concurrentielle et vendit la compagnie pour 37,50 $ l'action, plus une demie du règlement potentiel en litige. Berkshire reçut 1,7 million de plus que son investissement de 22,9 millions de dollars, soit un rendement annualisé très satisfaisant de 15%.

Des années plus tard, Berkshire encaissa un versement longuement attendu sur cet investissement d'arbitrage. Durant le litige, le juge d'instance nomma deux commissions, une pour déterminer la valeur du bois d'oeuvre séquoia et la seconde pour décider du taux d'intérêt approprié. En janvier 1987, la première commission annonça que le bois de séquoia valait, non pas 97,8 millions de dollars, mais 275,7 millions de dollars. La deuxième commission déclara qu'un taux d'intérêt composé approprié devrait être de 14%, et non un taux simple de 6%. La cour statua que l'on devait 600 millions de dollars à Arcata. Le gouvernement fit appel de cette décision. Toutefois, il régla pour 519 millions de dollars. En 1988, Berkshire reçut ainsi en supplément 19,3 millions de dollars, ou plus de 29 $ pour chaque action d'Arcata.

Buffett a pratiqué l'arbitrage depuis des décennies. Alors que la plupart des arbitragistes peuvent participer à cinquante transactions ou plus annuellement, Buffett recherche seulement quelques transactions financières importantes. Il limite sa participation à des opérations publiées et honnêtes. Il refuse de spéculer sur des prises de contrôle potentielles ou sur des perspectives de chantage financier. Buffett pense que Berkshire a obtenu, avant impôt, un taux de rendement annualisé moyen d'environ 25%, bien qu'il n'ait jamais mesuré sa performance en arbitrage au cours des années. L'arbitrage étant souvent une alternative pour les bons à court terme du Trésor, l'appétit de Buffett pour ces transactions fluctue selon l'encaisse de Berkshire. Plus important, explique-t-il, l'arbitrage l'empêche de relâcher ses principes rationnels concernant l'achat d'obligations à long terme.

Avec le succès mitigé de Berkshire en arbitrage, les actionnaires peuvent se demander pourquoi Buffett n'a jamais senti le besoin de s'écarter de cette stratégie. De l'aveu général, les rendements des investissements de Buffett étaient meilleurs que prévus. Par contre en 1989, le panorama de l'arbitrage changeait. Les excès financiers dans le marché, provoqués par les achats de sociétés financées par l'endettement, créaient un climat d'enthousiasme effréné. Buffett n'était pas certain du moment où les prêteurs et les acheteurs reprendraient leur bon sens. Il procédait toujours prudemment lorsque les autres étaient téméraires. C'est pourquoi, avant l'effondrement du rachat d'UAL, Buffett se retira de ce genres d'opérations. Le retrait de Berkshire de l'arbitrage fut facilité par l'apparition des actions privilégiées convertibles.

## LES ACTIONS PRIVILÉGIÉES CONVERTIBLES

Une action privilégiée convertible est un titre hybride qui possède les caractéristiques des actions et des obligations. Généralement, ces titres fournissent aux investisseurs un revenu courant plus élevé que des actions ordinaires. Ce rendement supérieur offre une protection contre le risque de la baisse du prix. Si les titres ordinaires baissent, le rendement plus élevé des actions privilégiées convertibles les empêche de tomber aussi bas que les actions ordinaires. En théorie, les actions convertibles baisseront de prix jusqu'à ce que le rendement en cours se rapproche de la valeur d'une obligation non convertible avec un rendement, une qualité de crédit et une échéance similaires.

Un titre privilégié convertible (puisqu'il est convertible en actions ordinaires) fournit aussi à l'investisseur l'occasion de participer à l'appréciation des actions ordinaires. Au moment où le titre ordinaire augmente, le titre convertible augmentera aussi. Cependant, comme le titre convertible fournit un revenu élevé et une possibilité de plus-value, son prix comporte une prime par rapport aux actions ordinaires. Cette prime se réfléchit dans le taux auquel les actions privilégiées peuvent être converties en actions ordinaires. Normalement, la prime de conversion peut être de 20 à 30%. Cela signifie que l'action ordinaire doit croître en prix de 20 à 30% avant que le titre convertible puisse être changé en actions ordinaires sans perdre de valeur.

Lorsque Buffett commença à investir dans des titres privilégiés convertibles, beaucoup de personnes étaient déconcertées. Au début, il n'était pas évident que ces placements étaient faits parce qu'il appréciait les entreprises et leurs perspectives; il recevait peut-être simplement une récompense pour les avoir protégé de soupirants indésirables. Chacun des exemples suivants, Salomon, Gillette, Champion International et USAir a été remis en question par des groupes de prise de contrôle. Salomon dut faire face à une telle tentative par Ronald Perelman du groupe Revlon. Gillette fut assiégée par Coniston Partners et Michael Steinhardt tenta de prendre le contrôle de USAir. Champion International ne fut pas en danger immédiat, mais elle tenta de prévenir une prise de contrôle. Pour ce faire, elle vendit à Berkshire 300 millions de dollars de nouveaux titres privilégiés convertibles, ce qui représentait 8% de l'entreprise. Buffett fut reconnu comme étant le «chevalier blanc» des entreprises, les secourant d'envahisseurs hostiles.

### SALOMON INC.*

Peu de temps avant le krach du marché boursier d'octobre 1987, Berkshire Hathaway annonça l'achat, pour 700 millions de dollars, d'une nouvelle émission d'actions privilégiées de Salomon à 9%. Ces actions étaient convertibles, après trois ans, en actions ordinaires de Salomon à 38 $ chacune. Si Berkshire ne convertissait pas les titres privilégiés, Salomon les rachèterait dans un laps de temps de cinq ans, à partir d'octobre 1995 **.

---

\* *INC. (incorporated) : société constituée, société à responsabilité limitée*
\*\* *Note du traducteur : En octobre 1995, Berkshire Hathaway a demandé le rachat d'un cinquième des actions par Salomon.*

À l'époque, les titres ordinaires de Salomon se négociaient autour de 33 $ l'action. Les actions privilégiées furent émises avec une prime de 15% par rapport à leur conversion au pair. En d'autres mots, les titres ordinaires de Salomon devraient augmenter de 15% avant que Berkshire puisse convertir ses actions privilégiées en actions ordinaires sans perdre d'argent.

En 1987, Ronald Perelman tenta de prendre le contrôle de Salomon. John Gutfreund, président et chef de la direction de Salomon, ne croyait pas qu'il était dans le meilleur intérêt de vendre à Perelman. «Alors, j'ai appelé Warren, dit Gutfreund et nous en sommes venus très rapidement à une entente.»[7] Buffett et Gutfreund se connaissaient depuis des années. En 1976, Gutfreund avait aidé GEICO à récupérer de sa faillite imminente. Depuis ce temps, Buffett remarqua à plusieurs occasions que Gutfreund plaçait les intérêts de ses clients au-dessus de ceux de sa firme refusant même des honoraires lucratifs de son entreprise. Pareil comportement, commenta Buffett, était inusité pour Wall Street. Gutfreund était quelqu'un qu'il admirait et en qui il avait confiance.

Du point de vue de Buffett, les actions privilégiées de Salomon étaient l'équivalent d'un revenu fixe à moyen terme avec des possibilités intéressantes de conversion. Il faut reconnaître qu'il n'avait aucune connaissance particulière en ce qui concerne le secteur de l'investissement bancaire. Il ne pouvait prédire avec confiance ce que seraient les marges brutes futures d'autofinancement de l'entreprise. Cette incertitude, explique Buffett, est la raison pour laquelle l'investissement de Berkshire est une émission d'actions privilégiées convertibles plutôt que d'actions ordinaires. Sa conviction était cependant, qu'avec le temps : «une opération importante de qualité supérieure pouvant mobiliser des fonds et s'adapter au marché boursier, peut réaliser une bonne moyenne de rendement de l'avoir». S'il avait raison, le «droit de conversion» prouverait éventuellement qu'il a de la valeur.[8]

En 1986, les actions ordinaires de Salomon se transigeaient à 59 $, un prix particulièrement élevé, soit 55% au-dessus du prix d'option de conversion de Berkshire. En espérant que Salomon atteigne son maximum avant trois ans, le rendement total de Berkshire, en comptant la conversion et en incluant les dividendes, serait de 88%, soit un rendement annualisé de 29%. Si cela prenait cinq ans, avant que le prix des titres de Salomon arrive à 59 $, le rendement annuel de Berkshire serait de 17,6%. Ce rendement de

17,6% était décidément mieux que ceux de la plupart des entreprises, même s'il était inférieur à ce que Berkshire avait pu obtenir dans son propre portefeuille d'actions ordinaires. Il était presque deux fois plus élevé que le taux des obligations à long terme. Buffett expliqua que l'évidence de la valeur des actions privilégiées était ses caractéristiques de revenu fixe, bien avant la possibilité de conversion. Ces dernières sauvèrent l'investissement Salomon de deux désastres non prévus.

Le krach d'octobre 1987 survint moins d'un mois après que Buffett eut acheté les titres privilégiés de Salomon (voir graphique 6.1). Le prix des actions de Salomon chuta à 16 $. Si Buffett avait investi dans des actions ordinaires, il aurait perdu la moitié de son investissement. À la fin de l'exercice de 1987, les actions de Salomon revinrent difficilement à 19 $ chacune. Salomon devait doubler de prix à partir de ce moment, avant que Berkshire puisse rentrer dans ses frais pour la conversion. En 1988, le prix des actions de Salomon gagna 23%, terminant l'année à 24 $ l'action. L'année suivante, le titre monta jusqu'à 29 $ l'action avant de glisser à 23 $ après la baisse soudaine du marché du 13 octobre 1989. Ce ne fut qu'en 1991 que le prix des actions de Salomon franchit le cap de 33 $. C'était à ce cours que Buffett avait initialement acheté les privilégiées convertibles. Finalement le titre reprit de la force. Il atteignit 37 $ l'action peu de temps

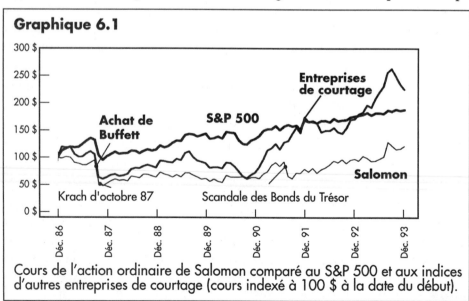

**Graphique 6.1**

Cours de l'action ordinaire de Salomon comparé au S&P 500 et aux indices d'autres entreprises de courtage (cours indexé à 100 $ à la date du début).

avant l'annonce indiquant que l'entreprise avait violé les règlements du Trésor des États-Unis, en août 1991. Ce qui arriva par la suite en dit plus sur le dirigeant, que sur Buffett l'investisseur de Salomon.

Buffett raconte : «le 16 août 1991, je reçus un appel vers 6 h 45 du matin. Il s'agissait de cadres supérieurs de Salomon m'affirmant qu'ils donneraient leur démission».[9] Une semaine auparavant, l'entreprise avait admis avoir enfreint les règlements d'enchères du Trésor, alors qu'elle contrôlait 95% des bons de deux ans vendus aux preneurs en mai. Les règlements du Trésor stipulent qu'une entreprise ne peut pas acquérir dans une vente aux enchères plus de 35% de l'offre totale. Salomon avait grandement dépassé cette limite. Elle avait caché le fait aux autorités durant plusieurs mois. Gutfreund fut conscient de l'infraction peu de temps après qu'elle fut commise. Il fut blâmé, avec d'autres cadres supérieurs de Salomon, pour ne pas avoir informé les autorités en temps opportun. La critique fut tellement sévère que Gutfreund n'a eu d'autre choix que de démissionner.

Cela fut un petit problème, admettait habilement Buffett. Salomon possédait plus d'argent que toutes autres entreprises aux États-Unis, à l'exception de Citicorp. Plus de la moitié de cet argent était due dans les semaines suivantes. Si Salomon avait échoué, les répercussions financières pour le pays, aussi bien que pour Berkshire Hathaway, auraient été dramatiques. Buffett offrit de devenir président du conseil par intérim de Salomon, jusqu'à ce que la crise soit résolue. Il ne voyait d'autre choix, pour rassurer les autorités gouvernementales, les politiciens, les actionnaires ou les clients, que de les persuader que Salomon valait la peine d'être sauvée. Il est juste de prétendre que la présence de Buffett et son leadership durant l'enquête prévinrent l'effondrement de Salomon.

Au cours des dix mois suivants, Buffett nomma Deryck Maughan président du conseil et chef de la direction de Salomon Brothers, la société d'investissement bancaire de l'entreprise. Maughan avait auparavant dirigé les opérations rentables de Salomon en Asie de l'Est et à Tokyo. Il nomma, ensuite, Robert Denham, le directeur associé de Munger Tolles & Olson (l'étude de droit de Charlie Munger), comme avocat principal de Salomon. Denham et Buffett négocièrent avec les vérificateurs fédéraux le règlement de 290 millions de dollars sur les infractions reprochées à l'entreprise. En dernier lieu, Buffett réorganisa la direction de Salomon ainsi que la rémunération et l'évaluation de ses performances. Quand Buffett se retira, comme président par intérim, en juin 1992, il désigna Robert Denham pour lui succéder à la tête de Salomon Incorporated.

Lorsque Salomon avait annoncé ses violations, le prix de l'action avait baissé à 16 $. Quatre ans après, le cours de l'action était revenu au niveau où il se négociait après le krach d'octobre 1987. À partir de septembre 1991, au moment où Buffett prit Salomon en charge, le prix des actions monta régulièrement. En décembre 1993, vingt-huit mois après la divulgation du scandale, le prix était monté de 193%, soit à 47 $ l'action. Malgré ce ressaisissement phénoménal, les titres privilégiés de Salomon déçurent passablement. En effet, le prix des actions ordinaires, depuis 1987, n'a pu réussir à devancer l'indice Standard & Poor's 500 (voir graphique 6.1). Il n'est pas parvenu non plus à dépasser les autres firmes de courtage. Les investissements de Berkshire dans les actions privilégiées de Salomon, incluant les dividendes et les droits de conversion en ordinaires, ont atteint une moyenne de 13%, au cours des derniers six ans. Le rendement est inférieur à ce qu'une entreprise moyenne aurait pu fournir, mais évidemment plus élevé que d'autres obligations à moyen terme à revenu fixe.

Sans l'ombre d'un doute, la contre-performance de Salomon était due en grande partie aux gestes de la direction. Pour la première fois, un des principaux investissements de Berkshire fut saboté par le comportement irrégulier de ses cadres supérieurs. S'il faisait erreur dans l'évaluation d'une entreprise, Buffett a toujours pensé que ce serait le résultat d'une mauvaise compréhension des caractéristiques économiques futures, et non à cause du comportement de la direction. «En évaluant les personnes, disait Buffett, vous recherchez trois qualités : l'honnêteté, l'intelligence et le dynamisme. Si vous ne trouvez pas la première qualité, les deux autres vous démoliront.»[10] Aucune statistique financière n'aurait pu prévoir les problèmes de direction de Salomon. Toutefois, l'idée de Buffett de réorganiser le conseil d'administration de Salomon fut d'inclure à l'avenir un administrateur externe comme président. La priorité de ce dernier sera de protéger les intérêts des actionnaires. Cette nouvelle ligne de conduite assure que les problèmes de l'entreprise seront traités avec célérité et franchise.

Entre le 3 février 1994 et le 4 mars 1994, Buffett, lors de dix-huit transactions différentes, acquit 5 519 000 actions ordinaires de Salomon. En plus des 495 200 actions ordinaires, achetées auparavant en novembre 1993, Berkshire Hathaway détient présentement 6 015 000 actions ordinaires de Salomon et 700 000 actions privilégiées. En devenant propriétaire d'actions ordinaires, la confiance de Buffett dans Salomon a de toute évidence augmenté. Cependant, Salomon est encore une entreprise de courtage, ainsi ses bénéfices sont, par nature, instables. Les bénéfices de See's Candy Shops sont aussi sensibles aux variations, comme l'observe Buffett. Son chiffre d'affaires est, à Noël, exceptionnel et pauvre en juillet. Il y a, souligne Buffett, plus d'un chemin menant au ciel.

Très certainement, la confiance de Buffett dans Salomon augmenta à cause de la nouvelle direction et des contrôles qu'il a mis en place. La rémunération du président Deryck Maughan est associée aux rendements de l'avoir de Salomon Brothers. Si l'entreprise réussit bien et que les actionnaires en profitent, la rémunération de Maughan augmentera. Par contre, le salaire de Maughan diminuera, si les actionnaires doivent subir un mauvais sort. Buffett est soulagé de voir Robert Denham président administrateur chez Salomon. «Ce n'est pas une entreprise aussi prévisible que Gillette ou que Coca-Cola, dit-il, mais nous avons des personnes compétentes à son gouvernail.»[11]

## USAir GROUP

Le 7 août 1989, Berkshire a investi 358 millions de dollars dans USAir Group. En retour, il a reçu des actions privilégiées convertibles donnant un rendement de 9,25%. Elles sont convertibles en actions ordinaires à 60 $ par action. Si Berkshire ne convertit pas en ordinaires, USAir doit racheter les actions privilégiées dans dix ans. Au moment où Berkshire a investi dans USAir, le prix des actions ordinaires de l'entreprise se négociait à 50 $ chacune. Buffett avoua : «L'acquisition afficha un synchronisme parfait. J'ai plongé dans l'entreprise presque au moment exact où elle rencontrait des difficultés.»[12]

Buffett estima qu'USAir bénéficierait des synergies créées par l'acquisition de Piedmont Airlines, quand il a investi dans l'entreprise. De plus, l'industrie de l'aviation se consolidait. USAir avait démontré, dans le passé, une performance remarquable. De 1981 à 1988, elle a offert un rendement moyen de l'avoir de 14%. Les marges avant impôt s'étaient établies entre 8% et 12% en moyenne et la valeur marchande de la compagnie avait augmenté de 200 millions à 1,5 milliard de dollars.

Cependant, Buffett ne connaissait pas bien l'industrie des lignes aériennes. Il n'était pas assez compétent pour prévoir les caractéristiques économiques de cette industrie. Donc, plutôt que d'investir seulement dans des actions ordinaires, il opta pour des actions privilégiées. Buffett écrit : «Cela ne signifie pas que nous présageons un avenir négatif (pour USAir); nous sommes des agnostiques, pas des athées. Notre manque de conviction, en ce qui concerne cette entreprise, veut dire que nous devons investir différemment d'une autre, ayant d'excellentes particularités économiques.»[13]

Néanmoins, Buffett croyait qu'en bénéficiant, dans cette industrie, d'une conjoncture favorable, les actions ordinaires d'USAir feraient bien. Les actions privilégiées convertibles suivraient alors la plus-value des actions ordinaires. Ce qu'il apprit fut tout autre chose.

Les perturbations d'USAir étaient causées par sa fusion difficile avec Piedmont et par le comportement irrationnel de l'industrie des lignes aériennes. Buffett avoue qu'il aurait dû s'attendre à ce que l'association avec Piedmont soit suivie de turbulence. En général, les fusions se comportent de cette façon, et dans l'industrie de l'aviation, elles sont difficiles et courantes. Heureusement, Ed Colodny et Seth Schofield, respectivement président et vice-président d'USAir, ont rapidement rectifié le «vol». Cependant, ni l'un ni l'autre n'a pu prévoir que l'industrie des compagnies aériennes allait «piquer du nez».

Le service des compagnies aériennes est un produit de «commodity», donc sans avantage compétitif. Les consommateurs choisissent bien souvent une ligne aérienne en fonction du prix. Pour obtenir leur part du marché, les compagnies d'aviation se concurrençaient en diminuant continuellement leurs tarifs. «Les caractéristiques économiques de l'industrie de l'aviation se sont détériorées à un rythme alarmant, accélérées par les fixations de prix kamikazes de certains transporteurs», expliqua Buffett.[14] Cette tactique de fixer les prix était surtout plus répandue chez les transporteurs acculés à la faillite. Une fois qu'une ligne aérienne fait une requête pour dépôt de bilan, elle peut continuer à offrir des vols aux clients et fonctionner sans dette. Les compagnies en liquidation, assoiffées d'argent comptant, soldaient des vols seulement pour générer de l'encaisse. Le problème dans une entreprise de produits de «commodity», apprit Buffett, est que vous êtes seulement aussi intelligent que votre compétiteur le plus stupide. Les lignes aériennes, bien portantes, étaient affaiblies par la conduite absurde des compagnies en faillite. Toutefois, Buffett supposa que l'investissement de Berkshire dans USAir pourrait un jour rapporter un rendement raisonnable, sauf si l'industrie des compagnies aériennes était décimée.

Malheureusement, en 1991, cette industrie connut sa pire année de l'histoire. À l'intérieur d'une période de quatorze mois, Midway, Pan Am, America West, Continental et TWA déposèrent leur bilan. Sous la protection et l'encouragement des tribunaux de commerce, toutes ces lignes aériennes continuèrent de fonctionner avec des prix à la baisse. Les compagnies aériennes secondaires luttaient pour demeurer rentables. Les jugements des tribunaux de commerce créaient un effet domino qui menaçait l'ensemble de cette industrie. Les compagnies d'aviation perdirent plus d'argent en une année que ce qu'elles avaient gagné au total depuis la première envolée des frères Wright, à Kitty Hawk. Buffett réduisit, au cours de cette année, la valeur marchande de ses actions convertibles privilégiées dans USAir à 232 millions. C'était 126 millions de dollars de moins que ce qu'il avait payé. «L'évaluation moindre que nous avons donnée à USAir, disait Buffett, reflète le risque que l'industrie demeurera peu rentable pour tous les joueurs dans ce domaine. Un tel risque est loin d'être négligeable.»[15]

Buffett admet qu'il n'avait jamais imaginé cette concurrence acharnée des instances dirigeantes, même s'il comprenait la nature compétitive de l'industrie de l'aviation. Buffett conclut qu'il n'y avait pas de pire industrie que celle de l'aviation, après avoir supporté sa situation économique de non-rentabilité. C'est une industrie de produits de «commodity» ayant des coûts fixes gigantesques et une capacité de production supérieure aux besoins. La récompense dans cette industrie est la survie et non la prospérité, même si les efforts de la direction sont habiles, soutient Buffett.

La possibilité de survie pour USAir augmenta d'une façon marquée avec l'investissement minoritaire de British Air dans la compagnie. British Air acheta, pour 300 millions de dollars, une participation votante de

19,9% dans USAir Group. Cette alliance transatlantique fut conçue pour canaliser les passagers des deux compagnies aériennes et relier les vols entre les transporteurs. USAir transportera les passagers américains à Heathrow. De là, ils prendront leurs correspondances avec British Air pour continuer leur voyage outre-mer. Pareillement, British Air amènera les voyageurs européens aux États-Unis où ils changeront d'avion et continueront leur vol à bord d'USAir. En principe, l'alliance a du bon sens, mais nous le savons, la fusion de service aérien n'est jamais facile.

L'investissement convertible dans USAir fut un mauvais jugement, «une erreur volontaire», avoua Buffett. Comme Salomon, USAir a non seulement obtenu des performances sous l'indice Standard & Poor's 500 (voir graphique 6.2), elle les a également maintenues inférieures à son groupe pair. Un étudiant de l'Université Columbia demanda à Buffett pourquoi il avait investi dans USAir. «Mon psychologue me le demande aussi, railla Buffett. À présent, j'ai un numéro 800 (sans frais) que je compose lorsque j'ai envie d'acheter des actions dans une ligne aérienne. Je dis : «Mon nom est Warren, je suis un maniaque de l'air» et on me ramène sur terre.»[16]

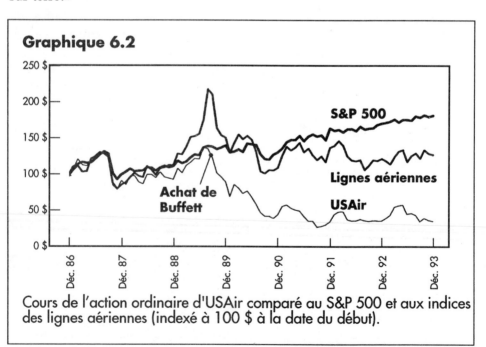

**Graphique 6.2**

Cours de l'action ordinaire d'USAir comparé au S&P 500 et aux indices des lignes aériennes (indexé à 100 $ à la date du début).

## CHAMPION INTERNATIONAL

Le 6 décembre 1989, Champion International vendit 300 000 actions privilégiées convertibles à Berkshire Hathaway. Chacune de ces actions donnait droit à des dividendes cumulatifs annuels au taux de 92,50 $. De plus, une action privilégiée était convertible en 26,3 actions ordinaires à 38 $ chacune. Lorsque Berkshire acheta les privilégiées, les actions ordinaires de Champion se négociaient à 30 $ par action.

Andrew Sigler, président et directeur général de Champion International, a critiqué les prises de contrôle hostiles. Craignant que Champion puisse bientôt être une cible de choix (en 1989, Georgia Pacific a acquis Great Northern Nekoosa), Sigler invita Buffett à investir dans la compagnie. Les actions privilégiées convertibles de Berkshire représentent 8% des actions de l'entreprise et sont un effet dissuasif pour les tentatives d'acquisition hostile.

Buffett ne connaissait pas davantage l'industrie des produits forestiers qu'il ne connaissait le courtage et les compagnies d'aviation. Incapable de prédire, là aussi, les tendances économiques de l'entreprise, il se tourna vers les actions privilégiées convertibles comme sauvegarde en cas de difficultés. Antérieurement à l'investissement de Berkshire, Champion avait obtenu de piètres performances. Pendant plusieurs années, les actions oscillaient entre 22 et 40 $. Durant les dix années précédant l'achat des actions privilégiées par Buffett, Champion avait eu une moyenne de 7% du rendement de l'avoir. Pourtant, entre 1987 et 1989, la rentabilité des capitaux investis s'était améliorée à 12%. Buffett, cependant, ne se sentait pas à l'aise avec la dette qui atteignait en moyenne 60% par rapport à l'avoir. C'était nettement plus élevé que ce qu'il appréciait.

Le mieux que l'on puisse dire au sujet de l'entreprise est qu'elle se négocie à un escompte de sa valeur comptable. Cette valeur comprend des moulins à papier à la fine pointe de la technologie et des intérêts importants dans le bois d'oeuvre. La compagnie possédait plus de 2 347 260 hectares de bois dont la valeur comptable était de 1,5 milliard de dollars. D'autres transactions, impliquant la vente de bois d'oeuvre semblable aux possessions de Champion, placeraient la valeur à près de 2,6 milliards de dollars. À partir du moment où Berkshire a investi dans les actions privilégiées convertibles, Champion a acquis 2,8 millions de ses actions sur les 10 millions. Ce geste était à l'intérieur d'un programme de rachat autorisé par le conseil d'administration. Bien que les caractéristiques économiques des produits papetiers et forestiers n'étaient pas extraordinaires, Champion pouvait espérer posséder des valeurs encore méconnues dans son bois d'oeuvre. Le prix des actions ordinaires, comme les actions privilégiées de Berkshire, croîtrait, si la compagnie vendait son bois d'oeuvre et utilisait les recettes pour racheter des actions et réduire sa dette.

En dépit de la possibilité d'une amélioration, le développement de Champion a été lent. Après quinze années de rendement positif, l'entreprise perdit de l'argent lors de trois années consécutives (1991, 1992 et 1993). La faible demande pour les produits du papier, combinée à une surcapacité, a provoqué une diminution des prix de 25%. Les marges de rentabilité furent comprimées et le prix des actions continua à dépérir (voir graphique 6.3).

Quoique la performance économique à court terme de Champion se tînt sous l'indice Standard & Poor's 500 et sous celui des papetières & des forestières (voir graphique 6.3), sa valeur à long terme demeurait ses avoirs en bois d'oeuvre. «Les compagnies de bois de construction sont un entrepôt de valeur contre l'inflation, pour les investisseurs à long terme. Les résultats démontrent que le bois debout a tendance à générer des rendements totaux à long terme de 4% à 6% supérieurs aux taux de l'inflation.»[17] Au cours des ans, Buffett a toujours eu en horreur une inflation trop élevée. Les avoirs de Champion en bois d'oeuvre représentent, pour Berkshire Hathaway, un abri contre la hausse des prix. Pour chacune des cent actions de Champion International possédées par les investisseurs, les intérêts sont proportionnels à 2,5 hectares de bois de construction de première qualité.

## AMERICAN EXPRESS

Le premier août 1991, Buffett a investi 300 millions de dollars dans American Express. Les actions privilégiées d'American Express étaient différentes des autres actions privilégiées convertibles détenues par Berkshire. Bien qu'elles rapportent des dividendes fixes de 8,85%, ces actions privilégiées doivent être converties en un maximum de 12 244 898

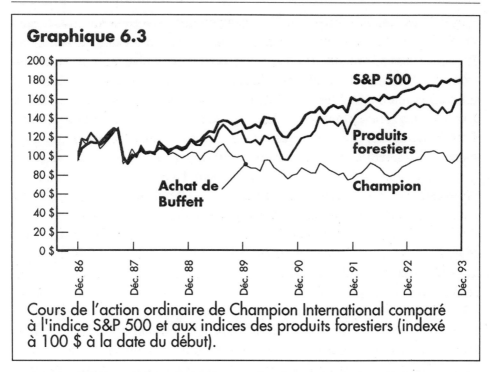

**Graphique 6.3**

S&P 500

Produits forestiers

Achat de Buffett

Champion

Déc. 86 — Déc. 87 — Déc. 88 — Déc. 89 — Déc. 90 — Déc. 91 — Déc. 92 — Déc. 93

Cours de l'action ordinaire de Champion International comparé à l'indice S&P 500 et aux indices des produits forestiers (indexé à 100 $ à la date du début).

actions ordinaires d'American Express, trois ans après l'émission. Le ratio de conversion, pour Berkshire, sera ajusté à la baisse pour limiter la valeur des actions ordinaires qu'elle reçoit si, celle-ci, au moment de la conversion est de 414 millions de dollars ou plus.

Contrairement aux autres privilégiées convertibles, celles d'American Express comportent un plafonnement à la hausse. À la troisième année de l'émission des privilégiées, Berkshire peut étirer la période de conversion d'un an si le prix d'American Express est de 24,50 $ par action ou moins — le seuil de rentabilité de Berkshire. L'entente permet aussi à Berkshire de prolonger la conversion d'un an et il n'y a pas de limite à la baisse du prix des actions d'American Express. Si le prix de l'action est de 20 $ l'année suivante, Berkshire doit convertir à ce prix. Lorsqu'American Express a émis les actions privilégiées à Berkshire, le prix de ses actions ordinaires se négociait à 25 $ par action.

En 1991, American Express fit campagne pour se procurer des capitaux. Son service de courtage, Shearson Lehman Brothers, après une série de radiations, possédait peu de capitaux. La division des cartes de crédit d'American Express finançait les déficits de Shearson. Cette année-là, Standard & Poor's abaissa la cote de la dette prioritaire d'American Express, passant de *AA* à *AA–*. Cette opération embarrassa directement James Robinson, PDG de la compagnie. Jack Byrne, ancien président de GEICO et maintenant membre du conseil d'administration chez American Express, suggéra à Robinson d'entrer en contact avec Buffett. Il aurait mission de demander l'avis de Buffett sur un placement en actions qui augmenterait immédiatement le capital. Buffett rapporta ce qui suit : «J'ai dit à Jack que je serais intéressé, immédiatement il a demandé à Jim Robinson de m'appeler.»[18] Une semaine plus tard, Buffett acheta 300 millions d'actions privilégiées d'American Express par le biais d'une émission privée.

On ne sait pas encore pourquoi Buffett accepta les restrictions d'American Express. Le plafonnement à la hausse limitait à 37% la plus-value de Berkshire. Si le prix des actions d'American Express atteignait 37,53 $, la compagnie avait l'option de les racheter jusqu'à une baisse de 33,79 $. Pourtant, malgré les limites, Buffett voulut investir. Il admet qu'il aurait engagé 500 millions de dollars en actions privilégiées, mais Robinson voulait seulement en émettre pour 300 millions de dollars. Buffett avise les lecteurs qu'ils ne devraient pas analyser ce dernier comportement comme un indice important. «Pour moi, c'est ce qui était disponible à ce moment-là.»[19] Les seules alternatives possibles de revenu fixe étaient des bons du Trésor à court terme de 6% et à long terme de 7,5%.

En octobre 1991, deux mois après que Buffett eut investi dans American Express, l'entreprise annonça des charges de 265 millions de dollars et au troisième trimestre une diminution des profits de 93%. Les actions ordinaires d'American Express baissèrent à 18 $ (voir graphique 6.4). Depuis ce temps-là et à contre-courant, le prix des actions a grimpé. En 1992, l'entreprise vendit une participation de 46% dans First Data, la filiale du service des renseignements de la compagnie, obtenant ainsi 975 millions de dollars. L'entreprise céda aussi en 1993, à Primerica, son courtage Shearson pour un milliard de dollars. Elle a conservé le secteur d'investissement bancaire et la division des transactions de Lehman Brothers. Elle avait cependant projeté de rendre cette filiale aux actionnaires d'American Express en 1994. Après ce fractionnement, il restera la

Travel Related Services Division (division des cartes de crédit), IDS Financial Services (une filiale de gestion financière et d'investissement), American Express Bank et une participation de 54% dans First Data Corporation.

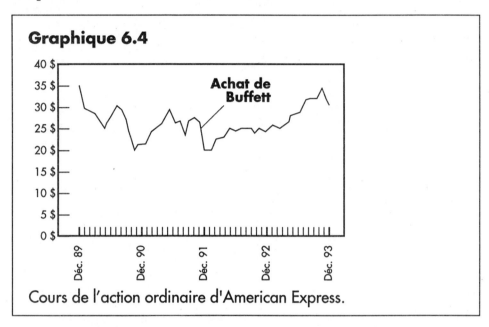

**Graphique 6.4**

Cours de l'action ordinaire d'American Express.

À la fin de l'exercice 1993, les actions ordinaires d'American Express atteignirent 31 $ l'action. Berkshire aurait obtenu 80 millions de dollars sur son investissement, si elle avait été capable de convertir à ce prix. En incluant les dividendes reçus, le rendement sur l'investissement de Berkshire dans American Express se maintint à un taux annuel moyen de 21%.

## LA VALEUR RÉELLE DES ACTIONS CONVERTIBLES

Il est important de se rappeler que Buffett pense aux actions convertibles privilégiées, en premier lieu, comme des titres à revenus fixes. Ensuite, il s'en sert comme un instrument pour faire croître son capital. On porta beaucoup d'attention à la performance des actions ordinaires de chaque action privilégiée, ignorant les avantages inhérents des privilégiées elles-mêmes. Par exemple, quand les actions ordinaires de Salomon se négociaient à 22 $ chacune, plusieurs représentants de la presse estimèrent que les privilégiées de Salomon, convertibles en ordinaires à 38 $, valaient 60% de leur valeur nominale. Ce raisonnement, souligne Buffett, permet de conclure «que toute la valeur d'une privilégiée convertible demeure dans le privilège de la conversion et que la valeur d'une privilégiée non convertible de Salomon serait à zéro, peu importe son coupon ou ses termes de remboursement».[20] La valeur des actions privilégiées convertibles de Berkshire vient principalement de ses caractéristiques de revenu fixe. Cette valeur ne peut pas être moindre que celle d'une privilégiée non convertible et probablement qu'elle vaut plus à cause des droits de conversion.

Buffett prévoit que Berkshire retire un minimum de ses investissements d'actions privilégiées convertibles : ce qui voudrait dire le retour de son argent plus les dividendes. Il faut reconnaître qu'il serait déçu si c'est tout ce que Berkshire retirait. Naturellement, Buffett réalise que pour recevoir un rendement supérieur à celui d'une privilégiée à revenu fixe, les actions ordinaires des entreprises, dans lesquelles on investit, doivent bien se comporter. «Une bonne direction et des conditions acceptables dans l'industrie seront nécessaires pour que cela arrive», ajoute Buffett.[21] L'industrie des services financiers semble plus favorable que celle de l'aviation. Elle laisse supposer que le rendement des actions ordinaires de Salomon et d'American Express devrait surpasser USAir. Bien que Champion International n'ait pas réalisé une bonne performance depuis l'investissement de Berkshire, la possibilité d'une amélioration demeure. Buffett n'a jamais espéré que les rendements des privilégiées convertibles de Berkshire, comme groupe, équivalent aux aspects économiques d'une entreprise extraordinaire. Il espère cependant que les rendements surpasseront les résultats de la plupart des portefeuilles à revenu fixe.

# – SEPT –

# Les actions
# ordinaires

BERKSHIRE HATHAWAY possède des participations importantes dans cinq autres titres, outre son portefeuille permanent d'actions ordinaires. En 1993, Berkshire possédait 14% de General Dynamics Corporation, 11% de Gillette Company, 12% de Wells Fargo & Company, 7% de Federal Home Loan Mortgage Corporation et 2% de Guinness.

La différence fondamentale entre les titres permanents et les titres «non-permanents» est, pour Buffett, une question de relations personnelles. Nous l'avons vu, au fil des ans, Warren Buffett développa une association d'affaire étroite avec les dirigeants des entreprises incluses dans le giron de Berkshire. De plus, il y ajouta aussi une amitié personnelle sincère, renforcée par plusieurs années d'interaction.

La nature des achats autant pour les actions permanentes et non-permanentes étant pratiquement la même, les caractéristiques des personnes font la distinction dans la vente des actions ordinaires du portefeuille permanent de Berkshire. Dans tous les cas, Buffett recherche des entreprises ayant des aspects économiques intéressants. Elles auront à leur tête des dirigeants qui travaillent en faveur des actionnaires et elles seront disponibles à des prix avantageux. Lorsqu'il acquiert une de ces entreprises, Buffett est «tout à fait heureux de détenir un titre immuable, à condition que le rendement sur le capital-actions de l'entreprise soit satisfaisant. Il souhaite aussi que la direction soit compétente, honnête et par la suite que le marché ne surévalue pas l'entreprise».[1]

## GILLETTE COMPANY

Gillette Company (Gillette) est une entreprise internationale de produits de consommation. Ses champs d'activités incluent la fabrication et la distribution des produits suivants : lames et rasoirs, articles de toilette et cosmétiques, fournitures de bureau, rasoirs électriques, petits appareils ménagers, appareils buccaux et produits d'hygiène dentaire. L'entreprise exploite des usines dans 28 pays et distribue ses produits dans presque tous les pays et territoires à travers le monde. Les activités à l'étranger constituent plus de 60% des ventes et des revenus de Gillette.

## APPLICATION DE DIVERS PRINCIPES POUR GILLETTE

### Perspectives favorables à long terme

L'entreprise fut fondée par King C. Gillette au tournant du siècle. Gillette, encore jeune, essaya d'imaginer comment il pourrait faire fortune. Un ami lui suggéra d'inventer un produit que les consommateurs utiliseraient une fois, puis jetteraient et ensuite remplaceraient. Gillette eut l'idée de concevoir une lame de rasoir jetable, alors qu'il travaillait comme vendeur pour Crown Cork & Seal. En 1903, sa jeune entreprise commença à vendre, pour cinq dollars, le rasoir de sûreté Gillette avec vingt-cinq lames jetables.

Aujourd'hui, Gillette est le plus important fabricant et distributeur mondial de lames et de rasoirs. Sa part du marché est de 64%. Il possède une longueur d'avance sur le numéro deux, le Schick de Warner-Lambert, qui lui détient 13% du marché. La marque Gillette est tellement prédominante que, dans plusieurs langues, son nom est synonyme de «lame de rasoir». En Europe, les parts du marché de l'entreprise sont de 70% et en Amérique latine, elles atteignent 80%. Les ventes commencent seulement à croître en Europe de l'Est, en Inde et en Chine. Pour chaque lame que Gillette vend aux États-Unis, elle en vend cinq outre-mer. Les lames de rasoir constituent approximativement le tiers des ventes de l'entreprise, alors qu'elles contribuent aux deux tiers de ses profits.

## Performance historique constante

Peu d'entreprises ont dominé leur secteur aussi longtemps que Gillette. Elle était la marque première de rasoirs et de lames en 1923 et elle l'était encore en 1993. Maintenir la première position, pendant autant d'années, demande un investissement de centaines de millions de dollars dans l'invention de nouveaux produits toujours supérieurs. Bien que Wilkinson ait produit, en 1962, la première lame enduite d'acier inoxydable, Gillette se retourna rapidement. Elle travailla fort pour demeurer l'innovatrice et le leader mondial des produits de rasage. En 1972, elle créa le renommé rasoir à lames doubles, le Trac II. Quelques années plus tard, en 1977, l'entreprise introduisit le rasoir Atra à tête pivotante. Plus récemment, en 1989, elle mit sur le marché le populaire Sensor, un rasoir présentant un système de lames suspendues indépendamment. Le succès constant de Gillette est le résultat de son innovation et de ses nouveaux produits brevetés.

Gillette eut une période financière difficile au début des années 1980, malgré son histoire enviable. À l'inverse des autres entreprises qui ont réussi et qui se gonflent souvent d'orgueil, obnubilées par leurs succès, Gillette fut toujours bien administrée. Colman Mockler, le président et chef de la direction de Gillette durant les années 1980, dirigeait alors une piètre entreprise. Il diminua les coûts, réduisit la main d'oeuvre et ferma les compagnies ayant des performances médiocres. Sous le leadership de Mockler, la productivité augmenta de 6% annuellement.

Les malheurs temporaires de l'entreprise furent causés par les rasoirs jetables. Peu coûteux, ils coupèrent immédiatement dans les marges bénéficiaires. En 1974, Bic introduisit en Grèce son rasoir jetable. Au début, on croyait que les rasoirs jetables prendraient seulement 10% de la part du marché. Ils s'emparèrent au contraire de 50% des ventes. Gillette, déjà surprise dans les années 1960 par les lames de sa concurrente, Wilkinson, réagit immédiatement à la menace de Bic et contre-attaqua immédiatement avec son propre rasoir jetable. À l'aide d'un tapage publicitaire énorme, elle reprit rapidement la tête de ce marché. Les marges bénéficiaires de l'entreprise étaient cependant menacées, même si son «jetable» se vendait plus cher.

Gillette, en fin de compte, réussit à contrer la vive compétition de Bic, en introduisant le Sensor. Elle évalua que la moitié du marché du rasage comprenait des hommes âgés de plus de quarante-cinq ans. Ces derniers seraient disposés à payer un prix plus élevé pour un rasoir qui garantissait un rasage doux et de plus près : aucun autre rasoir n'a obtenu d'aussi bons résultats que le Sensor. L'entreprise arrêta la publicité de tous ses jetables, plutôt que de perdre son image de marque comme fabricant de produits de rasage de qualité. Elle engagea toutes ses ressources publicitaires et de mise en marché pour le rasoir Sensor. C'était une stratégie risquée, mais qui fut fort fructueuse.

Au cours des années 1980, Gillette était considérée comme une entreprise de produits de consommation audacieuse et novatrice. Cela était encore plus évident au sein de la compagnie où les équipes de recherches et de développement inventaient de nouveaux produits passionnants. À l'extérieur, les investisseurs observaient tout autre chose. Face à la compétition des rasoirs jetables (à marge de profits plus basse), Gillette commençait à ressembler à une entreprise de consommation en pleine maturité, à faible croissance et prête pour une prise de contrôle. De 1981 jusqu'à la fin de 1985, les marges bénéficiaires avant impôts oscillaient entre 9% et 11%. Le rendement de l'avoir, quoique respectable à 20% (voir graphique 7.1), plafonnait sans signe d'amélioration en vue. La croissance des profits de Gillette était également anémique. Entre 1981 et 1985, le bénéfice annuel augmenta seulement de 5,2% (voir graphique 7.2), alors que les ventes n'ont presque pas bougé. Ces dernières accusèrent des augmentations ridicules de moins de 1% par année. En bref, l'entreprise semblait stagnante.

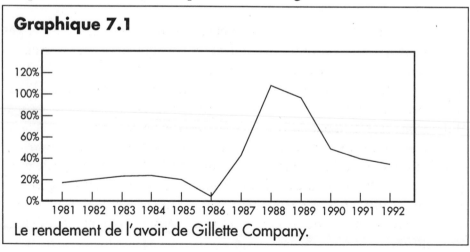

**Graphique 7.1**

Le rendement de l'avoir de Gillette Company.

Mockler repoussa quatre tentatives de prise de contrôle durant ce temps. Elles se terminèrent, en 1988, par une bataille chaudement contestée contre Coniston Partners. Gillette gagna de justesse le vote par procuration, en recueillant seulement 52% des votes. Ce faisant, la compagnie s'était placée dans l'obligation de racheter 19 millions d'actions de Gillette à 45 $ chacune. Les actions institutionnelles en circulation de Gillette baissèrent de 55 à 35%. Entre 1986 et 1988, l'entreprise remplaça 1,5 milliard d'avoir par de la dette et, pour une courte période, Gillette eut une valeur nette négative.

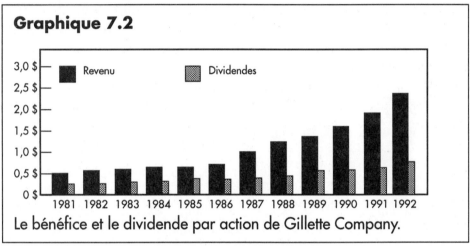

**Graphique 7.2**

Le bénéfice et le dividende par action de Gillette Company.

**Simple et compréhensible**

À ce moment précis, Buffett appela son ami Joseph Sisco, membre du conseil d'administration de Gillette. Il proposa que Berkshire investisse dans l'entreprise, fournissant ainsi le capital dont Gillette avait besoin. Cette dernière, en juillet 1989, émit alors une valeur de 600 millions de dollars en actions privilégiées convertibles à Berkshire et prit les fonds pour réduire la dette. Buffett reçut un titre privilégié convertible de 8,75% avec rachat obligatoire dans dix ans. Il avait l'option de le convertir en actions ordinaires de Gillette à 50 $ l'action, soit 20% plus élevé que le prix en cours. «L'entreprise de Gillette est le genre que nous aimons beaucoup, expliquait Buffett. Charlie (Munger) et moi pensons que, si nous comprenons ses caractéristiques économiques, nous pourrons l'évaluer intelligemment et rationnellement et mieux prévoir la suite.»[2] En 1989, Buffett se joignit au conseil d'administration de Gillette et cette même année ils introduisirent le Sensor, deux coïncidences qui s'avérèrent rentables (voir graphique 7.3).

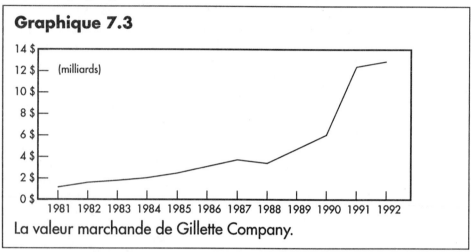

**Graphique 7.3**

La valeur marchande de Gillette Company.

Les échéances des actions privilégiées convertibles de Gillette empêchèrent Buffett de les convertir en actions ordinaires pendant deux ans. Cependant, si le prix des actions ordinaires excédait 62,50 $ pendant au moins vingt jours consécutifs d'activité boursière, Gillette avait retenu le droit de racheter au pair les privilégiées convertibles et de forcer la conversion. Après l'introduction du Sensor, Gillette se mit à prospérer et les profits par action commencèrent à croître à un taux annuel de 20%. Les marges avant impôts remontèrent de 12 à 15% et le rendement de l'avoir atteignit 40%, soit le double de celui du début des années 1980.

En février 1991, l'entreprise annonça un fractionnement à raison d'une action ancienne pour deux nouvelles. Le prix de l'action Gillette était à ce moment de 73 $. L'entreprise annonça le rachat des actions privilégiées convertibles de Berkshire, car le prix avait excédé 62,50 $ pour plus de vingt jours consécutifs de bourse. Berkshire convertit ses privilégiées et reçut 12 millions d'actions ordinaires ou 11% des actions de Gillette en cours. En moins de deux ans, l'investissement de 600 millions de dollars de Berkshire avait atteint 875 millions de dollars, un gain de 45%, en excluant les dividendes.

### Déterminer la valeur

Berkshire possédait maintenant des actions ordinaires qui offraient un rendement en dividendes de 1,7% contre des privilégiées convertibles qui donnaient 8,75%. Son investissement dans Gillette n'était plus un titre à revenu fixe avec une appréciation possible, mais un engagement direct en actions. Buffett devait être persuadé que Gillette était un bon investissement si Berkshire conservait ses actions ordinaires. Nous savons que Buffett comprenait l'entreprise Gillette et que ses perspectives à long terme étaient favorables. L'image financière de Gillette, incluant le rendement de l'avoir et les marges avant impôts, s'améliorait. La capacité d'augmenter les prix, gonflant ainsi le rendement de l'avoir au-dessus des taux moyens, signalait l'accroissement de l'achalandage économique de l'entreprise. Mockler réduisait, à dessein, la dette à long terme et travaillait fort pour augmenter la richesse des actionnaires. Bref, l'entreprise rencontrait toutes les conditions préalables pour un achat. Ce qui demeurait à faire, pour Buffett, était de déterminer la valeur de l'entreprise, s'assurant ainsi que Gillette n'était pas surévaluée.

Les profits du propriétaire à la fin de l'exercice 1990 étaient de 275 millions de dollars. Entre les années 1987 et 1990, ces profits augmentèrent à un taux annuel de 16%. Nous pouvons commencer à faire différentes hypothèses, quoique cette période soit trop courte pour juger pleinement de la croissance de l'entreprise. En fait, en 1991, Buffett compara Gillette à Coca-Cola. «Coca-Cola et Gillette sont deux des meilleures entreprises du monde. Nous nous attendons à ce que leurs profits augmentent à de jolis taux dans les années à venir», écrivait Buffett.[3]

Au début de l'année 1991, l'obligation de trente ans du gouvernement des États-Unis offrait un rendement de 8,2%. Pour être prudent, nous pouvons utiliser un taux d'escompte de 9% pour évaluer Gillette. Il est important de se rappeler que Buffett n'ajoute pas une prime de risque à ce taux. Comme Coca-Cola, le potentiel de croissance des rendements de Gillette excède le taux d'escompte. Nous devons donc utiliser le modèle d'escompte à deux paliers pour faire des projections. Supposons, pour Gillette, une croissance annuelle des profits de 15% pendant dix ans, suivie d'une autre plus lente de 5%, en escomptant à 9% les bénéfices du

**213**

propriétaire de 1990, la valeur approximative de la compagnie est alors de 16 milliards de dollars. Sa valeur passe à environ 12,6 milliards de dollars, si nous ajustons à 12% son taux de croissance. Pour un taux de 10%, la valeur serait de 10,8 milliards de dollars. À 7% de croissance des profits du propriétaire, la valeur de Gillette est au moins de 8,5 milliards de dollars.

### Acheter à des prix intéressants

De 1984 jusqu'à la fin de 1990, le profit annuel moyen des actions de Gillette était de 27%. En 1989, spécifiquement, le prix des actions gagna 48% (voir graphique 7.4). En 1990, l'année avant la conversion des actions privilégiées en ordinaires de Berkshire, le prix des actions de Gillette augmenta de 28%. Au cours de février 1991, celui-ci atteignit 73 $ (avant fractionnement), un nouveau record pour cette période. À ce moment-là, Gillette avait 97 millions d'actions en cours et lorsque Berkshire convertit, le total des actions augmenta à 109 millions. La valeur sur le marché boursier de Gillette était de 8,03 milliards de dollars.

Selon les différentes hypothèses de croissance, à la période de conversion, le prix du marché pour la compagnie était à 50% de sa valeur (pour 15 % de croissance), à 37% de la valeur actualisée (pour 12% de croissance) ou à 25% de la valeur actualisée si on avait supposé une croissance future de 10% des profits du propriétaire. La valeur de Gillette à 8,5 milliards de dollars, avec une croissance de 7%, était à peu près égale à sa valeur marchande. De toute façon, en 1991, Gillette n'était pas surévaluée par rapport à sa valeur.

### Le concept du «un dollar»

À la fin de 1992, le prix des actions de Gillette atteignit 56 $ (112 $ avant fractionnement). Les gains sur le capital non réalisés de Berkshire étaient de 765 millions de dollars, soit un rendement de 127% par rapport à son investissement initial de 600 millions de dollars. De 1988 à 1992, la valeur marchande de Gillette crût de 9,3 milliards de dollars. Durant ce temps, elle rapporta 1,6 milliard de dollars, distribua 582 millions aux actionnaires et retint 1,011 milliard pour le réinvestissement. Pour chaque

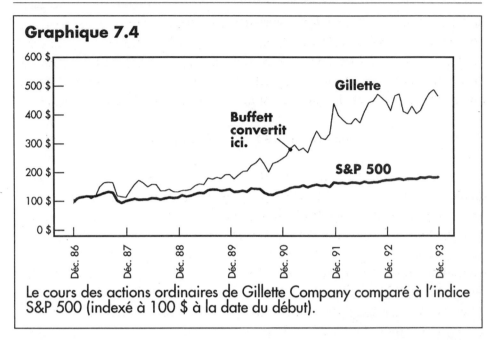

**Graphique 7.4**

Le cours des actions ordinaires de Gillette Company comparé à l'indice S&P 500 (indexé à 100 $ à la date du début).

dollar non distribué, la valeur marchande de l'entreprise s'est accrue de 9,21 $. Cette performance au-dessus de la moyenne se reflète dans celle du prix des actions ordinaires de Gillette par rapport à l'indice Standard & Poor's 500 (voir graphique 7.4).

La division des lames de rasoir de Gillette est une des principales bénéficiaires de la mondialisation. Les ventes unitaires de lames, dans les pays en voie de développement, se sont accrues de 30% et devraient continuer à augmenter à ce taux, à mesure que l'entreprise envahit l'Inde et la Chine. Les marges d'exploitation pour cette industrie, dans ces pays en expansion, ne sont pas aussi élevées que celles de 40% aux États-Unis. Elles se rapprochent plus de la moyenne de 20% de la compagnie. Habituellement, Gillette débute avec des lames de bas de gamme ayant des marges de profits moins élevées. Peu à peu, elle introduit des modes de rasage plus sophistiqués qui donnent des marges supérieures. La compagnie pourra bénéficier, non seulement, d'une augmentation des ventes unitaires, mais aussi de l'amélioration constante des marges de profits. En bref, l'avenir de Gillette semble brillant. «C'est plaisant de se coucher tous les soirs, sachant qu'il y a 2,5 milliards d'hommes dans le monde qui devront se raser chaque matin»,[4] avoue Buffett.

## GENERAL DYNAMICS

General Dynamics est une entreprise qui évolue dans deux activités distinctes. Au pays, elle est le principal concepteur et constructeur de sous-marins nucléaires. Elle fabrique également des véhicules blindés comprenant les chars de combat M1A1 et M1A2 de l'armée américaine. En 1990, elle était le deuxième plus gros entrepreneur de la U.S. Defense, après McDonnell Douglas Corporation. General Dynamics a fourni des systèmes de missiles (Tomahawk, Sparrow, Stinger, et autres missiles avancés de croisière), des systèmes de défense de l'air, des véhicules de lancée spatiale et des avions de combat (F-16) pour les forces armées américaines. L'entreprise avait, en 1990, des ventes combinées de plus de 10 milliards de dollars. En 1993, elles descendirent à 3,5 milliards de dollars. La valeur des actionnaires augmenta sept fois durant cette période, malgré la baisse du chiffre d'affaires.

La chute du mur de Berlin, en 1990, signala le début de la fin de la longue et coûteuse Guerre Froide de l'Amérique. L'année suivante, le communisme s'effondra en Union Soviétique. Les États-Unis ont dû refaçonner la concentration massive de leurs ressources de défense après chaque victoire difficilement gagnée, à partir de la Première Guerre mondiale jusqu'à la Guerre du Vietnam. Les complexes industriels militaires des États-Unis sont au centre d'une autre réorganisation maintenant que la Guerre Froide est terminée.

En janvier 1991, General Dynamics nomma William Anders comme président et chef de l'entreprise. À ce moment-là, le prix des actions de General Dynamics se trouvait à son plus bas niveau depuis une décennie, soit 19 $ par action. Au début, Anders tenta de convaincre Wall Street que General Dynamics pourrait obtenir une plus haute évaluation, même avec une réduction du budget de la défense. Il commença la restructuration de la compagnie, espérant enlever ainsi toute incertitude financière préjudiciable pour les analystes. Il réduisit d'un milliard de dollars au total les investissements en immobilisations ainsi qu'en recherche et développement. Il supprima des milliers d'emplois et institua un programme de rétribution des cadres basé sur la performance du prix des actions de General Dynamics.

Anders ne mit pas trop de temps à comprendre que l'industrie de la défense avait fondamentalement changé. Pour réussir, General Dynamics se devait de prendre des mesures plus sérieuses autres que celles des économies de bouts de chandelle. L'industrie de la défense faisait face à une importante surcapacité en dépit de la réorganisation initiale. Les contrats de défense étaient insuffisants pour tout le monde. Le budget de la défense diminuant, les principales alternatives pour les compagnies étaient : une nouvelle concentration et une diversification dans des activités non reliées à la défense ou bien la prise de contrôle d'entreprises plus petites dans le domaine.

## APPLICATION DE DIVERS PRINCIPES POUR GENERAL DYNAMICS

### L'impératif institutionnel

En octobre 1991, Anders ordonna une étude consultative de l'industrie de la défense. Cette étude concluait que, lorsque des entreprises de défense en acquéraient d'autres non reliées à celles-ci, il y avait échec dans 80% des cas. L'étude soulignait également que tant que cette industrie restait surencombrée, aucune des entreprises de défense ne serait efficace. Anders en vint à la conclusion que General Dynamics devait se rationaliser afin de réussir. Il décida qu'elle garderait seulement les entreprises qui démontraient que leurs produits sont acceptés par le marché comme une franchise et ensuite celles qui pourraient atteindre «une masse critique». Cette masse est l'équilibre entre la recherche, le développement et la capacité de production. Elle crée des économies d'échelle et une solidité financière. Anders expliqua que l'activité serait vendue lorsque la masse critique ne pouvait pas être atteinte.

Au début, Anders croyait que General Dynamics se concentrerait sur quatre activités fondamentales : les sous-marins, les blindés, les avions et les systèmes spatiaux. Ces entreprises étaient les chefs de file dans leur domaine et Anders les estimait viables dans un marché de défense à la baisse. Le reste des entreprises de General Dynamics serait vendues. En novembre 1991, la société vendit Data Systems à Computer Sciences pour

220 millions de dollars. L'année suivante, elle céda Cessna Aircraft à Textron pour 600 millions et elle se défit plus tard de son entreprise de missiles en faveur de Hughes Aircraft pour 450 millions. En moins de six mois, l'entreprise toucha 1,25 milliard de dollars en vendant des compagnies secondaires. Les gestes d'Anders réveillèrent Wall Street. Le prix des actions de General Dynamics, en 1991, augmenta de 112% et ce que fit Anders par la suite attira l'attention de Buffett.

### La rationalité

Anders déclara que l'entreprise comblerait, tout d'abord, ses besoins de fonds à partir de ses avoirs liquides. Ensuite, elle baisserait sa dette pour garantir la solidité financière (voir graphique 7.5). Après avoir réduit sa dette, General Dynamics générait encore beaucoup plus d'argent comptant qu'elle n'en avait besoin. Anders décida d'utiliser le surplus d'argent pour en faire bénéficier les actionnaires. Il savait qu'ajouter à un budget de la défense stagnant n'avait pas de sens et que la diversification dans des entreprises non reliées à celle-ci invitait à l'échec. En juillet 1992, General Dynamics, à l'occasion d'enchères au rabais (Dutch auction), acheta 13,2 millions d'actions à des prix variant entre 65,37 et 72,25 $, réduisant ainsi ses actions en cours de 30% (voir graphique 7.6).

Durant la matinée du 22 juillet 1992, Buffett appela Anders pour lui expliquer que les filiales d'assurance de Berkshire avaient acheté 4,3 millions d'actions de General Dynamics (voir graphique 7.9). Buffett affirma à Anders qu'il était impressionné par la stratégie de General Dynamics et qu'il avait lui-même acheté des actions pour fin de placement. En septembre, Buffett accorda au conseil d'administration de General Dynamics une procuration pour voter les actions de Berkshire aussi longtemps qu'Anders demeurerait président et directeur général de l'entreprise.

Des plus récents achats d'actions ordinaires de Berkshire, aucun n'a causé autant de confusion que General Dynamics. Ces achats n'avaient aucune des caractéristiques traditionnelles de ceux antérieurs de Buffett. Ce n'était pas une entreprise simple et compréhensible. Elle n'avait pas de performance historique constante et même pas des perspectives favorables à long terme.

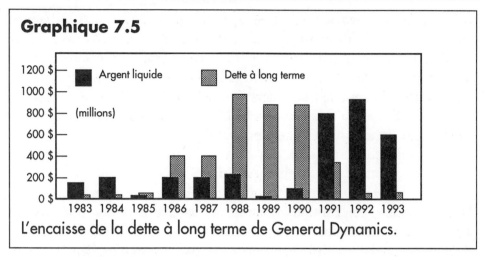

**Graphique 7.5**

L'encaisse de la dette à long terme de General Dynamics.

L'entreprise se trouvait non seulement dans un secteur contrôlé par le gouvernement (90% des affaires de General Dynamics provenaient de contrats gouvernementaux), mais aussi décroissait. Elle avait des marges bénéficiaires pitoyables et un rendement de l'avoir sous la moyenne. De plus, ses marges brutes futures d'autofinancement étaient difficiles à connaître. Comment Buffett pouvait-il alors en déterminer la valeur? D'autant plus qu'il n'achetait pas General Dynamics comme un placement à long terme en actions. Il en faisait l'acquisition comme une possibilité d'opération d'arbitrage.

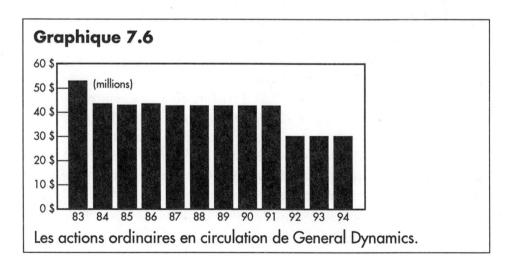

**Graphique 7.6**

Les actions ordinaires en circulation de General Dynamics.

«Nous avons eu de la chance dans l'achat de General Dynamics, écrivait Buffett. J'avais porté peu d'attention à l'entreprise avant l'été dernier, jusqu'à ce qu'elle annonce qu'elle rachèterait pour environ 30% de ses actions par le biais d'une offre aux enchères. Voyant une occasion d'arbitrage, j'ai commencé à acheter les actions pour Berkshire, m'attendant à les offrir ensuite sur le marché afin de réaliser un modeste profit.»[5] Étant achetée en premier pour une opération d'arbitrage, General Dynamics ne rencontrait donc pas les conditions des principes d'affaires et financiers existant dans les autres participations de Berkshire.

Pourtant, Buffett devint un actionnaire à long terme de General Dynamics. Son plan était de soumettre les actions de Berkshire à la vente au rabais (Dutch auction), puis ajoute-t-il : «J'ai commencé à étudier l'entreprise ainsi que les réalisations de Bill Anders pendant la brève période où il fut président directeur général. Ce que j'ai vu m'a ouvert les yeux. Bill avait une stratégie clairement articulée et rationnelle, il était concentré et imprégné de l'urgence de poursuivre. Les résultats furent vraiment remarquables».[6] Buffett abandonna ses idées d'opérations d'arbitrage de General Dynamics et, à la place, décida d'en devenir un actionnaire à long terme.

Évidemment, l'investissement de Buffett dans General Dynamics atteste que Bill Anders, avec son talent, a résisté à l'impératif institutionnel. Anders maintient qu'il a simplement monétisé la valeur non réalisée de l'entreprise, quoique les critiques soutiennent qu'il a liquidé une entreprise extraordinaire. Lorsqu'il en assuma la direction en 1991, le prix de General Dynamics se négociait à un escompte de 60% de sa valeur comptable (voir graphique 7.7). Au cours des dix années précédentes, General Dynamics avait procuré à ses actionnaires un rendement composé annuel de 9,1%. C'était peu comparé au rendement de 17,1% de dix autres entreprises dans le même domaine et à celui de 17,6% pour l'indice Standard & Poor's 500. Buffett, quant à lui, avait remarqué une entreprise qui se négociait sous sa valeur comptable, qui avait de bons fonds autogénérés et qui se lançait dans un programme de désinvestissement. De plus, c'est ce qui importait, la direction travaillait en faveur des actionnaires.

Anders décida de vendre les divisions d'aviation et les systèmes spatiaux, bien que la direction de General Dynamics avait pensé auparavant

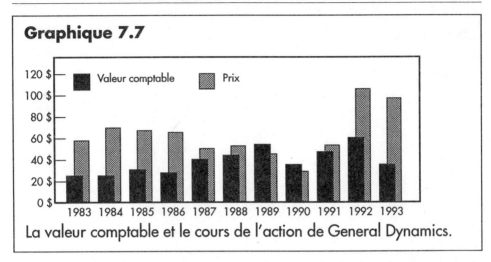

**Graphique 7.7**

La valeur comptable et le cours de l'action de General Dynamics.

qu'elles demeureraient parmi ses activités principales. La compagnie d'aviation fut vendue à Lockheed. General Dynamics, Lockheed et Boeing étaient partenaires à parts égales dans le développement de la future génération du chasseur tactique, le F-22. Lockheed acquit une entreprise en pleine maturité, soit le groupe des F-16 de General Dynamics. Elle est devenue un partenaire de Boeing sur le projet F-22 avec une participation de deux tiers. La division des systèmes spatiaux fut vendue à Martin Marietta, constructeur des véhicules de lancement spatial de la famille des Titan. La vente des compagnies fabriquant les avions et les systèmes spatiaux apporta à General Dynamics la rondelette somme de 1,72 milliard de dollars.

Nantie de fonds, l'entreprise retourna une fois de plus l'argent à ses actionnaires. Au cours d'avril 1993, elle versa un dividende spécial de 20 $ aux actionnaires et un autre de 18 $, en juillet. En octobre, elle retourna encore 12 $ par action à ses actionnaires. L'entreprise a remis (en 1993) au total 50 $ en dividendes spéciaux et a augmenté le dividende trimestriel de 0,40 à 0,60 $ par action (voir graphique 7.8). De juillet 1992 jusqu'à la fin de 1993, pour son investissement de 72 $ par action, Berkshire a reçu 2,60 $ en dividendes ordinaires, 50 $ en dividendes spéciaux et le cours de l'action augmenta à 103 $. Depuis qu'Anders commença à monétiser la valeur de General Dynamics et à remettre l'argent aux actionnaires, l'entreprise a non seulement mieux fait que son groupe pair, mais elle a sérieusement devancé l'indice Standard & Poor's 500 (voir graphique 7.9).

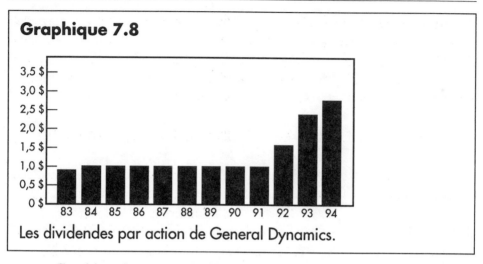

**Graphique 7.8**

Les dividendes par action de General Dynamics.

Combien de temps Buffett gardera-t-il des actions de General Dynamics? Il reconnaît qu'il détiendra un titre aussi longtemps que la perspective du rendement de l'avoir est satisfaisante, que le marché ne surévalue pas l'entreprise et que la direction reste honnête et compétente.

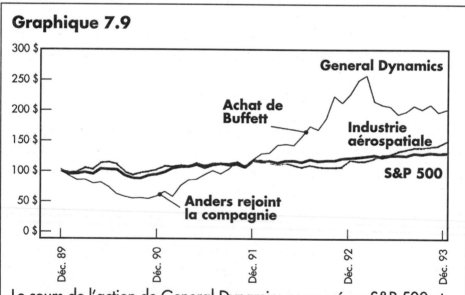

**Graphique 7.9**

Le cours de l'action de General Dynamics comparé au S&P 500 et aux indices de l'industrie aérospatiale/défense (indexé à 100 dollars à la date du début).

Il n'est pas évident que General Dynamics est surévaluée aux prix actuels, mais il est clair qu'Anders est un dirigeant intègre et expérimenté. Anders et General Dynamics deviendront des exemples classiques de la manière dont une compagnie, même en faisant face à des conditions industrielles hostiles, peut atteindre d'extraordinaires rendements économiques.

## FEDERAL HOME LOAN MORTGAGE CORPORATION

Federal Home Loan Mortgage Corporation (Freddie Mac) est une entreprise publique parrainée par le gouvernement et à qui le Congrès accorda une charte en 1970. Sa mission statutaire est de fournir de la stabilité sur le marché secondaire des hypothèques résidentielles. Freddie Mac achète les hypothèques des prêteurs, les regroupe et les transforme en titres. Elles sont ensuite vendues aux investisseurs. En reliant les marchés de capitaux avec les prêteurs d'hypothèques, Freddie Mac peut, pour les prêteurs et les investisseurs, faire baisser le coût des hypothèques du marché secondaire. Ce coût inférieur est finalement transmis aux acheteurs de maisons sous la forme de crédit d'hypothèque abordable.

## APPLICATION DE DIVERS PRINCIPES
## POUR FEDERAL HOME LOAN MORTGAGE CORPORATION

### Simple et compréhensible

L'entreprise de Freddie Mac est simple. Son flux de revenus, appelé marge nette d'intérêt, provient de trois sources. En premier lieu, l'entreprise touche des honoraires pour gérer et entretenir des hypothèques pour les prêteurs. Elle garantit ainsi le paiement du capital et de l'intérêt aux investisseurs. Ce revenu provenant des honoraires est perçu au cours de la durée du titre de l'hypothèque. Il est la plus importante partie de la marge nette d'intérêt. Ensuite, chaque mois, l'entreprise reçoit des paiements de capital et d'intérêts des prêteurs d'hypothèques avec lesquels elle fait affaire. Avant que le capital et les intérêts ne se transmettent aux investisseurs de titres d'hypothèques, Freddie Mac investit les sommes à court terme et bénéficie d'un revenu d'investissement. Enfin, Freddie Mac garde

**223**

une petite partie des hypothèques pour son propre portefeuille. Elle profite ainsi, comme toute autre institution financière traditionnelle, de la différence entre le rendement sur l'investissement et le coût associé au financement de la dette. Le revenu combiné de ces trois sources d'affaires crée une rentrée d'argent ressemblant à une rente pour l'entreprise.

## Perspectives favorables à long terme

Des 700 milliards de dollars d'hypothèques ordinaires pour maisons individuelles qui virent le jour en 1992, 64% de ce montant furent vendus et garantis par Freddie Mac et Fannie Mae, son entreprise-soeur. Fannie Mae (Federal National Mortgage Corporation), comme Freddie Mac, est aussi une entreprise parrainée par le gouvernement et qui fournit des fonds pour les hypothèques résidentielles. Les deux ont des structures similaires et oeuvrent dans les mêmes branches d'activités. Elles opèrent comme un duopole dans un marché à croissance rapide avec des barrières économiques élevées, bien que les deux entreprises se concurrencent. «Un duopole, concède Buffett, est la meilleure chose après un monopole».[7] Freddie Mac et Fannie Mae tirent des avantages compétitifs de leurs vastes et importantes activités aussi bien que du parrainage gouvernemental. Cela a empêché d'autres entreprises de percer de façon importante sur le marché secondaire des hypothèques. On peut présumer, avec raison, que cet avantage compétitif se poursuivra à l'avenir.

En plus d'être un duopole, les deux entreprises bénéficient des perspectives d'une croissance de marché. La part des hypothèques ordinaires pour maison individuelle, vendue sur le marché secondaire, augmenta durant la dernière décennie. On entrevoit qu'elle s'accroisse encore. En 1990, les révisions des lois d'épargnes et crédits obligèrent les institutions bancaires à maintenir des réserves plus importantes pour les pertes sur prêts. Le fait de posséder un portefeuille plus diversifié de titres hypothécaires protégeait contre les pertes. En somme, la nouvelle loi força les prêteurs sur hypothèques traditionnelles à offrir plus de volume à Freddie Mac et Fannie Mae. La démonstration en est faite par l'augmentation d'emprunts d'hypothèques garanties qui passa de 33 à 60% entre 1988 et 1992.

En 1984, Freddie Mac émit des actions privilégiées aux membres de la caisse d'épargne du Federal Home Loan Board. C'était, après tout, l'épargne et le crédit qui fournissaient le capital de départ pour Freddie Mac. Toutefois, la propriété des actions était limitée aux membres du conseil. Après quelques années, on décida que les actions de Freddie Mac seraient offertes au public et inscrites au New York Stock Exchange, car les actions ne reflétaient pas la valeur exacte de l'entreprise. En 1988, pour la première fois, les actionnaires autres que les sociétés de crédit foncier pouvaient être propriétaires d'actions de Freddie Mac. La même année, Wesco's Mutual Savings augmenta sa participation dans Freddie Mac à 4% des actions en circulation (voir graphique 7.10). Berkshire est indirectement la bénéficiaire des actions Freddie Mac, étant propriétaire de 80% de Wesco Financial.

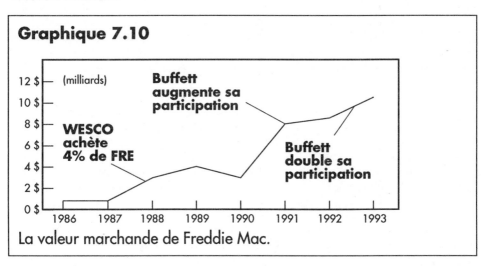

**Graphique 7.10**

La valeur marchande de Freddie Mac.

### Rendement de l'avoir

Charlie Munger, président de Mutual Savings, réalisa que Freddie Mac était une entreprise supérieure comparée aux sociétés traditionnelles de crédit foncier. D'après lui, c'était une bien meilleure entreprise que celles classées au sommet des 10% des autres sociétés de crédit et d'épargne, parce que Freddie Mac perçoit de bons honoraires et prend de l'expansion. Elle essaie d'éviter en même temps le risque des taux d'intérêt, car elle détient un tout petit portefeuille d'hypothèques. La preuve se trouve dans les hauts rendements de l'avoir de Freddie Mac qui, comparés à la plupart des sociétés de crédit et d'épargne, peuvent être maintenus en partie. En effet, Freddie Mac n'a pas à payer de primes pour garantir les dépôts à terme.

### Déterminer la valeur

En avril 1992, Freddie Mac fractionna ses actions à 3 pour 1. On comptait maintenant 180 millions d'actions en cours. Berkshire avait antérieurement augmenté sa participation dans Freddie Mac (en 1991). L'année suivante, Buffett commença à accumuler des actions additionnelles et à la fin de l'exercice, Berkshire détenait 16 196 700 actions fractionnées, doublant ainsi sa participation (voir graphique 7.10). C'était un achat révélateur, car Buffett ajouta 337 millions de dollars dans une entreprise dont les actions avaient augmenté de 182% l'année précédente. Berkshire détenait alors 9% de Freddie Mac. Buffett soupçonnait évidemment une valeur sûre quand il prit un tel engagement.

Le profit net de Freddie Mac, en 1986, était de 247 millions de dollars. Cinq ans plus tard, il était passé à 555 millions (voir graphique 7.11) et les profits du propriétaire avaient augmenté de 17%. L'évaluation de Freddie Mac était basée non seulement sur la valeur actualisée de ses bénéfices dans l'exercice en cours, mais aussi sur la croissance future de ces derniers. Nous savons que Buffett appréciait grandement la potentialité à long terme de Freddie Mac, car l'entreprise offrait de hauts rendements de l'avoir. Elle appartenait à une industrie en croissance où elle n'était qu'un des deux principaux protagonistes. La direction de Freddie Mac avait travaillé pour minimiser les risques en limitant les taux d'intérêt et en vérifiant attentivement le crédit des souscripteurs d'hypothèques. La direction croyait que Freddie Mac continuerait à générer une croissance des bénéfices annuels moyens d'environ 16% pour plusieurs années à venir.

Comme plusieurs autres entreprises, Freddie Mac s'évalue mieux en se servant du modèle d'escompte à deux paliers. Présumons que Freddie Mac est en mesure d'accroître ses profits à 15% pour les prochains dix ans. Ce cycle serait suivi d'une croissance plus lente de 5% par la suite. En escomptant les profits de 555 millions de dollars de 1991 par 9% (rende-

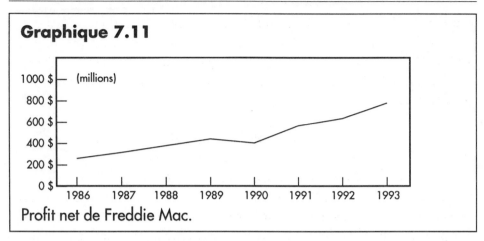

**Graphique 7.11**

Profit net de Freddie Mac.

ment moyen d'une obligation de trente ans du gouvernement des États-Unis), cela lui donnerait comme valeur, en 1992, 32 milliards de dollars. Si nous supposons 12% de croissance au premier palier, la valeur de Freddie Mac était de 25 milliards de dollars. Pour une croissance de 10%, la valeur était de 21 milliards et pour une croissance de 7% (soit la moitié du taux espéré par la direction), Freddie Mac valait 17 milliards de dollars. Au stade le plus bas d'évaluation, Buffett, en 1992, acheta des actions dans Freddie Mac à un escompte de 57% de la valeur de l'entreprise.

Pourquoi Freddie Mac, en 1992, se négociait-elle à des prix nettement sous la valeur de l'entreprise? Les investisseurs doutaient peut-être que l'entreprise ait la capacité de faire croître ses bénéfices dans le futur. Éventuellement, ils soupçonnaient que la direction puisse augmenter le risque associé aux taux d'intérêt de l'entreprise, en détenant plus d'hypothèques dans son propre portefeuille. Ils présumaient aussi qu'elle accroîtrait le risque de crédit en relâchant ses conditions requises de garantie. Aucune preuve n'existait pour justifier ces soupçons. Les investisseurs imaginaient, sans doute, qu'il était impossible de hausser le prix des actions de Freddie Mac, parce que celui-ci avait déjà augmenté de 182% en 1991 (voir graphique 7.12). Nous ne pouvons échapper au fait qu'en 1992, Freddie Mac était sous-évaluée, quelles qu'en soient les raisons. La valeur de Freddie Mac en 1992 était de 11,1 milliards de dollars en supposant qu'elle accroîtrait ses gains seulement de 4% par année, soit la hausse moyenne du produit intérieur brut (PIB) des États-Unis.

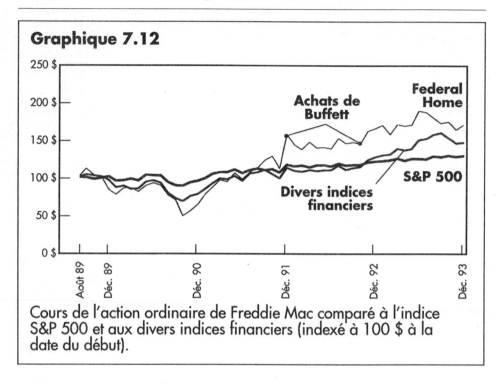

**Graphique 7.12**

Cours de l'action ordinaire de Freddie Mac comparé à l'indice S&P 500 et aux divers indices financiers (indexé à 100 $ à la date du début).

### Le concept du «un dollar»

Entre 1989 et 1992, Freddie Mac annonça des gains de 2,028 milliards de dollars. Après avoir distribué les dividendes des actions ordinaires et privilégiées, l'entreprise retint 1,539 milliard de dollars. Pendant cette période, la valeur marchande de l'entreprise augmenta, passant de 4,033 milliards à 8,723 milliards de dollars. Pour chaque dollar de bénéfice non distribué par l'entreprise, sa valeur marchande augmenta de 3,04 $.

### SOMMAIRE

Freddie Mac possède une histoire peu habituelle. Son statut quasi gouvernemental embarrassait plusieurs investisseurs. La conversion d'une entreprise financée directement par des actions privilégiées, dont les seuls propriétaires sont des sociétés de crédit et d'épargne en une société ouverte, était à n'y rien comprendre. Pour un court laps de temps, plusieurs pensaient à tort que Federal Home Loan Mortgage et la Federal Savings and Loan Insurance Corporation (FSLIC) étaient destinées au même sort. Buffett vit clair dans la confusion. Le fait que Wesco fut propriétaire de Freddie Mac à ses débuts lui conféra, sans doute, l'avantage de comprendre ce qui se passait. Cette compréhension était à la portée de toute personne qui prenait le temps de se documenter sur l'entreprise. «Les grandes occasions de placement, dit Buffett, se produisent lorsque d'excellentes entreprises sont mal évaluées dans des circonstances inhabituelles.»[8] Freddie Mac était un titre non conventionnel et le marché boursier a mal apprécié l'entreprise. Les investisseurs qui se sont informés et qui ont compris ses caractéristiques fondamentales furent récompensés de leurs efforts (voir graphique 7.12).

## GUINNESS PLC *

Guinness plc (Guinness) est une entreprise internationale de production, de distribution, et de mise en marché de boissons alcoolisées de marques réputées. Elle est le quatrième plus important exportateur du Royaume-Uni et la onzième plus importante société de ce pays. En rentabilité, Guinness est la plus grande entreprise de son secteur. Elle possède deux compagnies d'exploitation : United Distillers (spiritueux) et Guinness Brewing Worldwide (brasserie).

United Distillers est le chef de file mondial dans la vente de scotch whisky. Elle produit le scotch le plus vendu au monde, le Johnnie Walker et d'autres marques populaires comme : Bell's (le plus vendu dans le Royaume-Uni), Dewar's White Label (le plus vendu aux États-Unis et cinquième du monde) et White Horse Fine Old (le plus vendu au Japon et septième du monde). Guinness distille aussi le Gordon's Gin (le gin le plus répandu dans le monde) et elle en vend 50% de plus en volume que son compétiteur le plus direct. Elle distille également le gin le plus populaire importé aux États-Unis, le Tanqueray. Les bénéfices d'exploitation de Guinness/United Distillers ont atteint, en 1992, 769 millions de livres. Ses plus proches rivales ont rapporté respectivement, en livres sterling, 509 millions (Grand Met), 470 millions (Seagram) et 409 millions (Allied Lyons).

---

* PLC : public limited company — société anonyme

En terme de volume, Guinness Brewing Worldwide est le septième plus important brasseur du monde et le troisième en bénéfice d'exploitation. Ses marques brassées dans 44 pays sont vendues dans plus de 130 pays. Les plus réputées de la compagnie comptent la Guinness stout (bière brune forte), la dominante mondiale des stout, représentant 40% du volume de bière de la compagnie. Guinness brasse aussi la Harp Lager, la Cruzcampo Lager, la Smithwick's Ale et la Kaliber. Les opérations de la compagnie de brassage sont organisées en quatre régions : l'Irlande, l'Europe, l'Afrique-Amériques et l'Asie-Pacifique. Les ventes annuelles de Guinness plc en 1992 ont été de 4,36 milliards de livres et les bénéfices d'exploitation ont atteint 795 millions de livres. De ces bénéfices, 15% provinrent du Royaume-Uni, 19% des États-Unis, 20% de l'Asie-Pacifique, 29% de l'Europe et 17% du reste du monde.

## APPLICATION DE DIVERS PRINCIPES POUR GUINNESS

### Simple et compréhensible

Guinness est le premier placement significatif de Berkshire dans une entreprise étrangère. Sans contredit, Buffett considère Guinness comme une entreprise comparable à Coca-Cola et à Gillette. Son expérience avec ces deux dernières l'a mis bien à l'aise avec Guinness. Celle-ci obtient la majorité des profits de ses opérations internationales comme les deux autres qui sont basées aux États-Unis. «En effet, selon la provenance de leurs profits, continent par continent, Coca-Cola et Guinness démontrent de puissantes analogies.»[9] Buffett souligne qu'il ne confondra jamais les produits de ces deux compagnies. Il demeure toujours un amateur inconditionnel du «Cherry Coke».

Cependant, pour un investisseur, les ressemblances entre Coca-Cola et Guinness sont évidentes. D'abord, les deux entreprises vendent des boissons. Coca-Cola vend la boisson gazeuse numéro un du monde. Pour sa part, Guinness vend le scotch whisky et le gin qui sont les deux plus importantes boissons alcoolisées du monde. Ensuite, les deux entreprises reconnaissent que leurs marchés intérieurs sont à leur plénitude. La meilleure occasion d'augmenter leurs profits est d'investir dans de nouveaux pays et ceux en voie de développement. Enfin, ces deux entreprises ont des marques réputées et reconnues mondialement. Ce sont des produits de «franchise». Elles ont, non seulement un potentiel international de croissance unitaire par volume, mais aussi une possibilité de rentabilité au-dessus de la moyenne par leur capacité à augmenter leurs prix.

### Perspectives favorables à long terme

On constate que les gens boivent moins. Cependant les perspectives à long terme pour les entreprises de boissons alcoolisées sont quand même favorables. En effet, pendant une bonne partie de la dernière décennie, la consommation de spiritueux est descendue de 3% tant aux États-Unis que dans le monde entier. En 1991, la première année où Berkshire acheta Guinness, les ventes de spiritueux baissèrent de 1% dans le monde libre passant à 525 millions de caisses. «La consommation n'est vraiment pas un très bon indice dans une quelconque entreprise pour savoir s'il existe des occasions», disait Anthony Tennent, président et chef de la direction de Guinness, en 1991.[10]

L'industrie des spiritueux accepte le fait que la consommation est à la baisse dans les marchés en pleine maturité comme les États-Unis, la Grande-Bretagne et l'Europe du Nord. Sachant que leurs clients boivent moins, les fabricants tentent de les persuader de boire des produits meilleurs et plus coûteux. Ce procédé est appelé «viser le meilleur». Le message mondial du marketing dans l'industrie des spiritueux est que «boire un produit de haut de gamme fait partie d'un meilleur mode de vie.» Ce message est généralement répandu autant dans les pays industrialisés que dans ceux en expansion. Les profits retentissants gagnés par les compagnies de spiritueux sont le sous-produit d'un marketing sophistiqué tirant avantage des pays en voie de développement. À mesure que leur niveau de vie augmente, les Thaïlandais, les Brésiliens et les Européens de l'Est commandent du Johnnie Walker, du Chivas Regal, du Gordon's Gin ou du Courvoisier pour marquer leur réussite. «Guinness a le pouvoir remarquable de vendre des spiritueux comme symbole de prestige. Plus haut est le prix, plus grand est le prestige», affirmait Charlie Munger.[11]

Le seul marché où cette stratégie est la moins efficace est aux États-Unis. La récession obligea les consommateurs à considérer les marques «populaires» plutôt que celles de prestige à prix élevés. Cependant les spécialistes de l'industrie prédisent que cette tendance d'achat aura la vie courte. La plupart des achats de spiritueux sont périodiques contrairement aux cigarettes et les consommateurs d'alcool ne font pas face à une pression quotidienne de fixation des prix comme les fumeurs.

Les entreprises de spiritueux, bien avant la plupart des autres, ont saisi l'importance de trois concepts de consommation.[12] Tout d'abord, elles comprirent que l'ensemble de leurs marques étaient hautement rentables. Johnnie Walker contribue pour approximativement 500 millions de dollars par année aux bénéfices d'exploitation de Guinness. Les marques réputées ont tendance à augmenter en valeur au cours du temps et les nouvelles appellations ont de la difficulté à faire une percée. Bailey's Original Irish Cream fut la plus récente marque en vogue à pénétrer ce marché et c'était en 1980.

Ensuite, les entreprises de spiritueux ont saisi l'importance du contrôle des prix et de la distribution de leurs produits sur les marchés étrangers. Elles ont vite appris qu'il était facile de perdre la maîtrise, même des labels renommés, lorsque les bouteilles exportées traînaient sur les quais. À mesure que les fabricants ajoutaient des marques, ils achetaient également les compagnies de distribution. De 1986 jusqu'à la fin de 1991, Guinness acquit et/ou changea 700 distributeurs dans le monde entier.

En dernier lieu, les entreprises de spiritueux n'ont jamais été embarrassées pour coopérer avec leurs compétiteurs. Ayant compris qu'elles n'avaient pas la robustesse financière d'une compagnie comme Coca-Cola, de son système de distribution et de ses avantages pour pénétrer de nouveaux marchés, les entreprises de spiritueux décidèrent de former des sociétés en participation. L'association répartirait les coûts fixes et, plus tard, diviserait les profits. Guinness a plus de trente-cinq coentreprises, dont une avec Bacardi qui vend les produits de Guinness en Amérique du Sud. Plus récemment, elle forma une société en participation à 25% avec LMVH Moët Hennessy. Bien que cette association ait eu du mal dernièrement, LMVH possède une gamme de produits de prestige de renommée internationale comprenant les champagnes comme Dom Pérignon, Moët et Chandon, Veuve Clicquot, Pommery, Mercier, Canard-Duchene, Ruinart et les cognacs Hennessy et Hine.

### Marges bénéficiaires

La fabrication de boissons alcoolisées ou non alcoolisées est une entreprise très lucrative. Guinness plc n'est pas seulement l'entreprise dans les boissons la plus rentable du monde, elle est la deuxième, immédiatement après Coca-Cola. Les marges avant impôt de l'entreprise (voir graphique 7.13) ont augmenté régulièrement depuis que Guinness a acquis United Distillers en 1986; elles ont même doublé. Avant l'acquisition, Guinness, qui était alors uniquement une brasserie, affichait des marges bénéficiaires semblables à celles d'Anheuser-Busch.

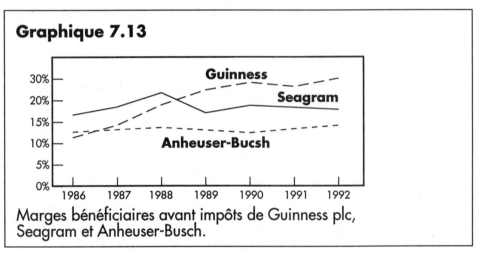

**Graphique 7.13**

Marges bénéficiaires avant impôts de Guinness plc, Seagram et Anheuser-Busch.

Guinness a été prudente avec sa dette. Après l'achat d'United Distillers en 1986, la dette à long terme de Guinness, par rapport au capital, était de 48%. Au cours des années suivantes, l'entreprise réduisit de façon draconienne cette dette. En 1988, elle n'était que de 18%, mais le ratio monta à 29% en 1992. En comparaison, il est encore plus bas que celui de Seagram et Anheuser-Busch.

Non seulement Guinness a pu garder sa dette au minimum, mais elle a continuellement accru, au cours des derniers sept ans, son bénéfice net annuel de plus de 20%. Avec United Distillers, Guinness a constamment augmenté ses profits mieux que n'importe lequel de ses concurrents, même si la croissance des ventes durant cette période fut, en moyenne, en dessous de 9%. Cela démontrait qu'une grande partie de la croissance du bénéfice a été le résultat des marges à la hausse. En 1992, la croissance du profit, avant la réorganisation, est tombée à un faible 6%. Le déclin dans la croissance des bénéfices de Guinness fut causé par la récession mondiale et en particulier par la piètre performance de ses 25% de participation dans LMVH Moët Hennessy. L'entreprise présuma, malgré la crise, qu'elle pourrait augmenter son bénéfice en haussant les prix de ses marques de prestige durant l'année qui suivrait.

## Déterminer la valeur

Un des attraits des fabricants de boissons (c'est vrai aussi pour les spiritueux et les brasseries) est qu'ils ont peu besoin de dépenses en immobilisations et de fonds de roulement comparé à leurs fonds autogénérés. La recherche et le développement sont peu nécessaires et les coûts de production sont relativement bas en comparaison du pourcentage des ventes. En conséquence, les rendements du capital d'une compagnie de boissons, comme Guinness, sont élevés et généralement ils vont de pair avec la réussite. Guinness possédait, comme Coca-Cola, non seulement d'importants montants d'achalandage économique, mais elle était aussi prête à augmenter la valeur de cet actif.

En 1991, Berkshire Hathaway acheta 31 247 000 actions de Guinness à un coût de 264 782 000 $. Buffett est discret sur le taux de change qu'il utilisa pour calculer la conversion des livres anglaises en dollars. Nous pouvons présumer, utilisant une moyenne mobile de douze mois, que le taux de change était approximativement de 1,76 $. Réciproquement, chaque dollar à ce taux achèterait 56 pence (100 pence égalent 1 £). Le coût moyen de Berkshire par action de Guinness en dollars américains était de 8,47 $, ou 4,81 £. À la fin de l'exercice de 1991, il y avait 1 952 millions d'actions de Guinness plc en circulation. Chaque fois que Buffett envisage l'achat d'une action, il réagit comme s'il devait acheter l'entreprise entière. En théorie, il aurait été prêt à l'acquérir au complet à des prix semblables, même s'il n'achetait que 1,6% de Guinness. En 1991, l'achat de Buffett équivalait à acheter l'entreprise entière pour 9 389 milliards de livres sterling.

En 1991, le profit net de Guinness était de 636 millions de livres sterling. Elle avait des charges de dépréciation et d'amortissement de 122 millions de livres et des dépenses en immobilisation de 224 millions de livres. Les bénéfices du propriétaire égalaient ainsi 534 millions de livres sterling. Le rendement moyen d'une obligation du gouvernement des États-Unis de trente ans en 1991 était de près de 8,5%. Nous savons que la tendance de Buffett est d'être prudent en utilisant les rendements courants des obligations du gouvernement, alors que les taux d'intérêt sont à la baisse. Un taux d'escompte de 9% sera utilisé pour cette évaluation. Si nous escomptons les bénéfices du propriétaire de Guinness à un taux de 9%, la valeur de Guinness est de 5 933 milliards de livres sterling (534 £ divisées par 9%). Une bonne part de la valeur de Guinness, comme Coca-Cola et Gillette, est la valeur escomptée de ses bénéfices en cours plus la croissance de ses profits futurs.

Après l'acquisition de United Distillers en 1986, les bénéfices de Guinness crûrent à un taux annuel moyen de 25%. Par contre, entre 1990 et 1991, les bénéfices ralentirent à un taux moyen annuel de 13% et ont même baissé depuis. Buffett savait, lorsqu'il prit la décision d'acheter Guinness en 1991, que la croissance des bénéfices de l'entreprise ralentirait de son taux de 25% et arriverait probablement, dans le futur, à un équilibre entre 10 et 15%. En utilisant le modèle d'escompte à deux paliers, nous pouvons calculer la valeur de Guinness plc. Supposons que Guinness viendrait à croître pendant les prochains dix ans à un taux annuel moyen de 10%, suivi ensuite d'une croissance de 5%. En escomptant les bénéfices du propriétaire de l'entreprise de 9%, la valeur de celle-ci serait de 20 983 milliards de livres sterling. Buffett acheta Guinness plc à un escompte de 56% de sa valeur, à ce taux présumé de croissance.

Si nous estimons que le taux de croissance de l'entreprise a diminué de 5% pour les années après 1991, la valeur de Guinness plc (en 1991) était de 13 350 milliards de livres sterling [534 £ divisées par (9% - 5%)]. À ce taux historique de croissance sous la moyenne, Buffett acheta Guinness plc à un escompte de 30% de sa valeur.

## SOMMAIRE

Il y a plusieurs années, Buffett admit qu'il n'aurait eu aucun intérêt à acheter une entreprise étrangère à cause des difficultés de se comporter en propriétaire. Les liens qui s'établissent entre les entreprises et les actionnaires étrangers ne sont pas aussi idéaux que ceux des entreprises et des actionnaires d'un même pays. Toutefois, Buffett fit une exception. Bien entendu, il est rassuré en sachant que Guinness est une entreprise analogue à Coca-Cola, une des plus importantes participations de Berkshire. Comprenant la façon dont Coca-Cola fonctionne et combien elle profite de l'économie mondiale, Buffett devine plus facilement comment Guinness atteindra ses objectifs. Il a aussi appris que des entreprises avec une valeur de «franchises», comme Coca-Cola, Gillette ou Guinness, peuvent se permettre d'être dirigées plus librement et demeurer encore des placements supérieurs à la moyenne. Par la suite, le besoin d'être un actionnaire traditionnel dans une entreprise comme Guinness est moins important. Buffett est probablement plus à l'aise dans cette entreprise, même étant un actionnaire étranger, qu'il le serait en étant propriétaire de plusieurs autres compagnies étrangères qui n'ont pas l'attrait économique de Guinness.

## WELLS FARGO & COMPANY

Si on qualifie General Dynamics de placement le plus déroutant que Buffett n'ait jamais fait, alors Wells Fargo & Company (Wells Fargo) serait certainement le plus controversé. En octobre 1990, Buffett annonça que Berkshire avait acheté 5 millions d'actions de Wells Fargo, investissant 289 millions de dollars dans l'entreprise à une moyenne de 57,88 $ par action (voir graphique 7.14). Berkshire Hathaway était maintenant l'actionnaire le plus important de la banque, détenant 10% des actions en cours.

Plus tôt dans l'année, Wells Fargo se négociait à un cours élevé de 86 $ par action jusqu'à ce que les investisseurs commencent à délaisser les banques et les sociétés d'épargne et de crédit de la Californie. Ils redoutaient que la récession, qui envahissait la Côte Ouest, cause d'importantes pertes sur les prêts immobiliers dans les marchés résidentiels et commerciaux. Wells Fargo détenait le plus de prêts dans l'immobilier commercial parmi toutes les banques de la Californie. Les investisseurs vendirent leurs actions et les vendeurs à découvert ajoutèrent au mouvement baissier. Le nombre d'actions vendues à découvert de Wells Fargo progressa de 77% au mois d'octobre. C'était, en pratique, au moment même où Buffett commençait à acheter des actions dans la compagnie. Dans les mois qui ont

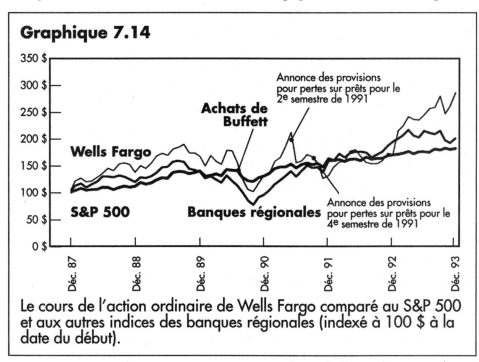

**Graphique 7.14**

Le cours de l'action ordinaire de Wells Fargo comparé au S&P 500 et aux autres indices des banques régionales (indexé à 100 $ à la date du début).

suivi l'annonce indiquant que Berkshire était devenue un important actionnaire de la banque, un combat de poids lourds s'organisa autour de Wells Fargo. Dans un coin, Buffett était le spéculateur à la hausse, misant 289 millions de dollars que Wells Fargo s'apprécierait. À l'opposé, les spéculateurs à la baisse (à découvert), pariaient que Wells Fargo, déjà en chute de 49% pour l'année, descendrait encore plus bas. Les frères Feschbach, les plus importants vendeurs à découvert du pays, misaient contre Buffett. Tom Barton, un gestionnaire financier de Dallas, travaillant pour les frères Feschbach disait : «Wells Fargo est un échec total. Je ne crois pas qu'il serait juste de la qualifier comme une candidate à la faillite, par contre, je crois qu'elle est encore une jouvencelle.»[13] Il voulait dire que Wells Fargo se négocierait à la baisse, soit entre 13 et 19 $ par action. «Buffett est un grand «chasseur de valeurs», un investisseur à long terme et la Californie pourrait devenir un autre Texas», disait George Salem, analyste chez Prudential Securities.[14] Salem faisait référence aux faillites bancaires survenues au Texas durant le fléchissement des prix de l'énergie. «Buffett n'aura pas à se préoccuper plus longtemps de savoir qui dépensera sa fortune, ajoutait John Liscio de chez Barron, surtout s'il continue de choisir le fonds du baril des actions bancaires.»[15]

## APPLICATION DE DIVERS PRINCIPES POUR WELLS FARGO

### Simple et compréhensible

Buffett est très familier avec les affaires bancaires. En 1969, Berkshire Hathaway acheta 98% de l'Illinois National Bank and Trust Company. Avant que la Bank Holding Act (loi sur la propriété des banques), en 1979, exige que Berkshire se débarrasse de ses intérêts dans la banque, Buffett enregistrait les ventes et les bénéfices de la banque dans le rapport annuel. La banque prit sa place à côté des autres titres contrôlés par Berkshire.

Comme Jack Ringwalt, qui aida Buffett à comprendre les complexités de l'assurance, Gene Abegg, président de l'Illinois National Bank, enseigna à Buffett les affaires bancaires. Buffett apprit que les banques étaient des entreprises rentables si la direction accordait les prêts sérieusement et réduisait les coûts d'opération. «Notre expérience fut que le dirigeant d'une opération qui a déjà des coûts élevés est souvent plein de ressources pour trouver de nouvelles façons de dépenser, disait Buffett. Alors que le dirigeant à la poigne de fer serre la vis et continue habituellement à trouver de nouvelles méthodes pour réduire les coûts, même s'ils sont bien inférieurs à ceux des compétiteurs. Personne ne démontra cette dernière aptitude mieux que Gene Abegg.»[16]

### Perspectives favorables à long terme

Wells Fargo n'est pas Coca-Cola, dit Buffett. Il est difficile d'imaginer, suivant les circonstances, comment Coca-Cola pourrait faillir en tant que société. L'entreprise bancaire est cependant différente. Les banques peuvent s'écrouler et elles l'ont fait à plusieurs occasions. La plupart des fermetures de banques peuvent être imputables aux erreurs de la direction, souligne Buffett. Dans la majorité des cas, les banques échouent lorsque la direction accorde des prêts d'une façon inconsidérée. Il est commun dans le secteur bancaire que l'actif soit souvent vingt fois l'avoir des actionnaires. Tout geste de maladresse de la direction, impliquant même un petit montant de cet actif, peut détruire le capital-actions d'une banque.

Pourtant, il n'est pas impossible pour les banques d'être de bons placements, dit Buffett. Les banques peuvent générer un rendement de l'avoir de 20%, si la direction fait bien son travail. Ce rendement est supérieur à la moyenne de la plupart des entreprises, mais inférieur à celui de Coca-Cola ou de Gillette. Buffett explique qu'il n'est pas nécessaire d'être le chef de file de votre industrie, si vous êtes une banque. Ce qui compte est la façon dont vous gérez aussi bien votre actif, que votre passif et vos coûts. Les activités bancaires sont vraiment des produits sans avantage compétitif tout comme les activités d'assurance. Nous le savons, dans ce genre d'affaires, les comportements de la direction sont souvent les seules caractéristiques qui nous permettent de la différencier des autres. En conséquence, Buffett a choisi la meilleure équipe de direction dans les affaires bancaires. «Avec Wells Fargo, affirme-t-il, nous pensons avoir obtenu avec Carl Reichardt et Paul Hazen les meilleurs dirigeants des affaires bancaires. De plusieurs façons, l'alliance de Carl et de Paul m'en rappelle une autre (Tom Murphy et Dan Burke chez Capital Cities/ABC). Le tout est plus fort que la somme de ses composantes.»[17]

### La rationalité

Lorsque Carl Reichardt devint président de Wells Fargo en 1983, il commença à transformer une banque léthargique en une entreprise rentable. De 1983 à la fin de 1990, Wells Fargo avait des rendements moyens de 1,3% de l'actif et de 15,2% du capital. En 1990, Wells Fargo était devenue la dixième plus importante banque du pays avec 56 milliards de dollars en actif. Reichardt est un dirigeant rationnel, comme beaucoup d'autres admirés par Buffett. Reichardt dirige Wells Fargo pour le bénéfice de ses propriétaires, bien qu'il n'a pas encore institué de programmes pour racheter des actions ou distribuer des dividendes spéciaux, lesquels récompensent les actionnaires. Il est prodigieux comme Tom Murphy de chez Capital Cities/ABC, lorsque vient le temps de maîtriser les coûts. Une fois qu'ils sont sous contrôle, Reichardt ne s'accorde pas de répit. Il recherche constamment des moyens pour améliorer la rentabilité de Wells Fargo.

Pour mesurer l'efficacité des opérations d'une banque, un analyste peut comparer les dépenses des autres revenus comme un pourcentage de revenu net d'intérêt.[18] Ce ratio mesure les dépenses d'exploitation de la banque par rapport à son revenu net d'intérêt. L'efficacité des opérations de Wells Fargo est de 20 à 30% meilleure que First Interstate ou Bank of America (voir graphique 7.15). Reichardt dirige les opérations Wells Fargo comme beaucoup d'autres entrepreneurs. «Nous tentons de gérer cette compagnie comme une entreprise. Deux plus deux égalent quatre. Ça n'égale pas sept ou huit!», affirmait Reichardt.[19]

Lorsque Buffett acheta Wells Fargo, en 1990, la banque termina l'exercice financier avec le pourcentage le plus élevé de prêts commerciaux immobiliers, parmi toutes les banques d'importance du pays. Les prêts commerciaux de Wells Fargo de 14,5 milliards de dollars étaient cinq fois son actif. La récession en Californie s'aggravant, les analystes calculèrent qu'une grande partie des prêts commerciaux de la banque se gâterait. Cela fut la cause majeure de la chute du prix des actions de Wells Fargo en 1990 et 1991.

Les inspecteurs de banques ont rigoureusement examiné le portefeuille des emprunts de Wells Fargo à la suite de la débâcle de la FSLIC. En 1991, ils firent pression sur la banque pour qu'elle mette en réserve 1,3 milliard de dollars pour les mauvais prêts et un autre 1,2 milliard pour l'année suivante. Voyant que des réserves étaient mises de côté tous les trimestres, les investisseurs commencèrent à craindre chaque annonce subséquente. Au lieu de prendre de bonnes réserves pour les provisions de pertes sur prêts, la banque échelonna les dépenses sur une période de deux ans. Les investisseurs commencèrent à se demander si elle arriverait un jour à la fin de ses problèmes d'emprunts.

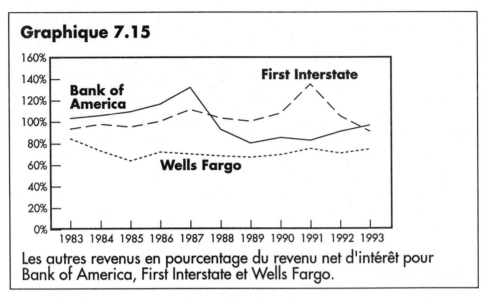

**Graphique 7.15**

Les autres revenus en pourcentage du revenu net d'intérêt pour Bank of America, First Interstate et Wells Fargo.

En 1990, le prix des actions augmenta brièvement, après l'annonce de la participation de Berkshire dans Wells Fargo. Au début de 1991, le prix atteignait 98 $ l'action, fournissant à Berkshire un profit de 200 millions de dollars. Ensuite, en juin 1991, la banque annonça un autre montant aux réserves et le prix des actions chuta de treize points en deux jours pour passer à 74 $. Il devint clair que Wells Fargo aurait à réduire ses bénéfices, à la suite d'une charge additionnelle, pour ajouter à ses provisions de pertes sur prêts, bien que le prix des actions se soit relevé légèrement au cours du quatrième trimestre de 1991. À la fin de l'exercice (1991), le prix des actions de Wells Fargo a clôturé à 58 $ par action. Le placement de Berkshire dans Wells Fargo était au seuil de la rentabilité, après avoir souffert d'un marché instable. «J'ai sous-estimé la gravité de la récession en Californie autant que les problèmes immobiliers de l'entreprise», avoua Buffett.[20]

### Déterminer la valeur

En 1990, Wells Fargo avait réalisé 711 millions de dollars de profits, soit une augmentation de 18% comparée à 1989. Cependant, en 1991, à cause des provisions pour pertes sur prêts, Wells Fargo ne réalisa que 21

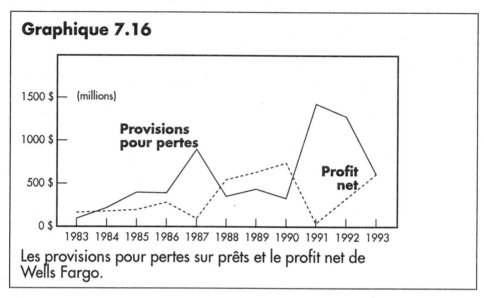

**Graphique 7.16**

Les provisions pour pertes sur prêts et le profit net de Wells Fargo.

millions de dollars. En 1992, les profits augmentèrent légèrement à 283 millions, mais ils étaient encore moins de la moitié des résultats des deux années précédentes. Ce n'est pas surprenant qu'il y ait une relation inverse entre les profits d'une banque et ses provisions pour pertes sur prêts (voir graphique 7.16). Si nous enlevons de ses résultats ces réserves de Wells Fargo, nous découvrons une entreprise possédant une énorme possibilité de rendement (voir graphique 7.17). Depuis 1983, le revenu net d'intérêt de la

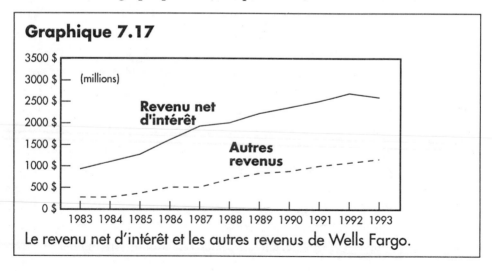

**Graphique 7.17**

Le revenu net d'intérêt et les autres revenus de Wells Fargo.

banque a augmenté à un taux de 11,3% et ses autres revenus (frais de placement, revenu de trust, frais de dépôt) ont crû à un taux de 15,3%. La banque aurait eu approximativement un milliard de dollars de capacité bénéficiaire, si on exclut les provisions pour les pertes inhabituelles sur prêts en 1991 et 1992.

La valeur d'une banque dépend de sa valeur nette et de ses bénéfices prévus. Lorsque Berkshire Hathaway acheta Wells Fargo, au début de 1990, l'entreprise avait réalisé des profits de 600 millions de dollars l'année précédente. Le rendement moyen sur une obligation de trente ans du gouvernement des États-Unis en 1990 était approximativement de 8,5%. En demeurant conservateur, nous pouvons escompter les rendements de Wells Fargo, en 1989, de 600 millions de dollars par 9% et évaluer la banque à 6,6 milliards de dollars. Si la banque ne touchait pas un cent au-dessus de 600 millions de dollars de profits annuels au cours des prochains trente ans, elle vaudrait encore au moins 6,6 milliards de dollars. Lorsque Buffett acheta Wells Fargo en 1990, il paya 58 $ par action pour ses titres. Avec 52 millions d'actions en circulation, cela équivalait à payer 3 milliards de dollars pour l'entreprise avec un escompte de 55% par rapport à sa valeur.

Certes, après avoir pris en considération tous les problèmes de prêts de Wells Fargo, le débat se concentra pour savoir si elle avait même un pouvoir bénéficiaire. Les vendeurs à découvert disaient qu'elle n'en avait pas; Buffett prétendait le contraire. Il savait qu'être propriétaire de Wells Fargo n'était pas sans risque. Voici sa manière de justifier son achat pour Berkshire Hathaway. «Les banques de la Californie font face au risque spécifique d'un tremblement de terre majeur qui causerait des ravages aux emprunteurs, ceux-ci, en retour, pourraient détruire les banques qui leur prêtent. Un deuxième risque est systémique et il inclut la possibilité d'une décroissance des affaires ou une panique financière tellement grave que cela mettrait presque en péril chaque institution hautement endettée, peu importe l'intelligence de leurs dirigeants.»[21] La possibilité que ces deux événements se produisent, selon le jugement de Buffett, était infime. Cependant, un risque continuel demeurait : «La plus grande inquiétude du marché est que les valeurs immobilières de la Côte Ouest dégringolent à cause de la construction excessive. Cela apporterait d'énormes pertes aux banques ayant financé l'expansion. Étant un des chefs de file dans le domaine des prêts immobiliers, Wells Fargo est considérée comme particulièrement vulnérable».[22]

Buffett savait que Wells Fargo avait réalisé annuellement un milliard de dollars de profits avant impôts et après avoir dépensé 300 millions en moyenne pour les pertes sur prêts. Il calcula que Wells Fargo atteindrait le point mort, si 10% des 48 milliards de dollars des prêts consentis — non seulement les prêts commerciaux sur les biens immobiliers, mais tous ceux de la banque — devenaient, en 1991, des prêts à problèmes et produisaient des pertes, intérêt compris, atteignant 30% de la valeur principale du prêt. Selon son jugement, la possibilité que ceci se produise était faible. Si Wells Fargo ne rapportait pas d'argent pendant un an, l'idée même ne serait pas pénible. «Chez Berkshire, disait Buffett, nous aimons acquérir des entreprises ou investir dans des projets qui ne produisent aucun rendement pour un an, mais qui pourraient rapporter, par la suite, 20% sur des capitaux en croissance.»[23] La fascination pour Wells Fargo s'est intensifiée lorsque Buffett fut capable d'acheter des actions à un escompte de 50% de sa valeur.

Buffett disait : «Les opérations bancaires ne sont pas nécessairement de mauvaises entreprises, mais elles le sont souvent. Les banquiers ne sont pas obligés de faire des sottises, cependant ils en font souvent!».[24] Il décrit un prêt à haut risque comme n'importe quel prêt accordé par un banquier stupide. Lorsque Buffett acheta Wells Fargo, il paria que Reichardt n'était pas ce genre de banquier. «Toute la mise est placée sur les dirigeants, disait Charlie Munger. Nous croyons qu'ils résoudront les problèmes plus rapidement et plus efficacement que les autres.»[25] La gageure de Berkshire fut fructueuse. À la fin de 1993, le prix par action de Wells Fargo atteignit 137 $.

Après que les vérificateurs obligèrent Reichardt à entasser plus de deux milliards de dollars en réserve pour les mauvais prêts, la banque se retrouva avec un surplus d'un milliard de dollars. Cette vengeance a pour nom «Carl Reichardt». Thomas Brown, analyste chez Donaldson, Lufkin & Jenrette expliquait : «Il n'y a aucune banque où les vérificateurs ont manqué le bateau plus qu'à la Wells Fargo».[26] Avec ce surplus de capitaux

(19 $ par action) sous forme de provisions non nécessaires pour les pertes sur prêts, Wells Fargo a l'option de racheter des actions et/ou d'augmenter d'une façon importante le dividende.

## SOMMAIRE

En somme, la confiance de Warren Buffett dans Wells Fargo est évidente et continue de grandir. En 1992, Berkshire acheta plus d'actions, haussant sa participation à 6,3 millions d'actions, représentant 11,5% de la banque. Buffett demanda et reçut la permission de la Federal Reserve d'acheter jusqu'à 22% de la banque. En novembre 1993, Berkshire ajouta à sa participation dans Wells Fargo avec l'achat d'actions dont les prix variaient de 106 à 110 $ chacune. «Loin de moi l'idée de commencer à faire la promotion des actions de Wells Fargo ou autre chose, disait Buffett. Je crois seulement que c'est une très bonne entreprise, avec la meilleure direction possible et à un prix raisonnable. Habituellement, lorsque c'est le cas, il y a encore plus d'argent à faire.»[27]

# – HUIT –

## D'autres
## bons titres

L'ANNÉE 1994 FUT PASSABLEMENT OCCUPÉE pour Buffett, en dépit des rendements lamentables du marché boursier. En fait, quand les marchés semblent médiocres, c'est précisément le temps où l'attention de Buffett commence à se concentrer. Berkshire Hathaway fit quatre achats distincts et importants dans la seconde moitié de l'année. Buffett, toujours à l'affût des caractéristiques économiques de l'industrie de l'édition et des médias, acheta 4,9% de Gannett, l'éditeur le plus important du pays. De plus, il acquit 8,3% de PNC Bank, une importante banque régionale dont le siège social est à Pittsburgh.

Dans une démarche encore plus surprenante, Buffett ajouta, dans Berkshire, 6,6 millions d'actions ordinaires de Salomon au placement déjà important de 700 millions de dollars d'actions privilégiées convertibles déjà détenues. Par la suite, durant l'été de 1994, Berkshire convertit ses actions privilégiées d'American Express en actions ordinaires. Finalement, Buffett continua d'acheter des actions d'American Express le reste de l'année et au cours du premier trimestre de 1995. En tout, Buffett investit 1,36 milliard de dollars dans la compagnie. Ce fut le premier investissement de un milliard de dollars pour Berkshire depuis les achats d'actions de Coca-Cola en 1988 et 1989.

L'acquisition de Capital/ABC par Walt Disney Company a donné une prodigieuse occasion à Warren Buffett. Les 20 millions d'actions de Berkshire dans Cap Cities, à un coût initial de 17,25 $ par action, valent aujourd'hui plus de 120 $ par action. Les conditions de l'acquisition permettent aux actionnaires de Cap Cities de recevoir plus d'actions de Disney ou plus d'argent comptant, selon la disponibilité. Par ailleurs, Berkshire

247

espère obtenir au moins 65 $ par action et une action de Disney pour chaque action de Cap Cities dont elle est propriétaire. Buffett est maintenant devenu le deuxième plus important actionnaire de Walt Disney Company avec 1,3 milliard en encaisse supplémentaire.

## GANNETT COMPANY *

Gannett Company est une entreprise diversifiée de 7,7 milliards de dollars oeuvrant dans le domaine de l'information et des médias. Ses activités comprennent notamment l'édition de journaux, des stations de radio et de télévision, de l'affichage publicitaire extérieur. Gannett est le plus important groupe de journaux du pays avec 82 quotidiens, 50 publications périodiques et les populaires USA Today et USA Weekend. Le USA Today est devenu rapidement le quotidien national des États-Unis. En 1994, la moyenne totale du tirage journalier pour Gannett dépassait 6,3 millions d'exemplaires.

Gannett est également propriétaire de dix stations de télévision, qu'elle exploite directement, à Phoenix, Denver, Washington D. C., Atlanta, Jacksonville et dans d'autres villes. La compagnie dirige aussi six stations de radio FM et cinq stations AM à Los Angeles, San Diego, Tampa-St. Petersburg, Chicago, Dallas et Houston. En outre, Gannett est le plus important groupe dans l'affichage publicitaire extérieur en Amérique du Nord, ayant des activités dans onze états américains et au Canada.

## APPLICATION DE DIVERS PRINCIPES POUR GANNETT

### Simple et compréhensible

Nous l'avons vu, les journaux et les stations de télévision sont des entreprises que Buffett comprend facilement. Il est propriétaire du Washington Post et du Buffalo News depuis plus de vingt ans et de Capital

---

* Robert G. Hagstrom, Jr. est le gestionnaire du portefeuille de Focus Trust. Cette société d'investissement à capital variable (SICAV) est propriétaire d'actions ordinaires de Gannett Company. De plus, le Focus Trust peut, de temps à autre, acheter des actions additionnelles de la compagnie.

Cities/ABC depuis 1985. Cette expérience n'a pas seulement mis en exergue ses qualifications de propriétaire bien informé de Gannett, mais elle tombe aussi parfaitement dans sa sphère de compétence.

## Perspectives favorables à long terme

De 1973 jusqu'à la fin de 1987, les journaux et les stations de télévision bénéficièrent d'une période exceptionnellement prospère. Les journaux, comprenant qu'ils étaient une source primordiale pour la publicité locale et nationale, utilisèrent cet avantage en haussant régulièrement les taux du tarif à la ligne. Lorsque l'économie ralentissait, affectant finalement le tirage et les revenus des annonces classées, les journaux pouvaient compter sur cette légère majoration du tarif à la ligne dans la publicité pour les aider à augmenter leurs revenus. Durant cette période, les stations de télévision bénéficièrent aussi de cette compétition limitée. Bien que le public de la télévision par câble ait continué à se développer, les chaînes de télévision restaient encore le moyen idéal d'atteindre la majorité des téléspectateurs.

À la fin des années 1980, la situation commença à changer. Les compagnies réduisaient sensiblement leurs budgets publicitaires à cause du ralentissement de l'économie. De plus, elles se mirent aussi à expérimenter en plaçant les sommes allouées dans d'autres médias. Le publipostage, les encarts et la publicité cible commencèrent à détourner l'argent de la publicité traditionnelle des journaux. La publicité sur câble eut le même effet sur les télédiffuseurs.

Au départ, les analystes et les compagnies médiatiques ne savaient pas à quoi attribuer ces changements. Était-ce le résultat d'une décroissance économique ou une transformation plus permanente des dollars publicitaires, indiquant ainsi que les annonceurs avaient trouvé des moyens plus efficaces de réduire les coûts tout en joignant les consommateurs? Dans un cas comme dans l'autre, les compagnies de journaux et de radio/télédiffusion, réalisant qu'elles ne dominaient plus leurs marchés, n'eurent pas le choix de modérer leurs augmentations de tarifs. Elles devaient aussi commencer à mettre en place une concurrence plus énergique afin de s'approprier à nouveau les dollars affectés à la publicité.

La compétition, forcément, exerce de la pression sur les rendements et sur la rentabilité. Les journaux n'étaient pas à l'abri de cette contrainte. «M. Marché», comme il lui arrive si souvent, vacilla entre l'euphorie et le désespoir. Ce ne fut pas surprenant, puisque les journaux et les compagnies médiatiques commencèrent à produire des rendements plus bas. L'enthousiasme de M. Marché commença à se dégonfler et les prix de ces entreprises déclinèrent rapidement. Comme il a tendance à exagérer, lorsque le marché est haussier, il a le même réflexe lorsque celui-ci est baissier.

## Rendement de l'avoir

L'attrait pour ces entreprises n'était pas aussi mauvais que le prix des actions l'indiquait, quoique la rentabilité des compagnies de journaux eût diminué. Il est vrai que les rendements de l'avoir pour l'ensemble de l'industrie journalistique étaient généralement plus élevés au milieu des années 1980. Ils étaient alors en moyenne autour de 19% et commençaient à décliner au cours des années 1990 (voir graphique 8.1). Cependant, le rendement de l'avoir de ce secteur, avec une moyenne de 13%, était encore supérieur et se comparait avantageusement à celui de 10% de la plupart des autres entreprises. Celui de Gannett, comme de son groupe pair, a réellement baissé. Toutefois, à la différence des entreprises semblables, la compagnie s'est vite ressaisie et, en 1993, elle augmenta ce rendement à des niveaux record de 23%.

## Les marges bénéficiaires

Une des raisons pour laquelle Gannett a bénéficié d'un retour à une rentabilité plus élevée, fut la lutte tenace de la direction. Elle s'acharna sur les coûts autant pendant les moments de bonne fortune que de mauvaise. Jack Curley, président et chef de la direction de Gannett, commença à «sabrer» dans les dépenses de la société peu de temps après en avoir pris la direction, en 1986. Vers la fin de 1980, le pourcentage des dépenses par rapport au total des ventes de la société Gannett était près de 2,3%. En 1993, ce chiffre baissa à 1,8%. L'attention que la direction porta aux con-

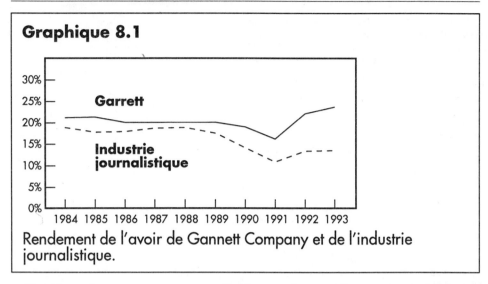

**Graphique 8.1**

Rendement de l'avoir de Gannett Company et de l'industrie journalistique.

trôles financiers peut se constater facilement lorsque l'on compare la marge de profit de Gannett à celle de l'industrie des journaux (voir graphique 8.2). Aujourd'hui, Gannett profite de marges de profits de 11%, soit quatre points de pourcentage plus élevés que la moyenne de l'industrie.

### La rationalité

Une bonne partie du succès récent de Gannett peut être attribué à John Curley. Son prédécesseur, Al Neuharth avait été responsable de l'expansion de Gannett. Neuharth, sans se laisser intimider, utilisa l'émission d'actions de Gannett pour acquérir d'autres journaux. En effet, de 1974 jusqu'à la fin de 1987, la moyenne des actions en cours de Gannett gonfla de 94 millions d'actions à 162 millions d'actions. Depuis son entrée en fonction en 1986, comme président, Curley démontra plus de perspicacité, se concentrant sur les rendements des actionnaires plutôt que sur l'expansion. En 1994, Gannett investit 399 millions de dollars dans la compagnie même, rachetant 8 millions d'actions à un prix moyen de 50 $ par action (voir graphique 8.3). Curley ajoutait : «En comparaison des prix demandés pour d'autres compagnies médiatiques, nous croyons que nos actions représentent une valeur irrésistible».[1]

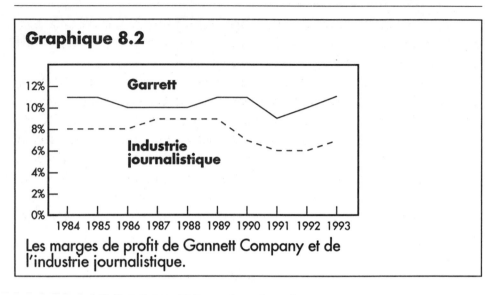

**Graphique 8.2**

Les marges de profit de Gannett Company et de l'industrie journalistique.

### Déterminer la valeur

Depuis 1985, pour Gannett, les bénéfices du propriétaire (profit net moins les investissements en immobilisation, en rajoutant la dépréciation) ont augmenté de 12% par année. À la fin de l'exercice de 1993, ces bénéfices étaient de 474 millions de dollars. Nous savons que Buffett escompte les bénéfices du propriétaire selon le rendement moyen des obligations de trente ans des États-Unis. Il ajustera cependant le taux d'escompte durant

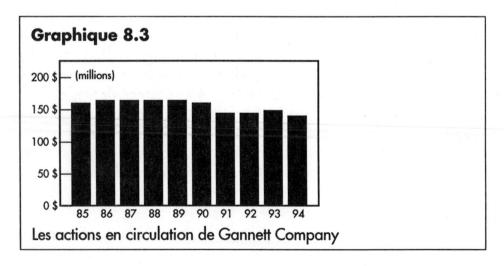

**Graphique 8.3**

Les actions en circulation de Gannett Company

les périodes où les taux d'intérêt sont à des niveaux relativement bas, comme c'était le cas en 1994. Durant le quatrième trimestre de 1994, les taux des obligations à long terme oscillaient entre 7,5 et 8,0%.

Escomptons les bénéfices du propriétaire par un taux plus conservateur de 10% et présumons que les bénéfices de Gannett continueront de croître de 12% pour les prochains dix ans. Avec un taux ralenti de 5% par la suite, la valeur actuelle escomptée des bénéfices futurs du propriétaire sera approximativement de 17 milliards de dollars ou de 122 $ par action. En supposant que Gannett continuerait à croître à un taux de 10% seulement, suivi d'un taux résiduel de croissance de 5% la onzième année, la valeur actuelle escomptée de Gannett serait de 14,6 milliards de dollars ou de 104 $ par action.

### Acheter à des prix intéressants

Le prix des actions de Gannett se négociait entre 45 et 50 $ durant la seconde moitié de 1994 (voir graphique 8.4). Le coût moyen de l'achat de Buffett fut de 48 $ l'action. À un taux présumé de croissance de 12%, Buffett acheta Gannett à un taux escompté de 60% de la valeur intrinsèque de l'entreprise. Si le taux de croissance avait été de 10%, l'achat aurait été négocié à un taux de 54% de sa valeur intrinsèque. Dans un cas comme dans l'autre, la marge de sécurité, chère à Buffet, existait.

Gannett est un placement classique de Buffett. Il acheta une entreprise facilement compréhensible avec des caractéristiques économiques favorables, administrée par des dirigeants sérieux et rationnels. Il acheta aussi les actions à un prix raisonnable. Buffett, sentant que l'économie chutait, commença à calculer ce que Gannett valait en dépit d'une industrie plus compétitive. Pendant ce temps, d'autres personnes écoulaient à perte leurs investissements dans les compagnies de journaux. La pendule émotive de M. Marché avait oscillé trop loin et encore une fois Buffett avait choisi une perle.

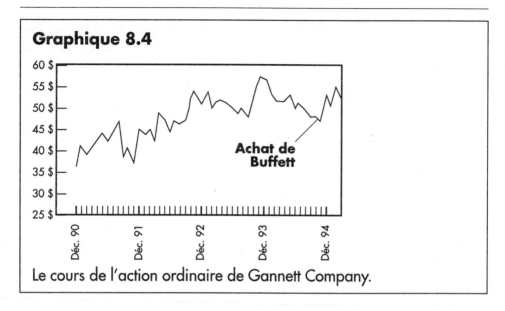

**Graphique 8.4**

Achat de
Buffett

Le cours de l'action ordinaire de Gannett Company.

## PNC BANK CORPORATION

PNC Bank est le douzième plus important holding bancaire aux États-Unis avec un actif de 64 milliards de dollars et un avoir de 4,4 milliards de dollars. PNC Bank est le résultat de la fusion, en 1983, de Pittsburgh National Corporation et de Provident National Bank de Philadelphie. Depuis la fusion, PNC augmenta régulièrement sa présence dans le domaine bancaire par des acquisitions et par la création de diverses filiales non reliées aux affaires bancaires. Aujourd'hui, on peut retrouver les bureaux de la PNC aux quatre points cardinaux : au Massachusetts au nord, en Ohio à l'ouest, au Kentucky au sud et au New Jersey à l'est.

PNC offre, par la voie de quatre divisions distinctes, un grand éventail de produits et de services financiers aux clients. Les succursales bancaires fournissent les services habituels de prêts et de dépôts. Elles donnent accès au système de paiements pour les particuliers et les petites entreprises. Les services bancaires procurent le financement traditionnel, la gestion de fonds et d'autres appuis financiers aux entreprises et aux organismes gouvernementaux. Les clients corporatifs types de la banque sont des entreprises qui évoluent dans le domaine des soins de santé, des ressources naturelles, de l'immobilier et des télécommunications. Les ventes annuelles de ces entreprises se situent entre 5 millions et 250 millions de dollars et plus. Ensemble, les services bancaires aux entreprises et les succursales procurent la plupart des revenus d'affaires de PNC. En 1993, ils étaient 70% des revenus et en 1994, plus de 90%.

La troisième entreprise de PNC est Investment Management and Trust (IM&T). Cette société spécialisée conseille en placements, en gestion de capitaux aussi bien qu'en services administratifs ou de fidéicommis aux particuliers, aux institutions et aux fonds mutuels (SICAV). La division IM&T de PNC, parrainée par les banques américaines, est un des plus importants fournisseurs en recherche sur investissement. Cette recherche est vendue à plus de 245 autres institutions financières. PNC est la seconde plus importante banque de gestion de fonds mutuels (SICAV) et la neuvième en gestion de placements des États-Unis. Elle est aussi au 32e rang de tous les importants gestionnaires de placements. Les capitaux sous gestion continuent de croître. Durant le premier trimestre de 1995, PNC compléta l'acquisition de BlackRock Financial Management L.P. Cette firme de New York a plus de 24 milliards de dollars de capital en gestion de placements.

Récemment, les analystes qui étudient le secteur bancaire se penchèrent sur les honoraires des banques. Ces honoraires sont une source plus prévisible de revenus et aident spécifiquement à niveler les revenus irréguliers provenant du portefeuille de prêts de la banque. En dépit de l'intéressante division d'Investment Management and Trust de PNC, cette activité de la société rapporta seulement 7% des revenus de la banque en 1993 et 9% en 1994.

Le courtage d'affaires (Investment Banking) est la quatrième entreprise de PNC. Elle remplit, pour la banque, les tâches de gestion de l'actif et du passif, ce qui inclut des participations de valeurs. Elle fournit aussi les services de courtage à plus de deux cents courtiers autorisés, les investissements de capital risque et les finances publiques et corporatives. Cette division de PNC est un des plus importants souscripteurs bancaires d'obligations pour le secteur des soins de santé, pour les collèges et les universités. Lorsque cette activité chancela en 1994, elle attira finalement l'attention de Buffett.

PNC a toujours détenu, par rapport aux autres banques, un important portefeuille de titres. On en trouve la raison dans l'industrie métallurgique cyclique de Pittsburgh. La banque, pour contrebalancer les effets inévitables d'une économie ralentissante, compta traditionnellement sur son portefeuille de titres lorsque les demandes de prêts étaient faibles. Aujourd'hui, malgré l'économie plus diversifiée de Pittsburgh et la diminution de sa dépendance vis-à-vis de l'industrie métallurgique, PNC détient toujours un portefeuille considérable de titres. En 1994, il représentait 39% des actifs de PNC et les prêts constituaient 59% de ses actifs. Ceci contraste avec le groupe pair régional de PNC dont les moyennes respectives sont de 20 et de 75%.

Un important portefeuille de valeurs n'est pas nécessairement mauvais. En fait, lorsque des banquiers responsables peuvent harmoniser l'actif et le passif, les résultats peuvent être rentables. Cependant, dans un important portefeuille d'obligations, il y a toujours un risque dû aux changements des taux d'intérêt. Lorsque les taux d'intérêt changent, l'actif et le passif de la banque peuvent facilement devenir «désassortis».

PNC s'est retrouvée, en 1994, dans cette position fragile. La banque avait intentionnellement dissocié son actif et son passif pour bénéficier des taux d'intérêt à la baisse. Cette stratégie avait déjà fonctionné à merveille au cours des trois dernières années. En 1994, les taux d'intérêt ont commencé à monter. Nonobstant les prédictions des économistes, la Federal Reserve haussa les taux sept fois durant l'année et le marché des obligations témoigna de sa pire performance depuis la crise de 1929. Les pertes personnelles dans le marché des obligations éclipsèrent même la grande liquidation du marché boursier de 1987. Le secteur des services bancaires de PNC afficha des pertes de 136 millions de dollars pour l'année.

Lorsque les taux d'intérêt augmentent, les titres du secteur financier, surtout ceux des banques, baissent de prix. Après avoir devancé l'indice Standard & Poor's 500, de 1991 jusqu'à la fin de 1993, les actions des banques régionales importantes descendirent abruptement en 1994 (voir graphique 8.5). Pour les actionnaires de PNC, ce fût pire. Ses actions comparées à son groupe du secteur bancaire baissèrent encore plus. En fait, les titres de PNC sont parmi ceux qui ont connu une des plus mauvaises performances en 1994. Ils ont diminué de presque 30% si on les compare aux titres moyens des banques qui ont perdu environ 4%.

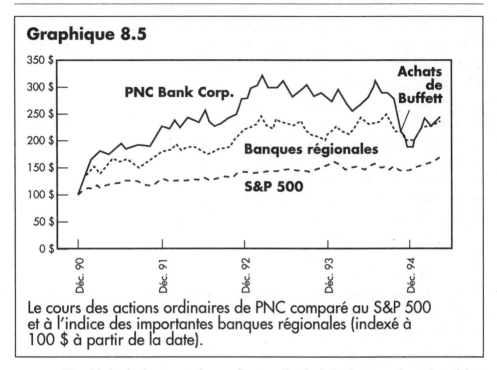

**Graphique 8.5**

Le cours des actions ordinaires de PNC comparé au S&P 500 et à l'indice des importantes banques régionales (indexé à 100 $ à partir de la date).

En dépit de la perte de profits attribuée à la hausse des taux d'intérêt, PNC fut toujours une banque bien administrée. La direction dissocie les résultats financiers de ses divisions, soit les services aux entreprises, les activités des succursales, les services d'investissement et de gestion de portefeuille ou les courtages d'affaire. Elle fait un rapport aux actionnaires comme si chacune était une entreprise distincte. Chaque division rapporte ses marges de profits après impôts. Ces marges sont exprimées comme un pourcentage des revenus. Les ratios des frais généraux quant à eux sont le pourcentage des dépenses des autres revenus (honoraires, frais de gestion, etc.). De plus, des capitaux sont répartis à chaque division d'affaires en fonction de l'évaluation du risque faite par l'administration.

Le secteur des services aux entreprises et les activités des succursales ont procuré, au cours de 1993 et 1994, des profits de 18 et de 20% sur l'avoir. Les sociétés d'investissement et de gestion de portefeuille génèrent des rendements de plus de 40%, alors que le courtage d'affaires a une possibilité de rendements encore plus élevés. Les marges bénéficiaires après impôts pour les succursales comme pour les sociétés d'investissement et de gestion de portefeuille ont une moyenne satisfaisante de 20%. Le secteur des services aux entreprises et le courtage d'affaire, ne visant pas le marché de détail, requièrent moins d'employés et moins d'immeubles. Ils génèrent ainsi des marges bénéficiaires après impôts entre 40 et 50%.

Ces rendements constants et élevés de rentabilité peuvent être facilement appréciés lorsque nous observons la croissance du revenu net d'intérêts de PNC et des autres revenus (voir graphique 8.6). En 1984, le revenu net d'intérêts fut de 400 millions de dollars. En 1993, il était à 1,9 milliard de dollars, soit un taux de croissance de 19%. Les autres revenus avaient augmenté à un taux de 16% durant cette même période passant de 200 à 822 millions de dollars.

### Déterminer la valeur

En 1993, PNC réalisa un profit de 610 millions de dollars, contrairement à l'année précédente dont le profit était de 745 millions. Durant le quatrième trimestre de 1994, Buffett commença à acquérir des actions de PNC à un prix moyen de 25,85 $ par action (voir graphique 8.5). À ce prix-là, la valeur marchande de PNC avec 235 millions d'actions en circulation était approximativement de 6,1 milliards de dollars. En actualisant de 10% les profits de PNC de 610 millions de dollars en 1993 (donc plus élevés que le rendement des obligations de 30 ans des États-Unis) et en conservant le

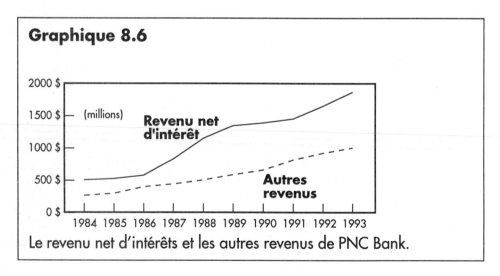

**Graphique 8.6**

(millions)

**Revenu net d'intérêt**

**Autres revenus**

Le revenu net d'intérêts et les autres revenus de PNC Bank.

même taux, elle aurait néanmoins valu 6,1 milliards de dollars, même si au cours de la prochaine décennie elle ne rapportait que 610 millions de dollars par an. Il est probable que PNC rapportera plus que ce montant annuellement étant donné la qualité de la banque, la préoccupation de la direction et la croissance possible de son revenu net d'intérêts et des autres revenus. En conséquence, une marge de sécurité existait entre le prix du marché de PNC et la valeur intrinsèque calculée.

Au cours des années, Buffett est passé maître dans l'art d'ignorer les événements d'importance qui pourraient affecter temporairement une compagnie. Il a surmonté le pessimisme touchant Wells Fargo et a vu le placement de Berkshire tripler dans cette banque. PNC n'est pas Wells Fargo et on ne peut la comparer au dilemme financier qu'affrontèrent Carl Reichardt et Paul Hazen. Buffett a tout simplement parié que l'impact négatif sur PNC de la hausse des taux d'intérêt était transitoire. Il a pu acheter des actions à des prix opportuns parce que d'autres investisseurs ont vendu. Ce qui entraîna une baisse immodérée. Il ajoute : «En effet, nous avons habituellement effectué nos meilleurs achats lorsque les craintes associées à un quelconque événement macroéconomique étaient à un sommet. La peur est l'ennemie de ceux qui courent les modes, mais elle est l'amie des fondamentalistes.»[2]

## SALOMON INCORPORATED

«Frustrant». C'est le mot qui vient facilement à l'esprit lorsque vous analysez le placement de Berkshire dans Salomon. Buffett a investi beaucoup de temps, d'énergie et d'argent dans cette compagnie. En apparence du moins, les résultats jusqu'à maintenant furent moins que satisfaisants. Frustration n'est pas nécessairement synonyme d'échec.

L'échec laisse sous-entendre que vous avez perdu, que vous avez été incapable de réaliser le rendement désiré. Le placement de Berkshire dans USAir est un échec. C'est une erreur que Buffett avoue lui-même aux actionnaires dans le rapport annuel de Berkshire de 1994. USAir suspendit le paiement de dividendes de ses actions privilégiées à Berkshire. Le prix des actions de la compagnie auparavant à 50 $ est tombé sous 10 $ l'action et Buffett vit la valeur de son placement réduire de vingt-cinq sous par dollar.

Salomon, d'autre part, n'a pas interrompu le paiement de 9% de dividende de ses actions privilégiées à Berkshire Hathaway. Chaque année, depuis 1987, Salomon a consciencieusement retourné 63 millions de dollars à Berkshire sur son investissement de 700 millions de dollars. Bien que le prix des actions de Salomon n'ait pas devancé son groupe pair durant les dernières années (voir graphique 8.7), elle n'a pas atteint, non plus, des niveaux aussi déprimés que l'on pourrait croire, mettant en doute la viabilité de l'entreprise.

Il vaut la peine de noter que le rendement total de Berkshire pour ses placements dans Salomon comprend le revenu des dividendes des actions privilégiées et l'option de les convertir en actions ordinaires à 38 $ chacune. En ce moment, il y a peu de rentabilité à convertir les actions privilégiées en actions ordinaires, puisqu'on en attend des revenus certains. Depuis que les sociétés sont capables d'exclure des impôts 70% du revenu des dividendes qu'elles reçoivent des autres sociétés, le rendement net après impôts de Berkshire provenant des actions privilégiées de Salomon est d'environ 8,1%. Il est nettement meilleur que les obligations à long terme des États-Unis et que d'autres titres de sociétés à échéance et de qualité de crédit similaires.

## APPLICATION DE DIVERS PRINCIPES POUR SALOMON

### Perspectives favorables à long terme

Les sociétés bancaires d'investissement ne sont pas analogues aux compagnies d'aviation ni à celles qui fabriquent des boissons non alcoolisées. Cela va sans dire que Salomon, comme entreprise, a des caractéristiques économiques incontestablement plus avantageuses que USAir. Il ne faut pas se méprendre. Les sociétés bancaires d'investissement n'ont pas, et n'auront pas, une économie déterminante à long terme qui égale celle de Coca-Cola Company.

Déjà en 1987, Buffett avouait que les sociétés bancaires d'investissement, en général, ne possédaient pas les qualités fondamentales d'investissement retrouvées dans les autres placements principaux de Berkshire. Prédire les marges futures brutes d'autofinancement dans des

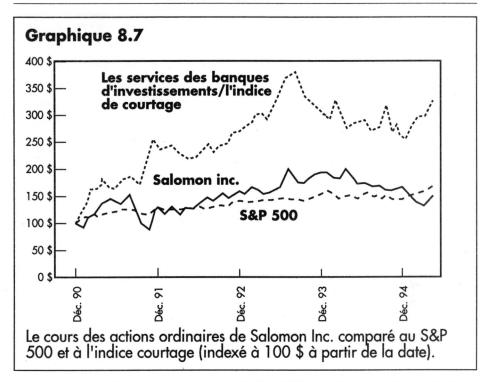

**Graphique 8.7**

Le cours des actions ordinaires de Salomon Inc. comparé au S&P 500 et à l'indice courtage (indexé à 100 $ à partir de la date).

entreprises aussi stables que Coca-Cola, Gillette, Capital Cities/ABC et Washington Post Company est beaucoup plus simple que tenter de prévoir celles de Salomon. De plus, les placements importants de Berkshire sont peu risqués économiquement parlant. Il est difficile d'imaginer que Coca-Cola ou Washington Post pourraient échouer en tant qu'entreprises. Les sociétés bancaires d'investissement, cependant, peuvent faillir, et elles le font, en tant qu'entreprises. Les attitudes de l'administration peuvent être le succès ou la ruine d'une société de services bancaires d'investissement. L'histoire a démontré que, même avec une gestion médiocre, on a de la difficulté à détruire la force économique d'une entreprise de «franchise». Pourtant, comme le souligne Buffett, une société bancaire d'investissement dirigée convenablement peut rapporter, au cours du temps, des rendements élevés.

Salomon Brothers, la filiale des services bancaires d'investissement de Salomon, est divisée en deux parties distinctes. Les services bancaires d'investissement institutionnels sont alimentés par une clientèle ayant la possibilité de rapporter 12 à 15% de l'avoir. Une division négocie pour le propre compte de Salomon Brothers et a le potentiel de rapporter de 15 à 20% de rendement. Lorsque les deux divisions fonctionnent sans problème, Salomon offre des rendements économiques supérieurs à la moyenne. Cependant, comme Buffett l'a appris, lorsque l'une ou l'autre des deux ne produit pas selon son potentiel, les rendements économiques de Salomon pourraient être catastrophiques.

## La rationalité

Wall Street n'est pas connue pour sa rationalité comme industrie de courtage. En fait, plusieurs ont mis en doute la stratégie de Buffett d'investir dans une industrie qui a souvent démontré de l'illogisme. Salomon, en particulier, s'est conduite pendant des années avec peu d'égards pour ses actionnaires et semblait dénuée de perspicacité. En dépit de l'introduction d'actionnaires venant de l'extérieur, elle a toujours agi comme une société fermée plutôt qu'en société ouverte.

Comme exemple, considérons son système de rémunération. La plupart des sociétés fermées payent les profits nets de l'entreprise aux associés. Plus les profits sont élevés, plus importantes sont les sommes payées aux associés. Lorsque Salomon devint une société ouverte, les actionnaires de l'extérieur (propriétaires de la compagnie) s'attendaient très naturellement à recevoir un profit sur leur investissement, en échange de leurs capitaux. Salomon a démontré son habileté à générer des profits substantiels de ses activités. Cependant, les ex-associés, maintenant devenus des employés, continuèrent à attendre la part du lion des profits bruts de Salomon.

Lorsque Buffett devint l'un des propriétaires de Salomon, il n'est pas surprenant qu'il s'intéressât à la méthode de répartition du capital. À sa grande consternation, il apprit que Salomon utilisait une méthode bien enracinée d'attribution des fonds. On remettait d'énormes primes et salaires à un nombre croissant de directeurs généraux. Pendant ce temps, les rendements nets disponibles pour les actionnaires étaient des plus dérisoires.

Buffett put mettre de l'avant un système de rémunération rationnel quand il nomma Robert Denham et Deryck Maughan respectivement président du conseil et chef de direction de Salomon. On retint l'idée de payer chacun des dirigeants selon leur contribution, après que les actionnaires eussent encaissé un rendement raisonnable de leur investissement. Pour la première fois, les employés de Salomon furent rémunérés selon leur capacité à générer des rendements respectables pour les propriétaires.

Un tel système convient tout à fait à Buffett, lui qui pendant des années avait dressé des taux étalon pour les entreprises de Berkshire. Bien entendu, Wall Street n'est pas «Main Street». Ce qui alla comme un gant pour Buffett et Berkshire durant des décennies, a très mal fonctionné chez Salomon. Après la mise en place du nouveau système de rémunération, les employés devinrent amers et déçus et plusieurs directeurs démissionnèrent.

Cette agitation sans relâche au sujet de la rémunération des employés créa une vague de scepticisme faisant douter de l'avenir de Salomon. Buffett maîtrisa cependant la situation. Il ne succomba pas et n'enflamma pas la controverse qui entourait Salomon. Il ajouta 6,6 millions d'actions ordinaires à son placement d'actions privilégiées convertibles. Ce qui donna à Berkshire un peu plus de 20% des droits de vote de Salomon.

### Acheter à des prix intéressants

Berkshire acheta ses 6,6 millions d'actions ordinaires à environ 49 $ l'action (Voir graphique 8.8). Il y avait 105 millions d'actions de Salomon en circulation. Au moment où Buffett achetait des actions de Salomon, la valeur marchande de la compagnie était de 5,1 milliards de dollars. Pour qu'une compagnie ait une valeur de 5,1 milliards escomptée à un taux de 10%, elle était obligée de rapporter au moins 510 millions de dollars annuellement (le taux d'intérêt le plus élevé alors était le taux de rendement des obligations de 30 ans). Au cours des derniers dix ans, Salomon a rapporté en moyenne 380 millions de dollars par an. Cela comprend son gain record de 864 millions (en 1993), qui fut suivi d'une perte (en 1994), elle aussi record de 399 millions. Si Salomon pouvait augmenter de 5% chaque année ses 380 millions de dollars, la compagnie vaudrait 7,9 milliards de dollars. Un tel taux conservateur de croissance de 5% peut être difficile à atteindre pour Salomon, parce que ses entreprises sont extrêmement imprévisibles.

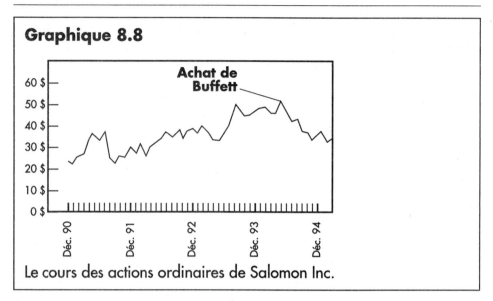

**Graphique 8.8**

Le cours des actions ordinaires de Salomon Inc.

L'idée que les rendements de Salomon pourraient se prêter à une telle prévision est douteuse. De plusieurs façons, l'entreprise de Salomon est similaire à une autre de Berkshire : souscrire de l'assurance contre les risques de catastrophe. Pendant une année, les dommages causés par un ouragan pourraient éponger le revenu des primes de Berkshire pour cette année-là. Buffett serait obligé de puiser dans les réserves pour payer des indemnisations de plusieurs millions de dollars. Naturellement, il y a aussi la possibilité qu'aucune catastrophe ne se produise pour une année en particulier et Berkshire inscrirait, à ce moment-là, tout le revenu des primes en bénéfices. Fort probablement, l'expérience normale démontrera que Berkshire payera quelques fois pour des pertes modérées et d'autres fois rapportera des profits ordinaires. Il est aussi difficile de prédire quand surviendront les catastrophes que de prédire quand Salomon aura une année exceptionnellement rentable ou désastreuse. En conclusion, sur un plus long laps de temps, le risque est réduit et les revenus seront nivelés.

En octobre 1995, Salomon devait commencer à rembourser le placement des actions privilégiées convertibles de Berkshire à un taux de 140 millions de dollars par année pour les prochains cinq ans. Buffett avait l'option de se faire rembourser en argent comptant ou de convertir dans 3,68 millions d'actions ordinaires de Salomon avec un prix sans perte ni profit de 38 $ par action. Il y a eu énormément de spéculation sur la stratégie qu'emploierait Buffett au mois d'octobre. Buffett convertira-t-il pour de l'argent comptant, pour des actions ordinaires ou une combinaison des deux? (Voir note du traducteur au chapitre 6).

Une analyse des plus perspicace du placement de Buffett dans Salomon vient de Robert Coleman (Combined Capital Management). Celui-ci estime que, même si Buffett convertit l'émission complète d'actions privilégiées en ordinaires, son placement dans Salomon aura rapporté un rendement convenable et de plus il aura mis Berkshire en bonne position. Coleman calcule que l'investissement d'un milliard de dollars de Berkshire dans Salomon jusqu'à maintenant a rapporté un revenu de dividendes net de 504 millions de dollars. Après dividendes, l'investissement net en argent comptant de Buffett s'élève à approximativement 500 millions de dollars. Coleman évalue que le placement de Berkshire vaut plus de 700 millions de dollars considérant que Berkshire est propriétaire de 20% d'une compagnie ayant une valeur comptable déclarée de 3,5 milliards de dollars. Elle offre aussi la possibilité de rapporter des rendements des capitaux investis supérieurs à la moyenne.

Salomon a enduré et surmonté d'incroyables défis au cours des derniers dix ans. Elle a dû affronter une tentative de prise de contrôle de l'entreprise par Ron Perelman, le krach de 1987 comme celui du marché des obligations de 1994, le scandale des bons du Trésor et dernièrement un programme de rémunération controversé. En considérant tous ces obstacles, il est difficile de définir Salomon comme un échec. Il est vrai, Salomon n'a pas donné la même satisfaction que d'autres titres de Berkshire. Cependant, comme Buffett aime le rappeler aux actionnaires de Berkshire : «Il y a plus d'un chemin qui conduit au ciel». Salomon est encore peut-être l'investissement qui finalement aura trouvé le chemin vers la rentabilité.

## AMERICAN EXPRESS COMPANY *

«Se familiariser avec une compagnie et son produit est souvent utile quand on l'évalue», avoue Buffett.[3] Exception faite de Coca-Cola, GEICO et Washington Post Company, Buffett a eu une plus longue aventure avec American Express qu'avec toute autre compagnie que Berkshire détient.

Au milieu des années 1960, la Buffett Limited Partnership a investi 40% de son actif dans American Express, peu de temps après le scandale de l'huile à salade. À ce moment-là, American Express avait émis des récépissés d'entrepôt (récépissé-warrant) certifiant l'existence d'un important lot d'huile à salade. De fait, l'huile à salade n'a jamais existé et American Express s'est bientôt retrouvée responsable pour des réclamations valant des millions de dollars. Le prix des actions baissa de moitié pendant que Buffett achetait 5% de la compagnie pour 13 millions de dollars. Trente années plus tard, Berkshire a accumulé 10% des actions d'American Express à un coût de 1,4 milliard de dollars.

## APPLICATION DE DIVERS PRINCIPES POUR AMERICAN EXPRESS COMPANY

### Performance historique constante

Bien que la compagnie ait survécu aux changements, American Express est encore dans le même genre d'affaires que lors du premier achat de Buffett il y a trente ans. Son activité se divise en trois secteurs. D'abord, Travel Related Services (TRS) émet la carte de crédit American Express et les chèques de voyage American Express. Elle contribue à 72% des ventes de la compagnie. Pour sa part, American Express Financial Advisors (auparavant IDS Financial Services) s'occupe de planification financière, d'assurance et de produits d'investissement et elle procure 22% des ventes. De plus, elle compte plus de 3 600 conseillers financiers responsables d'un actif de 106 milliards de dollars, ce qui fait de cette division une des plus importantes gestionnaires de fonds du pays. Ensuite, American Express Bank fournit une infime partie des ventes de la compagnie avec 5% de celles-ci. Cependant la banque est, depuis longtemps, la représentante locale pour la carte American Express. Elle possède un réseau de 87 bureaux dans trente-sept pays à travers le monde.

---

*\* Robert G. Hagstrom, Jr. est le gestionnaire de portefeuille de Focus Trust. Cette société d'investissement à capital variable détient des actions ordinaires dans American Express Company. De plus, le Focus Trust peut de temps à autre, acquérir des actions additionnelles de la compagnie.*

American Express Travel Related Services (TRS) continue d'être une source de profits faciles à prévoir. Cette division a toujours généré d'importants bénéfices du propriétaire et a facilement financé sa propre croissance. Quand une compagnie engendre plus de liquidité qu'elle n'en requiert pour ses opérations, cela devient souvent un critère important d'affectation des capitaux pour les gestionnaires. Bon nombre de dirigeants réussissent ce test. Ils investissent seulement le capital requis et remettent le solde aux actionnaires de la compagnie soit en augmentant les dividendes soit en rachetant des actions. D'autres dirigeants, incapables de résister à l'impératif institutionnel, trouvent toujours des moyens pour dépenser l'argent et ainsi augmenter l'empire corporatif. Malheureusement, ce fut le sort d'American Express durant plusieurs années, sous la direction de James Robinson.

Le plan de Robinson était d'utiliser les surplus d'argent comptant de TRS pour acquérir des entreprises semblables. American Express deviendrait ainsi une entreprise dynamique de services financiers. IDS se révéla un achat rentable. Shearson-Lehman par contre, fut une déception. Elle fut incapable de s'autofinancer, car elle requérait, pour ses propres exploitations, des montants toujours croissants à partir des surplus d'argent comptant de TRS. Peu à peu, Robinson investit quatre milliards de dollars dans Shearson-Lehman. Cette saignée financière poussa Robinson à contacter Buffett. Berkshire acheta 300 millions de dollars en actions privilégiées. Buffett, à l'époque, consentait à investir dans American Express par le biais des actions privilégiées. Toutefois, il ne fut persuadé de devenir propriétaire d'actions ordinaires que lorsque la rationalité a finalement repris le dessus à la compagnie.

## La rationalité

Ce n'est pas un secret que le joyau de la couronne de la compagnie est la célèbre carte American Express. Il était souhaitable, chez American Express, de trouver une équipe de direction intégrant et appréciant les caractéristiques économiques de l'entreprise. Heureusement, ce souhait s'est réalisé en 1992. En effet, Robinson démissionna sans cérémonie et Harvey Golub devint le directeur général. Golub, adoptant un ton coutumier avec Buffett, commença à se servir de termes comme «franchise» et «valeur de marque», lorsqu'il se référait à la carte American Express. Sa tâche immédiate fut de renforcer l'identification de la marque de TRS. Il avait aussi à structurer l'actif de la Shearson-Lehman dans le but évident de la vendre.

Pendant les deux années qui suivirent, Golub commença à liquider les actifs pas assez performants d'American Express. Il avait le mandat de ramener la rentabilité et de rétablir des rendements élevés de l'avoir pour la compagnie. En 1992, Golub vendit par premier appel public à l'épargne First Data Corporation (la division du service de banque de données de la compagnie). Cette vente rapporta un revenu net de plus d'un milliard de dollars pour American Express. L'année suivante, la compagnie vendit sa division de gestion de fonds, Boston Company à Mellon Bank, pour 1,5 milliard de dollars. Peu de temps après, Shearson-Lehman fut scindée en deux entreprises. Les comptes au détail de Shearson furent cédés. Lehman Brothers eût des retombées positives pour les actionnaires d'American Express, à travers une distribution nette d'impôt. Golub a dû auparavant injecter un dernier montant d'un milliard de dollars dans Lehman.

En 1994, American Express commença à montrer des signes de son ancienne rentabilité. La compagnie tablait maintenant sur les solides ressources de Travel Related Services. Le but de l'administration était de faire en sorte que la carte American Express devienne «la carte la plus respectée au monde». Chaque communication de la compagnie mettait l'accent sur la valeur de la «franchise American Express». L'IDS Financial Services fut même désignée à nouveau sous le nom d'American Express Financial Advisors.

Maintenant que tout était en place, Golub désigna les objectifs financiers pour la compagnie, à savoir augmenter annuellement les bénéfices par action de 12 à 15% et réaliser un rendement de l'avoir de 18 à 20%. En septembre 1994, American Express publia un rapport qui démontrait indéniablement la rationalité de la nouvelle administration de la compagnie. Assujetti aux conditions du marché, le conseil d'administration autorisa le rachat de 20 millions de ses actions ordinaires. Cela résonna comme une mélodie aux oreilles de Buffett.

Au cours de l'été 1994, Buffett avait converti l'émission des actions privilégiées de Berkshire dans American Express. Peu de temps après, il commença à acheter encore plus d'actions ordinaires (voir graphique 8.9).

À la fin de l'année, Berkshire détenait 27 millions d'actions ordinaires à un prix moyen de 25 $ par action. Après le rachat de ses actions, à l'automne 1994, American Express annonça qu'elle rachèterait 40 millions d'actions ordinaires supplémentaires, le printemps suivant. Ceci représentait 8% du total des actions en circulation.

De toute évidence, American Express est très différente aujourd'hui de la compagnie qu'elle était auparavant. Elle généra un fort surplus d'argent comptant, après l'abandon de la Shearson-Lehman et de ses énormes besoins en capitaux. Pour la première fois, la compagnie avait plus de capital et d'actions qu'elle en requérait. Buffett, appréciant les changements économiques manifestes chez American Express, augmenta sensiblement la participation de Berkshire dans la compagnie. En mars 1995, il ajouta une autre quantité de 20 millions d'actions d'American Express dans Berkshire, amenant ainsi sa participation à un peu moins de 10%.

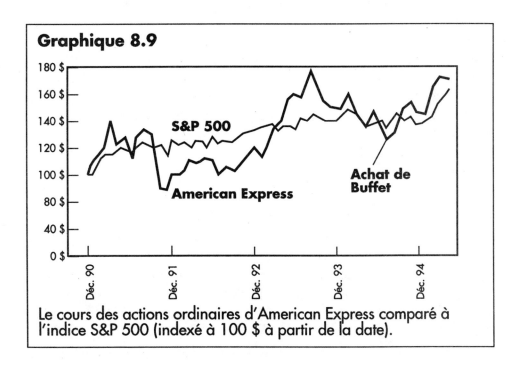

**Graphique 8.9**

Le cours des actions ordinaires d'American Express comparé à l'indice S&P 500 (indexé à 100 $ à partir de la date).

## Déterminer la valeur

Depuis les derniers cinq ans, les fonds autogénérés, la dépréciation et l'amortissement ont pratiquement contrebalancé les acquisitions d'American Express en terrains, en immeubles et en équipements. Les bénéfices du propriétaire égalent le profit net, lorsque les charges de dépréciation et d'amortissement sont quasi égales aux dépenses en capital. Cependant, l'histoire mouvementée de la compagnie rend difficile l'assurance d'un taux de croissance continu des bénéfices du propriétaire. Dans ce contexte, il est opportun d'utiliser une projection de croissance très conservatrice.

À la fin de 1994, les bénéfices du propriétaire d'American Express étaient autour de 1,4 milliard de dollars. Cela reflétait les résultats nets des ventes des filiales de 1993. L'objectif de Golub, pour la compagnie, était d'accroître les profits à un taux de 12 à 15%. En utilisant une croissance des profits au taux de 10% pour les prochains dix ans, suivie d'une croissance résiduelle de 5% par la suite, la valeur intrinsèque d'American Express est de 43,4 milliards de dollars ou 87 $ par action. Ceci est décidément moins élevé que les prévisions de la direction si on escompte les profits de 10% (ce facteur d'escompte est conservateur quand on considère que l'obligation de trente ans des États-Unis rapportait 8%). En supposant que la compagnie est capable de faire croître ses profits à 12%, sa valeur intrinsèque est plus près de 50 milliards de dollars ou de 100 $ par action. Buffett achetait American Express, à un escompte de 70% de cette valeur, au moment de l'évaluation la plus conservatrice. Ce qui représente une importante marge de sécurité.

## Perspectives favorables à long terme

Il est difficile, pour certains investisseurs, d'apprécier les qualités de «franchise» d'American Express. Aujourd'hui, les transactions utilisant la carte universelle de crédit sont dominées par Visa et Mastercard. Ces deux dernières émettent chacune des cartes sans cotisation annuelle. Les clients peuvent les utiliser un peu partout à travers le monde. Comment

American Express peut-elle les concurrencer? Tout d'abord, elle est acceptée par un nombre croissant de marchands. La carte American Express est maintenant valide dans 80% des magasins de détail aux États-Unis, dans 86% des postes d'essence et dans presque 100% des très importants marchés du voyage et du divertissement. En second lieu, les détenteurs de la carte American Express dépensent en moyenne 4 000 $ annuellement. C'est plus que les utilisateurs de la Visa ou de la Mastercard qui totalisent pour leur part environ 1 500 $ par année. Le volume de dépense est un point clef de la vente pour les marchands et ainsi American Express n'éprouve aucune difficulté à en inscrire de plus en plus.

Plusieurs, remarquant la flambée dans les dépenses à la consommation, recherchent sans cesse de bons titres en investissant dans de grands ensembles de restaurants, de casinos et de divertissement. Buffett a éliminé le risque d'acheter n'importe laquelle de ces entreprises tout en profitant des retombées de cette industrie. Peu importe la forme de loisir ou de divertissement que le consommateur choisit, plusieurs payent pour cette expérience en utilisant la carte American Express. Comme il détient 10% de la compagnie, Buffett reçoit une redevance sur une multitude d'achats qui s'effectuent tous les jours.

## WALT DISNEY COMPANY

«Je ne suis pas en faveur de toutes les fusions. Cependant, cette transaction me semble plus sensée que n'importe quelle autre que j'ai vue, sauf peut-être la fusion de Capital Cities et ABC», avoue Buffett.[4] Ainsi fut déclenchée la plus importante fusion de sociétés, depuis l'acquisition de RJR Nabisco par Kolberg Kravis Roberts & Company en 1989. Walt Disney Company, guidée par Michael Eisner, proposa d'acheter Capital Cities/ABC pour la somme de 19 milliards de dollars. La démarche peut être qualifiée d'étonnante. Cette «nouvelle» Walt Disney Company devient ainsi la plus importante compagnie de médias et de divertissement du monde.

Autant les gens furent étonnés par l'audace d'Eisner, autant ils furent impressionnés par le geste final de Tom Murphy à la tête de Capital Cities/ABC. Aucun autre président n'avait démontré, sans doute, aussi bien sa compétence à diriger une compagnie, malgré un changement de paysage si rapide. La première émission d'actions de Capital Cities eut lieu en 1957, elles valaient alors 5,75 $ chacune. Aujourd'hui, cette seule action, ajustée aux fractionnements, atteint une valeur approximative de 10 000 $ pour 80 actions. Cela représente un extraordinaire taux de rendement annuel de 22% pour les trente-huit dernières années.

En remettant Capital Cities/ABC à Disney, Murphy abandonnait le réseau numéro un de télévision, ABC, 8 stations de télévision et 21 stations de radio. De plus, Disney obtenait 7 quotidiens, 71 hebdomadaires, 61 magazines spécialisés, une participation de 80% dans ESPN (le plus important réseau câblé d'Amérique) et des intérêts dans deux autres réseaux câblés (A&E et Lifetime). Outre cela, Capital Cities/ABC forma des associations et acheta des actions dans plusieurs compagnies internationales de production de films et de télévision ainsi que de télédiffusion.

Murphy laissait aussi 400 millions de dollars, libres de dette, dans les coffres de la compagnie. Cet exploit est unique dans une industrie jonchée de compagnies qui, en surpayant pour des acquisitions, se sont enlisées dans d'énormes dettes. C'est encore plus remarquable quand on considère que Murphy avait commencé, en 1954, avec une station de télévision et une station de radio AM à Albany, dans l'État de New York.

La fusion de Walt Disney et de Capital Cities/ABC est vraiment impressionnante. À la liste des avoirs de Capital Cities/ABC, Disney apporte les parcs thématiques (Disneyland, Disney World et Epcot Center), les compagnies de production de films et de télévision (Touchstone et Walt Disney Pictures), la division du cinéma d'animation («Aladdin», «Lion King» et «Pocahontas»), la distribution de films (Miramax et Buena Vista) et le Disney Channel. De plus, elle est propriétaire de 350 magasins Disney à travers le monde, offrant une grande gamme de produits pour le consommateur. Disney possède aussi des intérêts dans Euro Disney, Hyperion Press, l'équipe de hockey des Mighty Ducks, l'équipe de baseball des California Angels et une compagnie théâtrale. Cette dernière a récemment produit la très acclamée version théâtrale de «Beauty and the Beast». La valeur marchande de cette nouvelle fusion d'entreprises va bien au-delà de 40 milliards de dollars et elle devrait générer des revenus annuels de 16,5 milliards.

## APPLICATION DE DIVERS PRINCIPES POUR
## WALT DISNEY COMPANY

### Perspectives favorables à long terme

L'entreprise médiatique est souvent subdivisée en deux entités : le contenu et la diffusion (le conduit). Le contenu est le produit, soit les films et les émissions de télévision. La diffusion se réfère aux canaux de distribution, à savoir la façon par laquelle le produit est livré au consommateur. La dynamique de l'alliance de Disney et de Cap Cities est la fusion de «la compagnie de contenu numéro un dans le monde [Disney] avec la compagnie de distribution numéro un [Cap Cities]», explique Buffett.[5]

Les investisseurs ont, dans le passé, évalué le «contenu» très supérieur à la distribution du produit. Les rendements d'une programmation réussie peuvent être énormes, comparés à l'économie d'une compagnie de distribution médiatique, même très intéressante. Dernièrement, les compagnies de contenu autant que les compagnies de distribution sont entrées dans la danse. Fusionner une compagnie de programmation et une de distribution semble une stratégie évidente. Les réseaux ont maintenant le droit d'être propriétaires de compagnies qui produisent des émissions, grâce à un changement des lois fédérales. Ils peuvent aussi être propriétaires de la programmation et aussi la distribuer, augmentant ainsi leur rentabilité. En retour, les compagnies de programmation, en s'associant avec un distributeur, assurent la diffusion de leurs émissions.

On manquerait la cible, si on jugeait la fusion de Disney/Cap Cities comme un arrangement approprié entre une compagnie de programmation et une de distribution. «Lorsque nous avons acheté Capital Cities/ABC, nous n'achetions pas un réseau. La compagnie est plus que cela», prétend Eisner.[6] En fait, il semble que la partie la plus intéressante de l'arsenal de Cap Cities soit le Entertainment Sports Programming Network (ESPN). ESPN atteint environ 66 millions de foyers aux États-Unis et 95 millions d'autres foyers dans plus de 150 pays à travers le monde. On a demandé à Murphy si ESPN était la plus importante valeur de cette acquisition. Il a répondu :«Pour Disney, je crois que ça l'est».[7]

La fusion entre Cap Cities et Disney ne vise pas la réduction des coûts plus que le fait d'assurer le placement des émissions. Cette fusion concerne d'abord l'augmentation des revenus. Le seul moyen de les augmenter, d'une manière significative autant que durable, est l'expansion outre-mer.

Les réseaux jouent des coudes constamment pour obtenir la première position et à court terme font match nul. Après tout, il n'y a qu'une possibilité de 250 millions de téléspectateurs dans le pays et ce total n'a pas tendance à augmenter rapidement. La meilleure façon de soutenir la croissance du revenu est d'atteindre un plus grand auditoire pour la télévision, pas de jouer à la chaise musicale avec l'horaire de la programmation des réseaux. Coca-Cola, Gillette et Wrigley ont compris que le moyen d'augmenter les ventes est de pousser la consommation de leurs produits. Les compagnies de médias ont commencé aussi à apprendre cette leçon. L'objectif dans l'entreprise de divertissement est d'attirer le plus grand nombre de téléspectateurs. Ce nombre, outre-mer, est renversant si on le compare à celui des États-Unis.

Les deux exemples de programmation qui s'exportent facilement à travers le monde sont les sports et le divertissement animé. Ils sont universellement attirants, faciles à traduire en d'autres langues et leur contenu est apolitique. En étant propriétaire du Disney Channel et d'ESPN, Disney peut maintenant prendre une puissante expansion outre-mer. La portée de sa programmation n'égale pas l'étendue d'ESPN, bien que sa marque de commerce soit reconnue à travers le monde. ESPN commença sa distribution internationale de programmation sportive, bien avant que le Disney Channel inscrive son premier abonné. Aujourd'hui, ESPN distribue des sports populaires internationaux, tels que le basket-ball, le football américain, le baseball et le soccer. Elle a aussi consolidé ses relations avec chaque pays en truffant sa programmation normale d'événements sportifs régionaux favoris de ces populations. En Inde, par exemple, un match de football de la NFL pourrait être suivi d'un match de cricket local, tandis qu'en Chine cette même partie de football pourrait précéder un tournoi de ping-pong. Maintenant, le Disney Channel est capable d'assurer l'accessibilité mondiale d'ESPN, tout comme ses deux décennies d'expérience lui ont permis de distribuer partout sa programmation animée. En comprenant la valeur d'ESPN, cela vous permet de saisir que la fusion Disney/Cap Cities ne concerne pas seulement l'achat d'un réseau américain.

### La rationalité

La réputation de Michael Eisner, comme dirigeant de société, est souvent éclipsée par la rémunération démesurée que lui a accordée Walt Disney Company et par sa personnalité dominante. On ne peut prétendre qu'Eisner ne se passionne pas pour Disney, de même qu'on ne peut contester la valeur qu'il a créée pour les actionnaires de Disney. Depuis le milieu des années 1980, Eisner a contribué à produire 22 milliards de dollars de valeur marchande pour les actionnaires de Disney. Pour chaque dollar qu'Eisner retint pour la compagnie, il créa presque 4 $ en valeur marchande. Cette seule indication démontre l'appréciation du marché pour la démarche administrative d'Eisner.

Cependant, l'indice le plus déterminant de rationalité se retrouve le plus souvent dans l'attitude d'un dirigeant face aux émissions d'actions de la compagnie et dans la dilution ultime des capitaux propres des actionnaires. Michael Eisner a extrêmement bien réussi ce dernier fait. Sa réticence à émettre des actions additionnelles de Disney dans le but de faire des acquisitions a failli faire échouer l'affaire Cap Cities. Murphy et Eisner avaient déjà discuté de la possibilité de fusionner les deux compagnies dans les années antérieures et plus sérieusement pendant les derniers mois. À chaque occasion, les pourparlers échouèrent après qu'Eisner eut refusé d'émettre de nouvelles actions de Disney pour Cap Cities. Murphy voulait franchement un échange d'actions entre les compagnies pour éliminer l'impôt important des gains en capital (plus-values). Il voulait permettre aux actionnaires de Cap Cities de continuer à prospérer au sein de la nouvelle compagnie. Finalement, Murphy et Eisner sont parvenus à un compromis. Eisner offrit d'échanger une action de Disney et 65 $ pour chaque action de Cap Cities. Murphy accepta.

## Déterminer la valeur

Le défi des investisseurs est maintenant, non pas de déterminer si l'offre de Disney pour Cap Cities est juste et raisonnable, mais de s'assurer de l'intérêt de posséder ou d'acheter des actions dans cette nouvelle compagnie. Il y a toujours des incertitudes financières dans la fusion, surtout quand il s'agit de deux sociétés de cette envergure et qui opèrent sur un marché dynamique mondial. Nous pouvons quand même faire une évaluation juste de la valeur intrinsèque de la récente société Disney en utilisant la méthode décrite si souvent dans cet ouvrage.

La valeur intrinsèque de la «nouvelle Disney» peut être mieux comprise en évaluant les résultats d'exploitation de chacune des deux compagnies sur une base anticipée. En utilisant une évaluation conservatrice des résultats d'exploitation de 1995 pour les deux compagnies, nous pouvons alors faire des ajustements à ces résultats pour refléter les coûts de la fusion. À la fin de l'exercice de 1995, Disney aura rapporté approximativement 1,37 milliard de dollars. Les frais d'amortissement pour l'année totaliseront 495 millions et la compagnie aura dépensé 1,1 milliard pour les dépenses en capital. Les bénéfices du propriétaire de Disney (le revenu net plus l'amortissement, moins les dépenses en capital) seront à peu près de 765 millions de dollars. On s'attend à ce que Cap Cities rapporte 785 millions cette année, en prenant 175 millions en frais d'amortissement et en dépensant 125 millions en immobilisations. Les bénéfices du propriétaire pour 1995 seront d'environ 835 millions de dollars.

Sur une base combinée, la «nouvelle Disney» générera, en 1995, des bénéfices pour le propriétaire de 1,6 milliard de dollars. Cette nouvelle compagnie aura aussi une dette additionnelle de 10 milliards, soit les fonds utilisés pour payer la fusion. Stephen Bollenbach, le directeur financier en chef de Disney, évalue que le coût de cette dette sera de 7% annuellement, dont une moitié sera à un taux forfaitaire et l'autre moitié à un taux ajusté. Ce nouveau fardeau de dette signifie que l'on chargera à Disney 700 millions annuellement en frais financiers. Disney payera vraisemblablement un taux d'impôts de société de 40% et le coût net après impôt de Disney sera alors aux environs de 420 millions. Les bénéfices nets du propriétaire de la nouvelle compagnie Disney après les coûts de la fusion devraient égaler 1,18 milliard de dollars (1,6 milliard moins 420 millions).

C'est notoire, Buffett escompte les bénéfices du propriétaire au taux du rendement des obligations de trente ans des États-Unis. Il est manifeste aussi qu'avec des taux d'intérêt relativement faibles (ils le sont présentement), Buffett hésite à escompter à des taux si bas. Il utilise en fait un taux d'escompte plus haut. Présumant que cette nouvelle compagnie sera capable d'accroître les bénéfices du propriétaire à un taux conservateur annuel de 15% pendant dix ans, suivi d'un autre plus conservateur de 5%, en escomptant ces rendements à un taux ajusté de 10%, la valeur intrinsèque de la nouvelle compagnie Disney est approximativement de 53,8 milliards de dollars.

## Acheter à des prix intéressants

Pour la fusion de Disney et Cap Cities, la compagnie émettra 154 millions d'actions additionnelles. Cela représente la somme totale des actions en circulation de Cap Cities. À ce moment-là, le total des actions en circulation de Disney sera de 675 millions. Si Disney peut accroître les bénéfices du propriétaire à un taux de 15%, pour les prochains dix ans, suivi d'un taux plus bas de 5%, la valeur intrinsèque par action de Disney sera approximativement de 80 $. Au prix actuel du marché, soit 60 $ l'action de Disney, il semble que la compagnie se vende à 25% d'escompte de sa valeur intrinsèque. Ce n'est pas une marge de sécurité importante comparée à la plupart des achats de Buffett, mais cela indique que les propriétaires des actions de Disney, comme ceux des actions de Cap Cities, ne détiennent pas un placement surévalué.

Il est facile d'augmenter la valeur intrinsèque d'une compagnie en augmentant simplement le taux avec lequel vous évaluez la croissance des bénéfices du propriétaire. Par exemple, si vous croyez que Disney est capable d'accroître ces bénéfices à un taux de 17%, la valeur intrinsèque de Disney est de 93 $ par action. D'autre part, si vous admettez que Disney puisse atteindre son objectif de croissance à un taux de 20%, la valeur intrinsèque de la compagnie est alors bien plus que 100 $ par action.

Cependant, Buffett met en garde les investisseurs de ne pas amplifier les hypothèses utilisées dans leurs analyses. La marge de sécurité est destinée à protéger l'investisseur des aléas qui pourraient affecter une compagnie et les bénéfices du propriétaire. Vous ne pouvez pas simplement hausser la marge de sécurité et penser que vous vous protégez en augmentant arbitrairement les taux de croissance. Nos hypothèses économiques ne reflètent pas encore les actions coordonnées qui se produiront, sans doute, entre Disney et Cap Cities. «Les synergies se perpétuent», disait Eisner.[8] En fait, il affirme que lorsque les parties tentaient de convenir d'une valeur équitable pour la transaction, les discussions étaient souvent interrompues en réalisant que cette fusion pouvait présenter encore d'autres occasions.

La fusion de Disney-Cap Cities n'a pas été sans critiques. Bon nombre ont mis en doute la sagesse d'intégrer verticalement une compagnie médiatique. D'autres ont observé d'un air soupçonneux ce que pouvait être la rentabilité d'acheter un réseau à un point culminant de son économie. Plusieurs étaient sceptiques et se sont demandés de quelle façon cette nouvelle compagnie serait en mesure de combiner deux cultures de sociétés si particulières. Néanmoins, il y a le sentiment qu'une nouvelle entreprise exceptionnelle vient de naître.

Souvent, lorsqu'une société annonce qu'elle en achète une autre, le prix des actions de la nouvelle société acquise augmente et celui de la société acheteuse baisse de quelques points. L'effet immédiat d'un prix d'achat plus élevé force naturellement le prix des actions de cette compagnie à la hausse pour refléter la prise de contrôle. Wall Street punit habituellement les acheteurs jugeant, à tort ou pas, qu'ils ont pris plus de risques en augmentant la dette ou en fusionnant deux entités distinctes. Buffett, comme c'est souvent le cas, voyait les choses différemment. Il pensa, en fusionnant Cap Cities et Disney, qu'une entreprise plus forte voyait le jour. Plusieurs se souciaient de la façon dont le prix des actions de Disney réagirait la journée de l'annonce de la fusion. Buffett paria 100 $ avec un dirigeant de Disney que le prix des actions irait à l'encontre de la sagesse conventionnelle et qu'à la clôture, le prix serait à la hausse. Lundi matin, le 31 juillet 1995, Eisner et Murphy annoncèrent l'acquisition de Capital Cities/ABC par Disney. Lorsque la Bourse ferma à 16 h 00, le prix des actions de Disney avait augmenté de 1,25 $ pour la journée, finissant à 58,62 $.

De la manière dont l'arrangement de la fusion était orchestré, les actionnaires de Cap Cities pouvaient opter pour plus d'argent comptant ou pour plus d'actions, selon la disponibilité. Après la famille Bass, Berkshire, en étant propriétaire de 20 millions d'actions de Capital Cities/ABC, devenait implicitement le deuxième plus important actionnaire de la plus grande compagnie de médias et de divertissement du monde. Il n'est pas évident que Buffett décidera de se pourvoir de plus d'actions de Disney et de moins d'argent ou qu'il achètera plus d'actions de Disney. La fusion de Disney-Cap Cities est encore embryonnaire. Néanmoins, cette nouvelle compagnie semble posséder plusieurs des mêmes principes retrouvés dans les autres participations de Berkshire. Par conséquent Buffett reconnaît qu'ils ont de fortes chances de devenir propriétaires d'une très grande quantité d'actions de Disney.[9]

# – NEUF –

# Un homme
# déraisonnable

«L'HOMME RAISONNABLE S'ADAPTE AU MONDE» écrit George Bernard Shaw. «L'homme déraisonnable persiste à tenter d'adapter le monde à lui-même. Par conséquent, tout progrès dépend de l'homme déraisonnable.»[1] Faut-il en conclure que Warren Buffett est «l'homme déraisonnable par excellence»? Le définir comme tel présume que son approche envers l'investissement représente un progrès dans le monde de la finance : c'est une hypothèse que je fais sans hésitation. Chaque fois que nous examinons les réalisations récentes des hommes «raisonnables», nous apercevons, au meilleur, l'inégalité, au pire, la catastrophe.

La décennie des années 1980 sera probablement considérée comme étant le «choc du futur» de la gestion financière. Ce n'est pas surprenant que les transactions programmées, les achats adossés (LBO), les «junk bonds», les titres de produits dérivés et les contrats à terme sur les indices aient effrayé plusieurs investisseurs. Les distinctions entre les gestionnaires de fonds se sont estompées. Le labeur journalier et monotone de la recherche fondamentale a été remplacé par la vitesse des ordinateurs. Les boîtes noires ont remplacé l'enquête et les interviews de la direction. L'automatisation a remplacé l'intuition. Aujourd'hui, l'investisseur moyen est désenchanté et se sent étranger sur la place du marché financier. La plupart des gestionnaires financiers sont incapables d'ajouter de la valeur aux portefeuilles des clients et il est alors facile de comprendre comment l'investissement indiciel a gagné en popularité.

Depuis les dernières décennies, les investisseurs ont flirté avec plusieurs méthodes d'investissement. À tour de rôle, différentes approches ont été rentables : les titres de petite ou de grande capitalisation, les titres de croissance ou complètement déprimés, le placement selon le «momentum», selon des thèmes ainsi que la rotation sectorielle. En d'autres circonstances, ces approches ont fait échouer leurs partisans. Buffett, l'exception, n'a pas souffert de ces ères plus sombres. Étant un investisseur amplement renseigné, sa performance fut supérieure et cohérente. Pendant que les investisseurs et les spéculateurs étaient troublés par des méthodes d'investissement approchant l'ésotérisme, Buffett, lui, amassait tranquillement une fortune dépassant le milliard de dollars. Les entreprises furent tout au long ses outils, le bon sens, sa philosophie.

Comment a-t-il été capable de le faire?

Connaissant les succès et les performances de Buffett et la simplicité de sa méthodologie, la question appropriée n'est pas comment a-t-il fait, mais pourquoi d'autres investisseurs n'ont-ils pas utilisé le même syllogisme? La réponse repose peut-être dans la façon dont les individus perçoivent l'investissement.

Lorsque Buffett investit, il se représente d'abord une affaire (une entreprise). La plupart des investisseurs voient seulement le prix des actions. Ils dépensent beaucoup trop de temps et d'énergie à surveiller, prédire et anticiper les changements de prix et trop peu à comprendre l'entreprise dont ils sont en partie les propriétaires. Aussi élémentaire que ceci puisse paraître, c'est le principe de base qui distingue Buffett. Le fait qu'il possède une expérience pratique dans la possession et l'administration d'une grande gamme d'entreprises et qu'il investisse simultanément dans des actions ordinaires le distingue de tous les autres investisseurs professionnels.

Posséder des titres et exploiter des entreprises a donné un net avantage à Buffett. Il a réussi ou échoué avec celles à risque et il a appliqué les leçons apprises au marché boursier. Quelques investisseurs professionnels n'ont pas nécessairement bénéficié du même enseignement. D'autres, pour leur part, étaient occupés à étudier des modèles d'évaluation des actifs immobilisés, le facteur beta ainsi que de nouvelles théories de portefeuille. Buffett, quant à lui, étudiait les comptes de pertes et profits, les besoins d'investissements en capitaux et la capacité de générer de l'argent pour ses entreprises. «Pouvez-vous réellement expliquer à un poisson ce qu'est de marcher sur terre?», demande Buffett. «Une journée à marcher sur terre est aussi valable qu'en parler pendant mille années et une journée aux commandes d'une entreprise a exactement le même échelon de valeur.»[2]

Selon Buffett, l'investisseur et la personne en affaires devront considérer la compagnie de la même façon, parce qu'ils veulent essentiellement la même chose. La personne en affaires veut acheter la compagnie au complet et l'investisseur veut acheter des actions de la compagnie. Si vous demandez à une personne en affaires à quoi elle pense lorsqu'elle achète une compagnie, elle vous répondra le plus souvent : «Combien d'argent comptant puis-je obtenir de cette entreprise?» Une théorie financière stipule qu'au cours du temps, il y a une corrélation directe entre la valeur d'une compagnie et sa capacité à générer de l'argent. Théoriquement, la personne en affaires et l'investisseur devront rechercher les mêmes enseignements pour prospérer.

Probablement plus d'investisseurs deviendraient des adeptes de la stratégie d'investissement de Buffett, si cela ne demandait qu'une simple modification de leur jugement. Malheureusement, appliquer la méthode de Buffett exige que l'on change, non seulement le point de vue, mais aussi la façon dont la performance est évaluée et transmise. Le critère traditionnel d'évaluation pour mesurer la performance est la fluctuation de prix : la différence entre le prix d'achat des actions et le prix du marché de celles-ci. À long terme, le prix des actions devrait s'approcher du changement dans la valeur de l'entreprise. Cependant, à court terme, les prix peuvent varier aussi bien au-dessus que sous la valeur, dépendant de facteurs autres que le progrès de la compagnie. Le problème demeure que les investisseurs utilisent les variations à court terme pour juger le succès ou l'échec de leur méthode d'investissement. Ces changements de prix, à court terme, ont souvent peu à faire avec la variation de la valeur économique de l'entreprise, mais beaucoup avec le comportement anticipé des autres investisseurs.

De plus, les clients des investisseurs professionnels exigent que ceux-ci fassent un rapport trimestriel de leur performance. Fréquemment, ces clients s'impatientent en attendant que leur portefeuille croisse à un taux prédéterminé. Ils deviennent insatisfaits et sceptiques vis-à-vis de l'investisseur professionnel, quand leurs portefeuilles ne montrent pas une performance immédiate. Les investisseurs professionnels deviennent obsédés par les cours des actions. Ils doivent, pour répondre aux souhaits de leurs clients, améliorer leur performance à court terme, sinon ils prennent le risque de les perdre.

Buffett pense qu'il est absurde d'utiliser les prix à court terme pour juger du succès d'une entreprise. Au surplus, il laisse les entreprises lui signifier leur valeur par leur progrès économique. Une fois par an, il vérifie plusieurs mesures économiques :

- Le rendement de l'avoir initial des actionnaires.
- L'évolution des marges d'exploitation, du niveau d'endettement et des besoins en dépenses d'immobilisation.
- La capacité de l'entreprise de générer de l'argent comptant.

Si ces points s'améliorent, il sait que le prix des actions, à long terme, devrait le refléter. Ce qui arrive au prix des actions à court terme est sans conséquence.

Il est difficile de se servir des mesures économiques comme garantie de succès, parce que c'est inhabituel de communiquer ainsi la performance. Les clients comme les investisseurs professionnels sont conditionnés pour suivre les cours des actions. La bourse rapporte quotidiennement les changements de prix. Le relevé de compte du client les reflète mensuellement et l'investisseur professionnel les utilise pour des calculs trimestriels. La réponse à ce problème repose peut-être dans l'utilisation du concept de Buffett des «bénéfices propres». Si les investisseurs utilisaient ces bénéfices propres pour évaluer la performance de leur portefeuille, cela tempérerait peut-être leur comportement irrationnel de chasseurs de prix.

Si vous croyez que la perspective d'utiliser les variables économiques au lieu des changements de prix à court terme va trop loin, étudiez l'acceptation grandissante par les investisseurs institutionnels de la forme de gestion dite : «l'investissement par la relation de confiance».

## L'INVESTISSEMENT PAR LA RELATION DE CONFIANCE (RELATIONSHIP INVESTING)

Au courant des années 1990, une nouvelle stratégie d'investissement émerge. Les investisseurs institutionnels (les zinzins), qui étaient autrefois les experts d'opérations à court terme, ont commencé à agir comme les propriétaires des compagnies qu'ils ont achetées. Ce concept sera appelé l'investissement basé sur la confiance, reflétant la notion de relation à long terme qui s'établit entre l'investisseur et l'entreprise. Avec l'appui de la Commission des Opérations de la Bourse (COB ou SEC), les investisseurs institutionnels sont incités à acheter de plus importantes participations dans les entreprises. Ainsi, ils peuvent agir encore plus comme des propriétaires à long terme.

La logique de l'investissement de confiance est sans détours. Les investisseurs fournissent du capital «patient», ce qui permet en retour à la direction de poursuivre des objectifs corporatifs à plus long terme. Ni l'investisseur ni la direction ne se préoccupent alors des changements de prix à court terme. Le mérite de cette forme d'investissement est de séduire les investisseurs institutionnels grâce aux possibilités de rémunération. Bien qu'au cours des années 1980, l'investissement passif, basé sur les indices boursiers, fournissait des rendements considérables, les années 1990 peuvent faire état d'un climat plus difficile.

Aujourd'hui, les caisses de retraite détiennent presque 55% de toutes les actions ordinaires des États-Unis. Dans le passé, la meilleure solution pour les investisseurs déçus par une compagnie et sa direction, était de vendre les actions et de chercher un autre placement. Lorsqu'une caisse de retraite importante décide de se retirer d'une position assurée, en ne vendant qu'un maigre 1% de son actif, ce 1% peut représenter une très grande partie des titres d'une compagnie. D'un seul coup, des titres valant des millions de dollars sont vendus, ce qui peut être fort perturbateur et loin d'être rentable. En réalité, les investisseurs institutionnels découvrent que détenir des actions ordinaires à long terme et travailler avec la direction pour améliorer la performance de la société, serait sans doute des actes plus avantageux que de simplement vendre les actions.

L'investissement de confiance évolue encore. Dans sa forme la plus absolue, elle comprend la confrontation entre la direction et les investisseurs, alors que les raiders (prédateurs) cherchaient à évincer la direction et à démolir la compagnie pendant les années 1980. Les investisseurs de confiance souhaiteraient, pour leur part, travailler en accord avec la direction pour consolider l'entreprise. Dans les cas les moins radicaux, cet investissement n'implique pas plus que l'avance d'un capital «patient» et la surveillance des objectifs de la compagnie. Ceci permet à l'administration de poursuivre des stratégies pour la société, sans avoir à s'inquiéter des prises de contrôle possibles ou du mécontentement des investisseurs. Buffett aime recourir à ce style d'investissement basé sur la confiance.

Le but de Buffett, avant tout, n'est pas d'acheter une entreprise pour ensuite chercher à y apporter des changements majeurs. Au contraire, il évite les entreprises qui ont besoin d'un remaniement important. De plus, il achètera des compagnies ayant des dirigeants favorables aux actionnaires, alors que l'idée de confronter la direction pour améliorer le rendement de ces derniers lui sera inconcevable. Buffett déléguera à la direction, dans la plupart des cas, son droit de vote pour ses actions. Cela lui vaut parfois une place au conseil d'administration de l'entreprise, mais ce n'est pas généralisé. Par exemple, Buffett assigna ses droits de vote et ne siégea pas au conseil d'administration de General Dynamics et Wells Fargo.

Buffett appuya cette notion d'investissement de confiance bien avant qu'elle soit désignée comme telle et qu'elle soit à la mode. Lorsque Berkshire achète un important bloc d'actions dans une compagnie, Buffett rassure la direction qu'elle est libre de faire son travail sans s'inquiéter. «Ce genre d'évidence, associée à un bon dirigeant et à une excellente entreprise, écrit-il, fournit un sol riche pour une récolte financière abondante. C'est l'argument économique faisant partie de nos ententes.»[3]

Nous savons que la méthode d'investissement de Buffett, mise à l'épreuve au cours du temps, fut une réussite. Sa méthodologie ne dépasse pas l'entendement et son mode d'investissement unique basé sur la confiance rassemble maintenant des partisans. Rendu à ce point-ci, une question vous vient probablement à l'esprit : de quelle façon puis-je adopter cette façon d'investir? La réponse se trouve dans *Les stratégies de Warren Buffett.*

## LES STRATÉGIES DE WARREN BUFFETT

Le but majeur de cet ouvrage est d'aider les investisseurs à comprendre et à utiliser les stratégies d'investissement qui ont permis à Warren Buffett de réussir. Mon souhait est que vous soyez capable de progresser et de mettre en pratique les méthodes de Buffett en vous appuyant sur ses expériences passées. Dans l'avenir, vous verrez sans doute des exemples d'achats similaires aux siens et en comprenant ce que Buffett a fait dans de tels cas, vous tirerez profit de ses leçons.

Idéalement, nous souhaitons que l'investisseur obtienne le plus grand bénéfice de cet ouvrage. Quand il remarquera une occasion d'investissement, il pourra facilement identifier des valeurs types à acheter comme les compagnies Washington Post, Wells Fargo, Coca-Cola ou peut-être General Dynamics. Les investisseurs seront récompensés en suivant les stratégies de Buffett quand la bourse force à la baisse le prix de bonnes entreprises comme le Washington Post, quand un risque déterminé punit temporairement une entreprise comme la Wells Fargo, quand l'indifférence des investisseurs permet à une excellente compagnie comme Coca-Cola d'être évaluée à la moitié de sa valeur intrinsèque ou quand les comportements d'un dirigeant (Bill Anders) sont placés au-dessus de l'impératif institutionnel, dans General Dynamics par exemple.

Les stratégies de Warren Buffett décrivent une démarche simple. Vous ne trouverez aucun programme d'application d'ordinateur à apprendre ni un énorme pavé sur l'investissement bancaire à déchiffrer. Il n'y a aucune analyse scientifique à décortiquer à propos de l'évaluation d'une entreprise et de la façon de l'acheter à un prix inférieur à sa valeur. «Ce que nous faisons n'est pas au-delà des compétences des autres. Il n'est pas nécessaire d'accomplir des choses extraordinaires pour obtenir des résultats extraordinaires.»[4]

Ce qu'il y a de bizarre là-dedans est que le succès de Buffett est autant dû à l'échec des autres qu'à n'importe laquelle de ses capacités supérieures innées. «Ce fut heureux pour moi, explique-t-il, de connaître des dizaines de milliers d'étudiants gradués d'écoles de gestion à qui on a enseigné que penser ne servait à rien.»[5] Je ne veux pas laisser sous-entendre que Buffett est ordinaire, loin de là. C'est un être sans aucun doute très brillant. Le fossé séparant Buffett des autres investisseurs professionnels s'est élargi, à cause de leur empressement à jouer aux perdants. Buffett refuse de se prêter à ce jeu. Les lecteurs de cet ouvrage ont le même choix.

Si vos possibilités financières vous permettent d'acheter 10% des actions d'une entreprise ou seulement cent actions, *Les stratégies de Warren Buffett* pourra vous aider à réaliser des rendements rentables de vos investissements. Cependant, il n'aidera que l'investisseur décidé à s'aider lui-même. La réussite est liée à votre aptitude de penser par vous-mêmes, à appliquer des méthodes relativement simples et avoir le courage de vos convictions. Si vous avez besoin de l'acquiescement continuel des autres, en particulier à la bourse, pour savoir si vous prenez la bonne décision, l'éventualité de bénéficier de l'ouvrage *Les stratégies de Warren Buffett* est beaucoup plus restreinte.

Chaque fois qu'on tente une approche nouvelle, il est normal, au début, d'avoir certaines craintes. Adopter une tactique nouvelle et différente d'investissement va bien sûr susciter de l'inquiétude. *Les stratégies de Warren Buffett* en est la première étape et la plus exigeante. Si vous pouvez la maîtriser, le reste du parcours est très simple.

---

**Les stratégies de Warren Buffett**

Étape 1. Se tenir loin de la bourse.

Étape 2. Ne pas s'inquiéter à propos de l'économie.

Étape 3. Acheter une entreprise, pas un titre boursier.

Étape 4. Administrer un portefeuille d'entreprises.

---

### Première étape : se tenir loin de la bourse

Rappelez-vous que le marché boursier est cyclothymique. Parfois, il est surexcité à propos de perspectives futures et parfois, il est déraisonnablement dépressif. Ce comportement, bien entendu, crée des occasions, surtout lorsque les actions des entreprises sont disponibles à des prix illogiquement bas. Vous n'accepteriez pas des directives d'un conseiller qui montre des tendances maniacodépressives, pas plus que vous permettriez au marché de vous dicter vos actes. Le marché boursier n'est pas un précepteur. Il existe seulement pour vous assister dans le déroulement de l'achat ou de la vente des actions. Pourquoi ne pas donner votre argent à la bourse, si vous croyez qu'elle est plus intelligente que vous en investissant dans des fonds indiciels? Par contre, vous avez fait vos devoirs, vous comprenez l'entreprise dans laquelle vous voulez investir et vous êtes certains de la connaître aussi bien que le marché boursier, alors tenez-vous loin de lui.

Nous l'avons déjà écrit, Buffett n'a pas de machines de cotations boursières dans son bureau et il réussit aussi bien sinon mieux sans elles. Ce qui se produit journellement sur le marché est sans impact, quand vous décidez de détenir des actions pour plusieurs années dans une entreprise exceptionnelle. Vous serez surpris de la performance de votre portefeuille sans avoir à consulter sans cesse le marché. Si vous en doutez, faites un test : pendant quarante-huit heures, ne consultez pas la bourse, ne regardez pas de machine à cotations boursières, ne vérifiez pas dans le journal, n'écoutez pas de résumé ou ne lisez pas un bulletin du marché boursier. Après ces deux jours, si les entreprises dans lesquelles vous avez investi se portent bien, tentez alors de vous éloigner durant trois jours et ensuite pour une semaine complète. Bientôt, malgré votre inertie face aux cotations boursières, vous verrez que vos investissements se portent bien et que les entreprises fonctionnent encore.

«Après l'achat d'actions, nous n'aurions pas à être perturbés si les marchés fermaient pour un an ou deux. Nous n'avons pas besoin, pour valider notre choix, de connaître la cotation quotidienne pour notre participation à 100% dans See's ou H. H. Brown. Pourquoi, alors, aurions-nous besoin d'une cotation pour notre participation de 7% dans Coke?» dit Buffett.[6] Il nous explique très clairement qu'il peut se passer des prix du marché pour entériner les investissements de Berkshire dans des actions ordinaires. La même chose est vraie pour l'investisseur individuel. Vous serez à la hauteur de Buffett, lorsqu'en vous préoccupant du marché boursier, vous vous poserez une seule question : «Est-ce que quelqu'un qui a fait une bêtise dernièrement me fournira l'occasion d'acheter une bonne entreprise à un excellent prix?»

### Deuxième étape : ne pas s'inquiéter à propos de l'économie

Les personnes qui passent leur temps à s'inquiéter du marché boursier s'inquiètent aussi inutilement à propos de l'économie. Quand vous discutez du maintien de la croissance économique ou de la tendance à la récession, quand les taux d'intérêt montent ou descendent, quand le climat est à l'inflation ou à la déflation, ARRÊTEZ! Faites relâche. Buffett, pour sa part, ne perd pas de temps ou d'énergie à analyser l'économie, sauf pour des notions préconçues que l'économie en soi a une propension pour l'inflation.

**289**

Souvent, les investisseurs débutent avec un schéma économique et partent, ensuite, à la recherche de titres qui s'adapteront merveilleusement à l'intérieur de celui-ci. Buffett considère saugrenue cette façon de penser. D'abord, personne n'a le pouvoir de prédire l'économie et encore moins le marché boursier. De plus, en optant pour des titres qui pourraient bénéficier d'un environnement économique spécifique, vous encouragez inévitablement la spéculation et la rotation des capitaux. Peu importe que vos prédictions soient justes ou pas, votre portefeuille est continuellement corrigé afin de profiter du prochain contexte économique. Buffett préfère acheter une entreprise qui a l'occasion de prospérer, peu importe l'économie. Bien entendu, nous savons que les contraintes macroéconomiques peuvent affecter les rendements, mais dans l'ensemble les entreprises de Buffett peuvent croître malgré l'humeur de l'économie. Il vaut mieux dépenser plus judicieusement son temps pour trouver et posséder des actions dans une entreprise en croissance continuelle que de détenir un bloc d'actions qui réussit bien seulement quand la conjoncture économique est propice.

### Troisième étape : acheter une entreprise, pas un titre boursier

Imaginons que vous avez à prendre une très importante décision. Demain, on vous donne l'occasion de choisir une entreprise dans laquelle vous investirez. Pour rendre la chose plus intéressante, supposons aussi que lorsque votre décision sera prise, vous ne pourrez pas changer d'idée. De plus, vous devrez garder ce placement pendant dix ans. Enfin, les revenus générés de cette entreprise serviront à subvenir à vos besoins lors de votre retraite. À quoi allez-vous penser à ce moment précis? Vous allez probablement, au début, vous poser plusieurs questions qui vous feront tergiverser. Si Buffett avait à faire le même choix, il commencerait méthodiquement avec les principes qui suivent :

*Principe d'affaires :*
*l'entreprise est-elle simple et compréhensible?*

Vous ne pouvez pas évaluer avec intelligence l'avenir de l'entreprise dans laquelle vous investissez sans comprendre comment elle fait de l'argent. Souvent des particuliers investissent dans des titres sans avoir la moindre idée de la façon dont la compagnie génère les ventes, engage ses dépenses et fait des profits. Vous devez donc vous assurer que l'entreprise visée possède tous les atouts de la simplicité et de la compréhension. Si vous comprenez ce processus économique, vous avez la faculté de pousser plus loin votre enquête.

### *Principe d'affaires :*
*l'entreprise possède-t-elle une performance historique constante?*

Si vous devez investir l'avenir de votre famille dans une entreprise, vous voulez savoir si elle a su résister à l'épreuve du temps. Il est peu probable que vous jouerez votre avenir avec une nouvelle compagnie qui n'a pas expérimenté différentes conditions économiques et les contraintes de la concurrence. Assurez-vous que l'entreprise visée est dans son secteur d'activités depuis assez longtemps pour démontrer sa compétence et qu'elle peut réaliser des profits importants. Une entreprise peut cependant connaître une période discontinue de rentabilité (comme Wells Fargo et GEICO) et obtenir quand même une constante performance. Souvent, cette période d'interruption vous donne une occasion unique d'acheter une bonne entreprise à un prix exceptionnellement bas.

### *Principe d'affaires :*
*l'entreprise possède-t-elle des perspectives favorables à long terme?*

La parfaite entreprise à détenir, celle qui possède les meilleures perspectives à long terme, est une «franchise». Une franchise est une compagnie qui offre un produit ou un service réclamé, qui n'a pas de substituts similaires et dont les prix ne sont pas contrôlés. Elle possède aussi un important achalandage économique, ce qui lui permet de mieux résister aux effets de l'inflation. La pire entreprise à détenir serait une entreprise de produits de «commodity». Elle vend des produits ou des services qui ne sont pas distinctifs de ceux de la compétition. Les entreprises de produits sans avantage compétitif n'ont pas ou peu d'achalandage économique. Dans ce genre d'entreprises, les compétiteurs se servent des prix comme arme d'où la difficulté d'en être propriétaire. Ils vendront leurs produits sous le prix coûtant pour attirer temporairement des clients dans l'espoir qu'ils demeureront loyaux. Une entreprise est perdue si elle fait concurrence à d'autres en vendant quelquefois ses produits au-dessous du prix coûtant.

Généralement, la plupart des entreprises se situent entre les deux. Elles sont soit des franchises faibles ou des entreprises solides de produits de «commodity». Une franchise faible possède plus de perspectives favorables à long terme qu'une entreprise de produits sans avantage compétitif. Elle possède même des pouvoirs de fixation de prix lui permettant d'obtenir des rendements supérieurs à la moyenne sur le capital investi. Coca-Cola serait considérée comme étant une franchise faible en Amérique. Par contre, sur la scène internationale, surtout dans les marchés où il n'existe pas de substituts similaires, Coca-Cola possède une franchise forte. Gillette possède les mêmes propriétés de franchise que Coca-Cola.

Une bonne entreprise de produits de «commodity» obtiendra des rendements au-dessus de la moyenne si elle est le fournisseur au plus bas prix. GEICO, Freddie Mac et Wells Fargo opèrent dans ce genre de marché mais elles génèrent des rendements supérieurs à la moyenne. Elles demeurent des fournisseurs à bas prix. L'avantage d'être propriétaire d'une franchise est qu'elle peut supporter l'incurie de la direction et encore survivre. C'est l'inverse de l'entreprise de produits de «commodity» où l'incompétence est fatale.

### *Principe de la direction :*
### *la direction est-elle rationnelle?*

Observez plutôt l'encaisse de l'entreprise désirée, puisque vous n'avez pas à surveiller le marché boursier ou l'économie. La façon dont la direction réinvestit les rendements en argent comptant déterminera si ceux que vous obtiendrez seront adéquats. L'entreprise générant plus d'argent liquide que ses besoins, pour demeurer opérationnelle, est le genre d'entreprise que vous rechercherez. Examinez de près les comportements de la direction. Si elle est rationnelle, elle n'investira que dans des projets qui produisent des revenus à des taux plus élevés que le coût du capital. Si ces taux ne sont pas disponibles, elle répartira cet argent comptant aux actionnaires en augmentant les dividendes et en rachetant des actions. Les dirigeants irrationnels recherchent constamment des moyens pour dépenser les surplus d'argent comptant plutôt que de verser l'argent aux actionnaires. Ils se révèlent lorsqu'ils investissent et obtiennent un rendement inférieur au coût du capital.

*Principe de la direction :*
*la direction est-elle honnête avec ses actionnaires?*

Vous n'avez jamais l'occasion de vous entretenir en personne avec les présidents directeurs généraux des entreprises dans lesquelles vous investissez. Vous pouvez en apprendre beaucoup sur eux uniquement par leur manière de communiquer avec leurs actionnaires. Le président directeur général présente-t-il le progrès de l'entreprise de façon telle que vous puissiez comprendre la performance de chaque secteur d'exploitation? La direction avoue-t-elle ouvertement ses échecs aussi bien qu'elle prône ses réussites? Plus important, proclame-t-elle avec sincérité son objectif premier qui est de maximiser le rendement total de l'investissement des actionnaires?

*Principe de la direction :*
*la direction résiste-t-elle à l'impératif institutionnel?*

Il existe une puissance invisible qui permet aux dirigeants d'agir d'une façon irrationnelle et de s'éloigner des intérêts des propriétaires. Cette force est l'impératif institutionnel irresponsable, l'imitation à la   lemming des autres dirigeants, peu importe l'ineptie de leurs actions. Méfiez-vous de ceux qui justifient leurs actions en se basant sur la logique suivante : si d'autres dirigeants le font, ce doit être bien. On évalue leur compétence par leur habitude à penser seul et à éviter la mentalité de troupeau.

*Principe financier :*
*concentrez-vous sur le rendement de l'avoir,*
*non sur les bénéfices par action.*

La plupart des investisseurs jugent la performance annuelle d'une entreprise selon les bénéfices par action, surveillant si elle se dirige vers un record ou si l'augmentation est importante par rapport à l'année précédente. La croissance des profits (qui automatiquement augmente les bénéfices par action) ne signifie vraiment rien, puisque les entreprises ajoutent continuellement à leur base de capital en conservant une partie des profits de l'année précédente. Souvent, les investisseurs sont induits en erreur en croyant que la direction a accompli un travail supérieur une année après l'autre, lorsque les compagnies déclarent haut et fort «des bénéfices record par action». Une façon plus exacte de mesurer la performance annuelle, tenant compte de la croissance de base du capital, est le rendement de l'avoir, c'est-à-dire le ratio des bénéfices d'exploitation par rapport à l'avoir des actionnaires.

*Principe financier :*
*calculez les «bénéfices du propriétaire».*

La capacité de l'entreprise de générer de l'argent comptant détermine sa valeur. Buffett recherche des entreprises qui produisent un surplus d'argent comptant, à l'opposé d'entreprises qui en consomment. Il est important de comprendre que tous les profits ne sont pas équivalents, lorsqu'on détermine la valeur d'une entreprise. Les compagnies, aux actifs immobilisés élevés par rapport à leurs profits, devront conserver une plus grande partie de leurs bénéfices pour demeurer viables que celles ayant des actifs immobilisés à taux inférieurs. Une certaine partie des bénéfices doit être destinée à maintenir et à améliorer ces immobilisations. La comptabilité des bénéfices doit donc être ajustée pour refléter la capacité d'engendrer de l'argent comptant.

Un exemple plus précis est fourni avec ce que Buffett désigne «les bénéfices du propriétaire». Ces bénéfices se déterminent en additionnant la dépréciation, la diminution et les frais d'amortissement au profit net. On soustrait ensuite les dépenses en capital nécessaires à l'entreprise pour maintenir sa position économique et son volume unitaire.

*Principe financier :*
*recherchez des entreprises avec des marges bénéficiaires élevées.*

Des marges bénéficiaires élevées reflètent non seulement une entreprise forte, mais aussi le caractère tenace de la direction au sujet du contrôle des coûts. Buffett adore les dirigeants qui en sont conscients et abhorre ceux qui en permettent l'escalade. Indirectement, les actionnaires sont aussi propriétaires des profits de l'entreprise. Chaque dollar qui est dépensé sans réflexion les prive d'un dollar de profit. Au cours des années, Buffett a observé que les opérations à coûts élevés trouvent des moyens distinctifs de soutenir ou d'ajouter à ces coûts. Par contre, les compagnies avec des coûts sous la moyenne s'enorgueillissent de trouver des recettes pour réduire les dépenses.

*Principe financier :*
*assurez-vous que pour chaque dollar non réparti, l'entreprise*
*a créé au moins un dollar de valeur marchande.*

Voici un petit test rapide qui vous décrira non seulement les points forts d'une entreprise, mais aussi que la direction a bien réparti les ressources de celle-ci. Prenez les profits nets de l'entreprise et soustrayez tous les dividendes payés aux actionnaires. Le résultat correspond aux bénéfices non distribués de l'entreprise. Ensuite, additionnez ces bénéfices au cours d'une période de dix ans. Après cela, trouvez la différence entre la valeur marchande actuelle de la compagnie et celle d'il y a dix ans. Si l'entreprise a utilisé les bénéfices non distribués d'une façon non productive au cours de cette période de dix ans, le marché va éventuellement la rejoindre et lui imposer un prix inférieur. Si le changement dans la valeur marchande est moins que la somme de ces bénéfices, l'entreprise recule. Par contre, si la compagnie a pu rapporter des rendements supérieurs à la moyenne sur le capital non réparti, la croissance de la valeur marchande devrait excéder la somme des bénéfices non distribués de l'entreprise, créant ainsi plus d'un dollar de valeur marchande pour chaque dollar non réparti.

*Principe du marché :*
*quelle est la valeur de l'entreprise?*

La valeur d'une entreprise est déterminée par les marges brutes d'autofinancement estimées et espérées durant la vie de l'entreprise. Elles seront escomptées à un taux d'intérêt approprié. Les marges brutes d'autofinancement d'une entreprise sont les bénéfices du propriétaire. En mesurant ces bénéfices pendant une longue période, vous comprendrez si elles croissent à un taux moyen quelconque ou si elles oscillent autour d'une valeur constante.

Si l'entreprise a des profits capricieux, vous devrez les escompter par le taux d'intérêt à long terme. Le taux d'escompte peut être réduit par le taux de croissance quand les bénéfices du propriétaire démontrent une tendance prévisible de croissance. Ne soyez pas trop optimiste à propos du taux futur de croissance d'une compagnie. Il vaut mieux rester circonspect pour évaluer la croissance à venir de l'entreprise plutôt que de vous enthousiasmer en exagérant sa valeur.

Buffett utilise les obligations des États-Unis de trente ans pour ses calculs et pour escompter les marges brutes d'autofinancement espérées. À ce taux, il n'ajoute pas de prime de risque reliée aux actions. Cependant, il ajustera prudemment le taux d'escompte à la hausse lorsque les taux d'intérêt sont à la baisse.

*Principe du marché :*
*l'entreprise peut-elle être achetée à un escompte*
*important par rapport à sa valeur?*

Une fois que vous avez déterminé la valeur d'une entreprise, la prochaine étape est l'examen du prix. La règle de Buffett est d'acheter l'entreprise seulement lorsque le prix est escompté d'une façon importante par rapport à sa valeur. Vous devez prendre note que c'est seulement rendu à cette dernière étape que Buffett examine le prix sur le marché boursier.

Le calcul de la valeur marchande d'une entreprise n'est pas mathématiquement complexe. Cependant, des problèmes surgissent lorsqu'un analyste évalue faussement les marges brutes futures d'autofinancement (cash-flow) de l'entreprise. Buffett règle ce problème de deux façons. D'abord, il augmente ses chances d'évaluer correctement les fonds auto-générés futurs en s'attardant aux entreprises qui sont de nature simple et stable. Ensuite, il doit retrouver une marge de sécurité entre le prix d'achat et la valeur déterminée de chaque entreprise qu'il achète. Cette marge de sécurité aide à créer un coussin qui le protégera — et vous aussi — des entreprises dont les marges brutes d'autofinancement varient fréquemment.

---

**LES PRINCIPES DE BUFFETT**
**Principes d'affaires**

- L'entreprise est-elle simple et compréhensible?
- L'entreprise possède-t-elle une performance historique constante?
- L'entreprise possède-t-elle des perspectives favorables à long terme?

**Principes de la direction**

- La direction est-elle rationnelle?
- La direction est-elle honnête avec ses actionnaires?
- La direction résiste-t-elle à l'impératif institutionnel?

**Principes financiers**

- Concentrez-vous sur le rendement de l'avoir, non sur les bénéfices par action.
- Calculez les «bénéfices du propriétaire».
- Recherchez des entreprises avec des marges bénéficiaires élevées.
- Assurez-vous que pour chaque dollar de profit, l'entreprise a créé au moins un dollar de valeur marchande.

**Principes du marché**

- Quelle est la valeur de l'entreprise?
- L'entreprise peut-elle être achetée avec un escompte important à sa valeur?

---

**Quatrième étape : administrer un portefeuille d'activités.**

Vous êtes, maintenant, propriétaire d'entreprises par opposition à détenteur temporaire d'actions. La composition de votre portefeuille changera. Vous êtes libre de choisir la meilleure entreprise disponible. En effet, vous ne mesurez plus votre succès uniquement par la variation du prix ou par la comparaison du changement de prix annuel en vous référant aux actions ordinaires. Afin d'atteindre une diversification adéquate de votre portefeuille, aucune loi ne vous oblige à insérer chaque secteur d'activités importantes, comme vous n'avez pas à inclure vingt, trente, quarante ou cinquante titres. Si un propriétaire d'entreprise est à l'aise en détenant dix différentes affaires, pourquoi en serait-il autrement pour le propriétaire d'actions ordinaires?

Buffett croit qu'une grande diversification est nécessaire seulement lorsque les investisseurs ne comprennent pas ce qu'ils font. Si ces investisseurs «ignorants» désirent être propriétaires d'actions ordinaires, ils devront détenir une grande quantité de ces dites actions et échelonner leurs achats dans le temps. En d'autres mots, l'investisseur «ignorant» devra utiliser un fonds indiciel et faire une moyenne à la baisse dans ses achats. Il n'y a rien de honteux à devenir un investisseur «indiciel». En fait, souligne Buffett, celui-ci réalisera effectivement de meilleures performances que la majorité des investisseurs professionnels. «Paradoxalement, note-t-il, lorsque l'argent «bête» connaît ses limites, il cesse d'être bête.»[7]

«Autrement, ajoute-t-il, si vous êtes un investisseur avisé, capable de comprendre la dynamique des entreprises et de trouver cinq à dix compagnies à un prix raisonnable, possédant des avantages compétitifs importants à long terme, la diversification traditionnelle ne rime à rien pour vous.»[8] Buffett demande de considérer ce qui suit : si la meilleure entreprise que vous détenez présente le risque financier le moins élevé et possède les perspectives les plus favorables à long terme, pourquoi placeriez-vous votre argent dans votre vingtième choix plutôt que d'ajouter des fonds à vos premiers choix?

Tout comme le fait Buffett, les investisseurs peuvent mesurer le progrès économique de leur portefeuille d'entreprises en calculant leurs bénéfices propres. Il faut multiplier les bénéfices d'une action par le nombre d'actions que l'on détient afin de calculer le total de la capacité bénéficiaire de vos entreprises. Le but du propriétaire d'entreprise, explique Buffett, est de créer un portefeuille de compagnies qui, dans dix ans, généreront les bénéfices propres les plus élevés.

Plusieurs choses commenceront à se transformer parce que la croissance des bénéfices, et non pas les changements de cours, deviendra maintenant la plus grande priorité de votre portefeuille. Il est peu probable que vous vendiez votre meilleur placement, uniquement parce que vous en retirez un profit. Les dirigeants de sociétés comprennent généralement bien cela, lorsqu'ils se concentrent sur leurs propres activités. «Il y a fort peu de risques qu'une société mère, explique Buffett, propriétaire d'une filiale possédant une économie à long terme exceptionnelle, vende cette dernière sans se soucier du prix.»[9] Un président directeur général voulant augmenter la valeur de son entreprise ne cédera pas le «joyau de la couronne» de son entreprise. Cependant il vendra, sous impulsion, des actions de son portefeuille personnel avec peu de logique comme le veut le dicton : «Vous ne pouvez vous ruiner en prenant un profit». «De notre point de vue, explique Buffett, ce qui est un bon jugement en affaires, l'est aussi pour les actions. Un investisseur devrait normalement détenir une petite part dans une entreprise remarquable avec la même persévérance que s'il était propriétaire de toute cette entreprise.»[10]

À présent que vous détenez un portefeuille d'entreprises, non seulement vous allez éviter de vendre vos meilleurs investissements mais vous choisirez, avec beaucoup plus de soins, les nouveaux à acquérir. En tant que gestionnaire d'un portefeuille d'entreprises, vous devez résister à la tentation d'investir dans une compagnie marginale, simplement parce que vous avez des réserves d'argent comptant. Si une compagnie ne rencontre pas vos critères, ne l'achetez pas. Soyez patient et attendez la perle rare. Il est faux d'imaginer que si vous ne vendez pas et que vous n'achetez pas, vous ne faites pas de progrès. Dans l'esprit de Buffett, il est très difficile, au cours d'une vie, de prendre des centaines de décisions intelligentes. Il préfère plutôt se mettre en position afin de n'avoir que quelques décisions intelligentes à prendre dans son portefeuille d'investisseur.

## L'ESSENCE DE WARREN BUFFETT

La force agissante de la stratégie d'investissement de Warren Buffett est la répartition rationnelle du capital. La plus importante décision qu'un dirigeant ou un gestionnaire aura à prendre est de déterminer la façon dont les profits de l'entreprise seront alloués. Celle d'un investisseur sera de déterminer comment ses épargnes seront réparties. La rationalité (démontrer une pensée rationnelle lorsqu'on fait un choix) est la qualité qu'admire le plus Buffett. Il y a une logique qui imprègne les marchés financiers, malgré ses variations sous-jacentes. Buffett doit sa réussite au fait qu'il ait découvert une ligne de conduite et qu'il n'ait jamais dévié de ce chemin.

Cependant, Buffett a eu sa part d'échecs et il en aura sans doute encore quelques-uns dans l'avenir. Sa réussite dans l'investissement n'est pas synonyme d'infaillibilité. C'est plutôt le fait d'avoir accompli plus de choses excellentes que désastreuses. L'ouvrage : *Les stratégies de Warren Buffett* n'est pas différent. Son but est de vous aider à trouver une méthode d'investissement. Il vous permettra d'éliminer les nombreuses attitudes complexes (prédire les marchés, l'économie et le cours des actions) autant que de bien comprendre les faits peu abondants et simples (l'évaluation d'une entreprise). Lorsque Buffett achète des titres, il se concentre sur deux prémisses simples : le prix de l'entreprise et sa valeur. Le prix de l'entreprise peut être trouvé en consultant sa cote. Pour en déterminer la valeur, il suffit d'un peu de calculs. Cependant ce n'est pas hors de portée pour ceux qui sont prêts à faire quelques devoirs.

Maintenant que vous ne vous préoccupez plus du marché boursier, de l'économie ou de la prédiction du prix des actions, vous êtes libre de consacrer plus de temps pour comprendre les entreprises dans lesquelles vous voulez investir. Votre temps plus productif sera réservé à lire les rapports annuels et des articles concernant les affaires et les secteurs industriels. Par conséquent, vos connaissances comme actionnaire s'amélioreront. En fait, cela vous permettra d'enquêter sur votre entreprise et ainsi de diminuer votre dépendance vis-à-vis de ceux qui gagnent leur vie en conseillant aux gens d'agir souvent de façon irrationnelle.

Finalement, les meilleures idées d'investissement viendront du travail que vous aurez accompli ou des lectures que vous aurez faites. Vous ne devriez pas vous inquiéter en lisant : *Les stratégies de Warren Buffett*, car ce n'est pas un ouvrage impénétrable écrit pour des investisseurs professionnels. Vous n'avez pas besoin d'avoir suivi un cours de niveau MBA sur l'évaluation des entreprises pour pouvoir l'utiliser avec succès. Cependant, si vous ne pouvez appliquer vous-mêmes les principes expliqués, rien ne vous empêche de poser des questions à votre conseiller financier. En fait, plus vous dialoguerez sur les prix et la valeur des entreprises, plus vous commencerez à comprendre et à apprécier *Les stratégies de Warren Buffett*.

Tout au long de sa vie, Buffett a expérimenté différentes approches d'investissement. Jeune enfant, il a même fait des graphiques pour suivre le cours des actions. Il a étudié avec le cerveau financier le plus brillant de notre siècle : Benjamin Graham. Il fut propriétaire et a administré une foule d'entreprises avec son associé et ami, Charlie Munger. Depuis les quatre dernières décennies, Buffett a connu les taux d'intérêt à plus de 10%, l'inflation élevée et les krachs. Entre tout cela, il trouva son créneau : le point où toutes les choses lui donnent satisfaction et ont un sens, celui où la stratégie de l'investissement coexiste avec sa personnalité. «Notre attitude au sujet de l'investissement, dit Buffett, s'accorde avec notre personnalité et avec notre façon de vivre.»[11]

Cette harmonie peut être facilement retrouvée dans l'attitude de Buffett. Il est toujours de bonne humeur et positif. Le fait de venir travailler à son bureau chaque jour le stimule vraiment. «J'ai ici tout ce que je veux dans la vie, j'aime chaque journée. Je veux dire que je rentre en faisant des claquettes et je travaille uniquement avec des personnes que j'aime.[12] Le travail le plus plaisant du monde est la direction de Berkshire et je me trouve chanceux d'être où je suis.»[13]

# Notes

## UN : Un événement Sigma-Cinq

1. Cité par Carol Loomis, «Inside Story on Warren Buffett», *Fortune*, 11 avril 1988.
2. Warren Buffett, «The Superinvestors of Graham-and-Doddsville», *Hermes*, automne 1984.
3. John Train, *The Money Masters* (New York : Penguin Books, 1981), 11.
4. Ibid., 12.
5. Berkshire Hathaway, rapport annuel, 1985, 8.
6. Linda J. Collins, «Berkshire's Buffett Sees More Competition Ahead», *Business Insurance*, 7 mai 1990, 67.
7. Berkshire Hathaway, rapport annuel, 1987, 22.

## DEUX : Deux hommes sages

1. «The Money Men—How Omaha Beats Wall Street», *Forbes*, 1er novembre, 1969, 82.
2. Warren Buffett, «What We Can Learn From Philip Fisher», *Forbes*, 19 octobre 1987, 40.
3. Adam Smith, *Supermoney* (New York : Random House, 1972), 178.
4. New York Times, 2 décembre 1934, 13D.
5. Benjamin Graham et Davis Dodd, *Security Analysis*, 3e édition. (New York : McGraw Hill, 1951), 38.

6. Ibid., 13.
7. «Ben Graham : The Grandfather of Investment Value Is Still Concerned», *Institutional Investor*, avril 1974, 62.
8. Ibid., 61.
9. John Train, *The Money Masters* (New York : Penguin Books, 1981), 60.
10. Philip Fisher, *Common Stocks and Uncommon Profits*, (New York : Harper & Brothers, 1958), 11.
11. Ibid., 16.
12. Ibid., 33.
13. Philip Fisher, *Developing an Investment Philosophy*, The Financial Analysts Research Foundation, Monograph Number 10, 1.
14. Fisher, *Common Stocks*, 13.
15. Fisher, «Developing an Investment Strategy», 29.
16. Andrew Kilpatrick, *Warren Buffett : The Good Guy of Wall Street* (New York : Donald I. Fine, 1992), 38.
17. Robert Lenzner, «Warren Buffett's Idea of Heaven : I Don't Have to Work with People I Don't Like», *Forbes*, 18 octobre 1993, 43.
18. Berkshire Hathaway, rapport annuel, 1989, 21.
19. Ibid.
20. L. J. Davis, «Buffett Takes Stock», *The New York Times Magazine*, 1er avril 1990, 61.
21. Berkshire Hathaway, rapport annuel, 1987, 15.
22. Berkshire Hathaway, rapport annuel, 1990, 17.
23. Warren Buffett, «The Super Investors of Graham-and-Doddsville», *Hermes*, automne 1984.
24. Benjamin Graham, *The Intelligent Investor*, 4e éd. (New York : Harper & Row, 1973, 287.

## TROIS : Monsieur Marché et les lemmings

1. Benjamin Graham, *The Intelligent Investor*, 4e éd. (New York : Harper & Row, 173), 96.
2. Berkshire Hathaway, rapport annuel, 1992, 6.
3. Warren Buffett, «You Pay a Very High Price in the Stock Market for a Cheerey Consensus», *Forbes*, 6 août 1979, 25-26.

4. Ibid.

5. Berkshire Hathaway, rapport annuel, 1986, 16.

6. Berkshire Hathaway, rapport annuel, 1990, 17.

7. Peter Lynch, *One Up on Wall Street* (New York : Penguin Books, 1990), 78.

8. Linda Grant, «Striking Out at Wall Street», U.S. *News & World Report*, 20 juin 1994, 58.

9. Berkshire Hathaway, lettres aux actionnaires, 1977-1983, 19.

10. Warren Buffett, «How Inflation Swindles the Equity Investor», Fortune, 5 mai 1977, 250-267.

11. Buffett fait une distinction entre la valeur comptable, un concept de comptabilité et la valeur intrinsèque, un concept économique. La valeur intrinsèque est calculée en évaluant les fonds autogénérés futurs et ensuite en les escomptant à leur valeur actuelle. La valeur intrinsèque est plus significative, dit Buffett, mais elle implique l'exercice très subjectif d'évaluer le futur. Ceci est la raison pour laquelle Berkshire suit la performance à long terme dans ses rapports annuels en notant la croissance de la valeur comptable : elle est plus facile à calculer et, dit Buffett, elle évite les opinions subjectives. En 1993, la valeur comptable était de 8 854 $ par action, sa valeur intrinsèque est beaucoup plus importante, bien que Buffett et Charlie ne sont pas d'accord tout à fait sur ce qu'elle est. La différence entre la valeur comptable et la valeur intrinsèque est l'achalandage économique.

12. Berkshire, lettres aux actionnaires, 1977-1983, 81.

13. Berkshire Hathaway, rapport annuel,1991, 10.

14. Linda Grant, «The $4 Billion Regular Guy», *Los Angeles Times*, 7 avril 1991, section magazine, 36.

15. Berkshire Hathaway, rapport annuel, 1991, 10.

16. Mark Hulbert, «Be a Tiger Not a Hen», *Forbes*, 25 mai 1992, 298.

17. Berkshire Hathaway, rapport annuel, 1991, 15.

18. Quoique Berkshire détienne 48% de GEICO Corporation, le conseil de supervision des assurances ordonna à Buffett de maintenir un arrangement de vote par procuration indépendant pour les actions de GEICO. De plus, l'ordonnance, qui date du temps de l'achat, interdit

à Berkshire de tenter d'apporter des changements à cette procuration indépendante. Puisque Berkshire n'a pas de droit de vote, elle n'a pas d'influence sur GEICO. Ainsi les règles comptables dictent que l'investissement dans GEICO devrait être considéré comme étant une participation de moins de 20%.

19. Berkshire Hathaway, rapport annuel, 1990, 7.
20. Berkshire Hathaway, rapport annuel, 1984, 14.

## QUATRE : L'achat d'une entreprise

1. Berkshire Hathaway, rapport annuel, 1987, 14.
2. Robert Lenzner, «Warren Buffett's Idea of Heaven : I Don't Have to Work with People I Don't Like», *Forbes*, 18 octobre 1993, 43.
3. *Fortune*, 29 novembre 1993, 11.
4. Berkshire Hathaway, rapport annuel, 1992, 15.
5. Berkshire Hathaway, rapport annuel, 1987, 7.
6. Berkshire Hathaway, rapport annuel, 1989, 22.
7. Berkshire, lettres aux actionnaires, 1977-1983, 57.
8. Lenzner, «Warren Buffett's Idea of Heaven».
9. Berkshire Hathaway, rapport annuel, 1991, 8.
10. Carol Loomis, «Inside Story on Warren Buffett», *Fortune*, 11 avril 1988, 32.
11. Berkshire Hathaway, rapport annuel, 1988, 5.
12. Berkshire Hathaway, rapport annuel, 1986, 5.
13. Berkshire Hathaway, rapport annuel, 1989, 22.
14. Ibid.
15. Linda Grant, «The $4 Billion Regular Guy», *Los Angeles Times*, 7 avril 1991, section magazine, 36.
16. Lenzner, «Warren Buffett's Idea of Heaven», 43.
17. Berkshire Hathaway, rapport annuel, 1985, 9.
18. Berkshire, lettres aux actionnaires, 1977-1983, 17.
19. Berkshire Hathaway, rapport annuel, 1987, 20.
20. Ibid.
21. Berkshire Hathaway, rapport annuel, 1984, 15.

22. Berkshire Hathaway, rapport annuel, 1986, 25.
23. Loomis, «Inside Story on Warren Buffett», 34.
24. Berkshire Hathaway, rapport annuel, 1990, 16.
25. Berkshire, lettres aux actionnaires, 1977-1983, 52.
26. Berkshire Hathaway, rapport annuel, 1989, 5.
27. Jim Rasmussen, «Buffett Talks Strategy With Students», *Omaha World Herald*, 1994, 26.
28. Berkshire Hathaway, rapport annuel, 1992, 14.
29. Berkshire, lettres aux actionnaires, 1977-1983, 53.
30. Lenzner, «Warren Buffett's Idea of Heaven», 43.
31. Berkshire, lettres aux actionnaires, 1977-1983, 82.

## CINQ : Les titres permanents

1.  Berkshire Hathaway, rapport annuel, 1987, 15.
2.  Ibid.
3.  Mary Rowland, «Mastermind of a Media Empire» *Working Woman*, 11 novembre 1989, 115.
4.  The Washington Post Company, rapport annuel, 1991, 2.
5.  Berkshire Hathaway, rapport annuel, 1984, 8.
6.  Berkshire Hathaway, rapport annuel, 1985, 19.
7.  Chalmers M. Roberts, *The Washington Post, The First 100 Years* (Boston : Houghton Mifflin Company, 1977), 449.
8.  The Washington Post Company, rapport annuel, 1992, 5.
9.  Berkshire Hathaway, rapport annuel, 1991, 8.
10. Ibid., 9.
11. Berkshire Hathaway, rapport annuel, 1985, 19.
12. Carol Loomis, «An Accident Report on GEICO», *Fortune*, juin 1976, 120.
13. Quoique le marché baissier de 1973-1974 ait pu en partie contribuer à la baisse de GEICO plutôt à l'automne, sa baisse en 1975 et 1976 fut totalement de sa faute. En 1975, le Standard & Poor's 500 débuta l'année à 70,23 et était à 90,9 à la clôture. L'année suivante, la bourse fut également aussi forte. En 1976, le marché boursier haussa et les taux d'intérêt baissèrent. La baisse du prix des actions de GEICO n'avait rien à faire avec les marchés financiers.

14. Beth Brophy, «After the Fall and Rise», *Forbes*, 2 février 1981, 86.
15. Lynn Dodds, «Handling the Naysayers», *Financial World*, 17 août 1985, 42.
16. Stan Hinden, «Annual Reports : Standing Out in a Crowded Field», *The Washington Post*, 29 avril 1991.
17. Solveig Jansson, «GEICO Sticks to Its Last», Institutional Investor, juillet 1986, 130.
18. GEICO, rapport annuel, 1991, 5.
19. David Vise, «GEICO's Top Market Strategist Churning Out Profits», *The Washington Post*, 11 mai, 1987.
20. GEICO, rapport annuel, 1990, 5.
21. Berkshire, lettres aux actionnaires, 1977-1983, 58.
22. «Why GEICO Is Acquiring More of Itself», *Business Week*, 12 septembre 1983, 45.
23. Racheter ses propres actions ne fut pas seulement une stratégie rationnelle pour GEICO mais rapporta également une fortune à Berkshire Hathaway. Puisque Berkshire était propriétaire d'un tiers des actions en circulation, Buffett accepta de soumissionner une action pour deux actions publiques. En maintenant sa participation d'un tiers dans la compagnie, Berkshire avait droit à un traitement fiscal particulier. Sous la section 302 du Tax Code, parce que la participation de Berkshire dans GEICO n'avait pas changé, les revenus de la soumission furent traités comme un dividende, non comme un gain en capital. Ainsi, le profit de 18,6 millions de dollars de Berkshire sur les actions de GEICO était éligible à une déduction corporative de 85% sur les dividendes, de cette façon réduisant le taux réel d'impôt à 6,9% contre 28% pour le gain en capital.
24. Berkshire, lettres aux actionnaires, 1977-1983, 33.
25. «Annual Report on American Industry», *Forbes*, 8 janvier 1990, 119.
26. Andrew Kilpatrick, *Warren Buffett : The Good Guy of Wall Street* (New York : Donald Fine Inc.) 102.
27. Anthony Bianco, «Why Warren Buffett Is Breaking His Own Rules», *Business Week*, 15 avril 1985, 34.
28. Berkshire Hathaway, rapport annuel, 1991, 8.
29. Bianco, «Why Warren Buffett Is Breaking His Own Rules».

30. Dennis Kneale, «Murphy & Burke», *The Wall Street Journal*, 2 février 1990, 1.
31. Capital Cities/ABC Inc., rapport annuel, 1992.
32. «A Star Is Born», *Business Week*, 1er avril 1985, 77.
33. Anthony Baldo, «CEO of the Year Daniel B. Burke», *Financial World*, 2 avril 1991, 38.
34. Berkshire Hathaway, rapport annuel, 1985, 20.
35. R. Hutchings Vernon, «Mother of All Annual Meetings», *Barron's*, 6 mai 1991, 32.
36. Robert Lenzner, «Warren Buffett's Idea of Heaven : I Don't Have to Work with People I Don't Like», *Forbes*, 18 octobre 1993, 44.
37. Berkshire Hathaway, rapport annuel, 1991, 9.
38. Kilpatrick, *Warren Buffett : The Good Guy of Wall Street*, 123.
39. Ibid.
40. Mark Pendergrast, *For God, Country and Coca-Cola* (New York : Charles Scribner's Sons, 1993).
41. Art Harris, «The Man Who Changed the Real Thing», *The Washington Post*, 22 juillet, 1985, B1.
42. «Strategy for the 80's», The Coca-Cola Company.
43. Ibid.
44. Le premier palier applique 15% de croissance annuelle pour dix ans. 1989, la première année, les bénéfices du propriétaire égaleraient 952 millions de dollars; à la dixième année, ils seraient de 3,349 milliards de dollars. Commençant à la onzième année, soit le deuxième palier, la croissance ralentira à 5% par année. À la onzième année, les bénéfices du propriétaire égaleront 3,516 milliards de dollars (3,349 milliards $ X 5% + 3,349 milliards $). Maintenant, nous pouvons soustraire ce taux de croissance de 5% du taux sans risque de rendement (9%) pour obtenir un taux de capitalisation de 4%. La valeur escomptée de la compagnie qui a 3,516 milliards de dollars dans ses bénéfices du propriétaire capitalisés à 4% est de 87,9 milliards de dollars. Puisque cette valeur de 87,9 milliards de dollars est la valeur escomptée des bénéfices du propriétaire de Coca-Cola en l'an onze, nous devons par la suite escompter la valeur future par le taux d'escompte à la fin de l'an dix $1/(1+0,09)^{10} = 0,4224$. La valeur actuelle de la

valeur résiduelle de Coca-Cola en l'an dix est de 37,129 milliards de dollars. La valeur de Coca-Cola égale alors sa valeur résiduelle (37,129 milliards $) plus la somme de la valeur actuelle de ses fonds autogénérés durant cette période (11,248 milliards $), pour un total de 48,377 milliards de dollars.

# SIX : Les titres négociables à revenu fixe

1. Berkshire Hathaway, rapport annuel, 1988, 14.
2. Berkshire Hathaway, rapport annuel, 1990, 18.
3. Ibid.
4. Berkshire Hathaway, rapport annuel 1988, 15.
5. Ibid., 14.
6. Ibid., 16.
7. Beth McGoldrick et Beth Selby, «Salomon's John Gutfruend», *Institutional Investor*, février 1991, 53.
8. Berkshire Hathaway, rapport annuel, 1987, 19.
9. Jim Rasmussen, «Buffett Talks Strategy with Students», *Omaha World Herald*, 2 janvier 1994, 26.
10. Ibid.
11. Nightly Business Report, interview avec Linda O'Bryon, 28 avril 1994.
12. Berkshire Hathaway, rapport annuel, 1990, 18.
13. Berkshire Hathaway, rapport annuel, 1989, 17.
14. Berkshire Hathaway, rapport annuel, 1990, 19.
15. Berkshire Hathaway, rapport annuel, 1991, 17
16. Rasmussen, «Buffett Talks Strategy with Students», 26.
17. Richard Phalon et Gilbert Steedly, «Paper Chase», *Forbes*, 14 février 1994, 184.
18. «Why AMEX Wooed Warren Buffett», *Business Week*, 19 août 1991, 17.
19. Ibid.
20. Berkshire Hathaway, rapport annuel, 1990, 19.
21. Berkshire Hathaway, rapport annuel, 1989, 17.

## SEPT : Les actions ordinaires

1. Berkshire Hathaway, rapport annuel, 1987, 15.
2. Berkshire Hathaway, rapport annuel, 1989, 17.
3. Berkshire Hathaway, rapport annuel, 1991, 5.
4. Robert Lenzner, «Warren Buffett's Idea of Heaven : I Don't Have to Work with People I Don't Like», *Forbes*, 18 octobre 1992, 13.
5. Berkshire Hathaway, rapport annuel, 1992, 13.
6. Ibid.
7. Brett Duval Fromson, «A Warm Tip from Warren Buffett : It's Time to Buy Freddie Macs», *Fortune*, 19 décembre 1988, 33.
8. Ibid.
9. Berkshire Hathaway, rapport annuel, 1991, 15.
10. Bill Saporito, «Liquor Profits», *Fortune*, 4 novembre 1991, 176.
11. R. Hutchings Vernon, «The Warren and Charlie Show», *Barron's*, 11 mai 1992, 14.
12. Saporito, «Liquor Profits», 176.
13. John Dorfman, «Wells Fargo Has Bulls and Bears; So Who's Right?» *The Wall Street Journal*, 1ᵉʳ novembre 1990, C1.
14. Ibid.
15. John Liscio, «Trading Points», *Barron's*, 29 octobre 1990, 51.
16. Berkshire, lettres aux actionnaires, 1977-1983, 15.
17. Berkshire Hathaway, rapport annuel, 1990, 16.
18. Reid Nagle, «Interpreting the Banking Numbers», dans *The Financial Services Industry—Banks, Thrifts, Insurance Companies, and Securities Firms*, Association of Investment Management and Research, 1991.
19. «CEO Silver Award», *Financial World*, 5 avril 1988, 92.
20. Gary Hector, «Warren Buffett's Favorite Banker», *Forbes*, 18 octobre 1993, 46.
21. Berkshire Hathaway, rapport annuel, 1990, 16.
22. Ibid.
23. Ibid.
24. R. Hutchings Vernon, «Mother of All Annual Meetings», *Barron's*, 6 mai 1991.

25. John Taylor, «A Leveraged Bet», *Forbes*, 15 avril 1991, 42.
26. Susan Pulliam, «Wells Fargo's Loan-Loss Reserves May Prove Far Too Large, Boosting Profit and Stock in '94», *The Wall Street Journal*, 11 novembre 1993, C2.
27. Hector, «Warren Buffett's Favorite Banker», 46.

## HUIT : D'autres bons titres

1. Gannett, rapport annuel, 1994, 4.
2. Berkshire Hathaway, rapport annuel, 1994, 1.
3. Berkshire Hathaway, rapport annuel, 1994, 17.
4. Tony Jackson, «Disney in $ 19bn TV Takeover», *Financial Times*, 1er août 1995, 1.
5. Ibid.
6. Maggie Mahar, «Magic Kingdom?», *Barron's*, 7 août 1995, 14.
7. Bill Carter and Richard Sandomir, «The Trophy in Eisner's Big Deal», *The New York Times*, 6 août 1995, 3-1.
8. Bill Carter, «Suddenly at ABC, The Future Is Now», *The New York Times*, 1er août 1995, D1.
9. Jackson, «Disney».

## NEUF : Un homme déraisonnable

1. Cette citation fut utilisée pour décrire Warren Buffett dans l'article de V. Eugene Shanan : «La performance à court terme et l'investissement selon des critères de valeur sont-ils mutuellement exclusifs?», *Hermes*, printemps 1986.
2. Carol Loomis, «Inside Story on Warren Buffett», *Fortune*, 11 avril 1988, 34.
3. Warren Buffett, «Oil Discovered in Hell», *Investment Decision*, mai 1985, 22.
4. Loomis, «Inside Story on Warren Buffett», 28.
5. Linda Grant, «The $4 Billion Regular Guy», *Los Angeles Times*, 7 avril 1991, Section Magazine, 36.

6. Berkshire Hathaway, rapport annuel, 1993, 15.
7. Ibid., 16.
8. Ibid.
9. Ibid., 14.
10. Ibid.
11. Berkshire Hathaway, rapport annuel, 1987, 15.
12. Robert Lenzner, «Warren Buffett's Idea of Heaven : I Don't Have to Work with People I Don't Like», *Forbes*, 18 octobre 1993, 40.
13. Berkshire Hathaway, rapport annuel, 1992, 6.

# Table des matières

# Table des matières

## Table des matières

# Table des matières

# Table des matières

# Table des matières

Achevé d'imprimer en mai 1996
sur les presses
de l'Imprimerie Quebecor L'Éclaireur
Beauceville, Québec.

**Diffusion**

En Amérique :

**DIFFUSIONS CÔTE À CÔTE**
79, rue de Montmagny
Boucherville (Québec)  J4B 4H9
CANADA
Téléphone : (514) 655-4297

En Europe :

**SÉFI**
99, avenue Jean-Baptiste Clément
92100 Boulogne
FRANCE
Téléphone : (1) 46.05.39.70

«Cet ouvrage décrit, dans un langage simple, les règles qui ont permis à l'investisseur américain des temps modernes de parvenir à ce succès. Ce pourrait être **un cadeau tombé du ciel pour les innombrables investisseurs malheureux qui ignorent l'essentiel de l'investissement majeur pour réussir.**»

Phil Fisher
Auteur de *Common Stocks and Uncommon Profits*

*Business Week* l'a appelé : **«Le plus célèbre investisseur».**

*Forbes* l'a surnommé : **«La personne la plus riche de l'Amérique et le génie de l'investissement n'ayant pas encore son équivalent dans le monde».**

«Warren Buffett est certainement le plus grand investisseur de ce siècle — pas tellement parce qu'il a bâti une immense fortune à l'intérieur d'un marché libre, que parce qu'il a partagé sa façon de penser remarquable avec nous et a démontré ouvertement la perspicacité et le courage si vital pour réussir. Berkshire Hathaway a été mon investissement le plus important et de plus longue durée. Warren a été mon meilleur professeur.»

Charles D. Ellis
Managing Partner, Greenwich Associates

- Best-seller du *New York Times* depuis plus d'un an.
- Remis à jour avec les nouvelles acquisitions de 1995.
- Incluant la fusion Disney-Cap Cities/ABC

**Premier ouvrage en français** sur le légendaire investisseur d'Omaha : WARREN BUFFETT.

AVANT-PROPOS de Peter Lynch, le célèbre auteur de *One Up on Wall Street (Et si vous en saviez déjà assez pour gagner en bourse).*